Le courrier des affaires

Französische Handelskorrespondenz
in Beispielen und Übungen

Von
Christiane Baier

Ernst Klett Verlag für Wissen und Bildung
Stuttgart · Dresden

Vorwort

Zielgruppe

Le courrier des affaires ist ein Unterrichtswerk für Schulen und Einrichtungen der Aus- und Weiterbildung, an denen Handelskorrespondenz unterrichtet wird. Es eignet sich aber auch als Nachschlagewerk und Orientierungshilfe für FremdsprachenkorrespondentInnen, ÜbersetzerInnen und alle, die im Rahmen von Geschäftsbeziehungen Briefe in französischer Sprache verfassen müssen.

Um mit *Le courrier des affaires* erfolgreich zu arbeiten, werden Französischkenntnisse von mindestens zwei Jahren vorausgesetzt. Die Mustersätze und Modellbriefe verstehen sich nicht als stereotype Wendungen, vielmehr sollten die BenutzerInnen in die Lage versetzt werden, die Beispiele den eigenen Bedürfnissen entsprechend zu modifizieren.

Aufbau des Buches

Le courrier des affaires besteht aus vier Teilen, die mit den Buchstaben **A** bis **D** oben auf jeder Seite markiert sind, um den BenutzerInnen die Orientierung zu erleichtern.

Teil **A** behandelt die Kommunikationsmittel des heutigen Geschäftsverkehrs; dabei nimmt der Brief einen zentralen Platz ein, wird aber durch „schnellere" Kommunikationswege wie Telefon, Telex und Telefax ergänzt.

Teil **B** befaßt sich mit der Handelskorrespondenz im eigentlichen Sinne, wobei die wichtigsten Vorgänge des normalen Geschäftsablaufs von der Anfrage bis zum Zahlungsverkehr in der ersten Hälfte zusammengestellt sind. Sie werden durch Problemfälle wie Reklamation und Mahnschreiben und durch speziellere Themen wie die Korrespondenz mit Spediteuren und Versicherungen ergänzt.

Aber auch die eher private Korrespondenz kommt nicht zu kurz: In Teil **C** werden Bewerbungsschreiben, Briefe zur Vorbereitung von Auslandsaufenthalten und Höflichkeitsschreiben wie Glückwünsche oder Dankesbriefe exemplarisch behandelt.

Ein Glossar wichtiger Begriffe aus der französischen und deutschen Handelssprache sowie ein Verzeichnis französischer Abkürzungen runden als Teil **D** das Werk ab.

Aufbau der einzelnen Kapitel

Le courrier des affaires will nicht nur zeigen, wie typische Geschäftsbriefe zu einem bestimmten Thema aussehen, sondern die Lernenden schrittweise dazu hinführen, selbständig Briefe in französischer Sprache zu schreiben.

Die einzelnen Kapitel beginnen mit einem charakteristischen Brief und einer deutschsprachigen Einführung in die Zusammenhänge des Exportgeschäfts. Eine große Anzahl französisch-deutscher Mustersätze mit hohem Gebrauchswert schließen sich an und werden nachfolgend in Modellbriefen wieder aufgegriffen. Abschließend folgt ein vielfältiges, im Schwierigkeitsgrad abgestuftes Übungsangebot, das von der Wortschatzarbeit bis zum Übersetzen und selbständigen Verfassen von Briefen nach inhaltlichen Vorgaben reicht. Dadurch werden die Lernenden darauf vorbereitet, die neu erworbenen Ausdrücke und Formulierungen aktiv anzuwenden. Obwohl die schriftlichen Äußerungen im Vordergrund stehen, werden auch Telefongespräche mit einbezogen.

Wir wünschen Ihnen viel Spaß und Erfolg bei der Arbeit mit diesem Buch. Vous verrez qu'avec *Le courrier des affaires*, le courrier, c'est pas une affaire !

Autorin und Verlag

Inhalt

 _Château Gravelins_ ——— 1. L'en-tête

33117 CÉRONS Tél. : 56.23.18.06
C.C.P. Bordeaux 1543.29

BORDEAUX BLANC
BORDEAUX ROUGE
GRAVES   ROUGE
SAINT-ÉMILION

Monsieur J. Dubourg

8 avenue Louise   ——— 2. La suscription

1050 BRUXELLES (Belgique)

4. Les références ⟨ V/Réf.
                    N/Réf.

5. L'objet ——— Objet : Salon agricole

6. Les pièces ——— P.J. : Carte d'invitation
   jointes

Cérons,
le 10 février 19..   ——————— 3. La date

7. L'appel ——— Monsieur et cher client,

Nous avons le plaisir de vous inviter à venir visiter notre stand au Salon
agricole où nous présenterons nos productions.

Vous pourrez y déguster notamment :

- le Château Gravelins mis en vente cette année, jeune (2 ans seulement),
  fruité et déjà prêt à boire, mais qui peut vieillir longtemps encore ;

8. Le texte ——— - le Gravelins Blanc qui vous enchantera par sa finesse et sa grande classe.

Sur présentation de la carte ci-jointe, nous vous remettrons une bouteille de
notre Saint-Emilion Château Boisé pour vous permettre d'apprécier la solidité
et l'arôme de ce vin d'exception.

Qu'il s'agisse de la qualité de nos vins ou des prix pratiqués, nous vous
assurons de nos efforts pour mériter votre fidélité.

9. La formule ——— Veuillez agréer, Monsieur et cher client, nos salutations distinguées.
de politesse

Le Maître de Chai

A. Bonde   ——————— 10. La signature

A. BONDE

Société Civile Agricole au capital de 685 000 F - R.C.S. Bordeaux D 503 804 005

1 Der Brief – *La lettre*

1. Der Briefkopf – *L'en-tête*

Die Mehrzahl der Unternehmen verwendet Briefpapier mit bereits vorgedrucktem Kopf.
Im Briefkopf sind meistens folgende Angaben enthalten:

– Name *(le nom)* bzw. Firmenname *(la raison sociale)* des Absenders *(de l'expéditeur)*,

>   z. B.: Château Gravelins

– Firmenzeichen *(le logo)*, das den Betrieb charakterisiert, oder Geschäftszweig *(la branche d'activité)*,

>   z. B.:
>
>   Crus de Bordeaux

– Rechtsform des Unternehmens *(la forme juridique de la société)* und Höhe des Gesellschaftskapitals *(le montant du capital social)*,

>   z. B.: Société anonyme au capital de 10 000 000 F
>   S.A.R.L. au capital de 150 000 F

– Firmensitz *(le siège social)* und ggf. Anschrift der Zweigniederlassungen *(l'adresse des succursales)*,

>   z. B.: 10, place du Marché St-Honoré, 75001 Paris
>   Siège social : 4, rue Royale, 75008 Paris Cedex 06

– Postfach *(la boîte postale)*,

>   z. B.: Boîte postale 3-42
>   B.P. 27

– Telefonnummer *(le numéro de téléphone)*,

>   z. B.: Tél. : (1) 42.32.84.18

– Telexadresse *(l'indicatif de l'abonné au télex)*,

>   z. B.: Télex : CHAGRA 648712 F

– Telefaxnummer *(le numéro de télécopieur)*,

>   z. B.: Télécopie : (1) 42.55.08.84
>   Téléfax : 31.78.91.17

– Postscheckkonto-/Postgirokonto-Nummer *(le numéro de compte chèque postal/de compte courant postal)*,

>   z. B.: C.C.P. Bordeaux 1543-29

– Handelsregistereintragung *(le numéro d'inscription au registre du commerce (et des sociétés))*,

>   z. B.: R.C.S. Versailles B 543 804 005

2. Die Empfängeranschrift – *La suscription*

In französischen Briefen steht die Empfängeranschrift meistens rechts. Sie enthält:

- Namen und Titel/Berufsbezeichnung *(le nom et le titre/la profession)* und/oder Firmennamen *(le nom de l'entreprise)*,
- ggf. Abteilung *(le service)*,
- Hausnummer und Straße *(le numéro et la rue)*, Postfach *(la boîte postale)* oder den Vermerk „postlagernd" *(poste restante)*,
- Postleitzahl und Ort *(le code postal et le lieu)*,
- im internationalen Briefverkehr das Bestimmungsland *(le pays de destination)*.

z. B.:
Tréfileries Réunies S.A.R.L.
Service des ventes
12, route du Port

83000 Toulon

Monsieur Jean Passepartout
Directeur commercial
16, boulevard Gambetta

92414 Courbevoie

Monsieur le Chef du Personnel
de la Société des produits Pifdor S.A.
32 bis, rue du Colisée

F-75008 Paris

Direction des Ets Mignon Frères
Fabrique de machines
B.P. 254

74037 Annecy Cedex

Monsieur et Madame Bruno Roussel
Poste restante

L-2163 Luxembourg

Maison Gentil & Fils
A l'attention de Madame Fabre
6, Promenade des Anglais

06000 Nice
FRANCE

„Madame", „Monsieur", „Messieurs", … dürfen weder in der Anschrift noch in der Anrede abgekürzt werden.

Wenn Sie nur den Titel/die Berufsbezeichnung einer Person, jedoch nicht deren Namen kennen, schreiben Sie sie folgendermaßen an:

z..B.:
Monsieur le Président
de la Chambre de commerce et d'industrie

Monsieur le Directeur
du Crédit Commercial Luxembourgeois

Monsieur le Chef du Personnel
des Ets Baron & Cie

Madame le Maire
de la ville de Chantilly

Wenn Sie den Namen der Person kennen, schreiben Sie z. B:

Monsieur Sébastien Petit
Président de la Chambre de commerce et d'industrie

Monsieur Guillaume Dumas
Directeur du Crédit Commercial Luxembourgeois

Monsieur Vincent Dubois
Chef du Personnel des Ets Baron & Cie

Madame Armandine Mercier
Maire de la ville de Chantilly

Im allgemeinen werden Frauen aus dem öffentlichen Leben und aus freien Berufen im Französischen wie ihre männlichen Kollegen angesprochen, z. B. Madame le Maire. Von wenigen Titeln gibt es bisher auch eine weibliche Form, z. B. Madame la Présidente.

Ist ein Brief an eine Firma gerichtet und soll dort einer bestimmten Person zugeleitet werden, können Sie die Formulierung „A l'attention de …" *(z. Hd./z. H. …)* nach dem Firmennamen hinzufügen.

Die Bezeichnungen „allée", „avenue", „boulevard", „place", „route" usw. werden in der Regel klein geschrieben. Sie werden häufig abgekürzt: all., av., bd, pl., rte.

Während in Frankreich und Luxemburg die Hausnummer vor dem Straßennamen steht und oft durch ein Komma abgetrennt wird, schreibt man in der Schweiz zuerst die Straße, dann die Hausnummer. In Belgien sind beide Schreibweisen gebräuchlich.

z.B.: Frankreich und Luxemburg: 14, rue du Louvre
                                  210 Allée des Pins

       Schweiz: Chemin des Violettes 28

       Belgien: 38, avenue Louise
                                  Boulevard Roosevelt 104

Die französischen Postleitzahlen bestehen aus 5 Ziffern.
Die ersten beiden Ziffern kennzeichnen die Nummer des entsprechenden Departements.

z.B.: 75008 Paris; 75 ist das Departement Ville de Paris.

Die anderen Ziffern kennzeichnen das Zustellpostamt innerhalb des Departements.
Bei Paris, Lyon und Marseille ist die Nummer des Arrondissements integriert.

z.B.: Bei 75008 Paris handelt es sich um das 8. Arrondissement.

Die Ergänzung „Cedex" *(= courrier d'entreprise à distribution exceptionnelle)* nach dem Bestimmungsort weist auf eine Firma hin, deren Post gesondert zugestellt wird.

In Verbindung mit der Empfängeranschrift können Behandlungsvermerke angegeben werden:

Exprès/Par exprès	Eilzustellung/Durch Eilboten
Urgent	Eilt *(bei Paketen)*
Par avion	(Mit) Luftpost
Imprimé	Drucksache
Lettre	Briefdrucksache
Echantillon sans valeur	Muster ohne Wert
Contre remboursement	Gegen Nachnahme
Recommandé (avec avis de réception)	Einschreiben (mit Rückschein)
Envoi avec valeur déclarée	Sendung mit Wertangabe
Faire suivre, s.v.p.	Bitte nachsenden
A retourner en cas de non-livraison	Wenn unzustellbar, zurück
Personnel	Persönlich
(Strictement) confidentiel	(Streng) vertraulich

Die Angaben zur Empfängeranschrift gelten in gleicher Weise für den Briefumschlag *(l'enve-loppe)*; verwendet man einen Fensterbriefumschlag, kann man sich das nochmalige Schreiben der Anschrift sparen.

3. Das Datum – *La date*

Das Datum steht, meist in Verbindung mit dem Ort, rechts. Es wird mit „le" eingeleitet.
Im allgemeinen wird der Monat ausgeschrieben. Nur für den Monatsersten verwendet man
die Ordinalzahl 1er *(premier)*, ansonsten Kardinalzahlen (2, 3, …).

z. B.: Paris, le 1er septembre 19..   Paris, (den) 1. September 19..
      Nice, le 22 août 19..   Nizza, (den) 22. August 19..

4. Die Bezugszeichen – *Les références*

Oft sind folgende Angaben schon links auf dem Briefpapier vorgedruckt:

Votre réf. : / Vos réf. : / V/Réf. :   Ihr / Ihre Zeichen:
Notre réf. : / Nos réf. : / N/Réf. :   Unser / Unsere Zeichen:

Sie ergänzen Ihre Zeichen und eventuell die Ihres französischen Korrespondenten.
Die Zeichen setzen sich meist aus den Initialen des Verfassers und der Person, die den Brief
getippt hat, zusammen:

V/réf. : AM/LF   Ihre Zeichen: AM/LF
N/réf. : JR/KW   Unsere Zeichen: JR/KW

5. Der Betreff – *L'objet*

Er ist nicht unbedingt erforderlich, ermöglicht aber dem Empfänger, sofort zu sehen, worum es sich handelt:

Objet : Foire du Livre de Francfort   (Betr.:) Frankfurter Buchmesse

In der französischen Schweiz wird „objet" durch „concerne" oder „conc." ersetzt:

Concerne : Votre offre du 10 mars   (Betr.:) Ihr Angebot vom 10. März

6. Die Anlagen – *Les pièces jointes (= Les annexes)*

Diese Rubrik kann entweder nach dem Betreff oder am Ende des Briefes stehen:

P.J. : 1 curriculum vitae   Anlagen: 1 Lebenslauf
     1 copie du diplôme   1 Zeugnisabschrift

„Annexe(s)" wird vorwiegend in der Schweiz verwendet:

Annexe : Notre facture no 234   Anlage: Unsere Rechnung Nr. 234

Wenn die Anlagen schon im Text vermerkt sind, genügt:

P.J. mentionnée(s) / Annexe(s) ment.   Anlage(n): wie oben

7. Die Anrede – *L'appel*

Die Anrede muß ausgeschrieben werden (Madame, Monsieur, Messieurs, …).
Abkürzungen (Mme, M., MM., …) können nur für genannte Dritte verwendet werden.

Die Anrede sollte im Gruß wiederholt werden.
Zu beachten ist, daß der Empfänger in der Regel nicht mit seinem Namen angeredet bzw. angeschrieben wird:

Madame, Monsieur, / Mesdames, Messieurs,	Sehr geehrte Damen und Herren, *(immer passend)*
Messieurs,	Sehr geehrte (Damen und) Herren, *(immer passend, v. a. in Geschäftsbriefen)*
Monsieur,	Sehr geehrter Herr …,
Madame,	Sehr geehrte Frau …,
Cher Monsieur,	Sehr geehrter Herr …,
Chère Madame,	Sehr geehrte Frau …, *(wenn Sie schon öfter mit dieser Person zu tun hatten oder wenn Sie sie persönlich kennen)*
Cher client,	Sehr geehrter Kunde, *(einfach)*
Monsieur et cher client,	Sehr geehrter Kunde, *(sehr höflich)*

Beispiele für die Anrede von Personen mit bestimmten Titeln oder Berufsbezeichnungen:

Monsieur le Directeur,	*an den Leiter einer Abteilung*
Madame la Directrice,	*an die Leiterin einer Abteilung*
Monsieur le Président,	*an den/die Vorsitzende/n einer Behörde oder*
Madame la Présidente,	*Organisation*
Monsieur le Président-directeur général,	*an den Generaldirektor oder Vorstandsvorsitzenden eines Unternehmens*
Monsieur le Chef du Personnel,	*an den Personalleiter eines Unternehmens*
Monsieur le Chef de service,	*an einen Abteilungsleiter*
Maître,	*an eine/n Rechtsanwalt/-anwältin, Notar/in oder Gerichtsvollzieher/in*
Docteur,	*an einen Arzt/eine Ärztin; nicht generell an Personen mit dem akademischen Grad Doktor*
Monsieur,	Sehr geehrter Herr Dr. …,
Madame,	Sehr geehrte Frau Dr. …, *(der Doktortitel wird in der französischen Anrede nicht genannt)*
Monsieur le Procureur (de la République),	*an einen (Ober-)Staatsanwalt*
Votre Excellence,	*an einen Botschafter*
Monsieur le Consul (général),	*an einen (General-)Konsul*

Freunde und Bekannte kann man folgendermaßen anreden:

Cher Ludovic,
Chère Colette,   *(freundschaftlich, auch im Geschäftsverkehr)*
Chers amis,
Chères collègues,

Mon cher Jérôme,
Ma chère Caroline,   *(sehr herzlich)*
Bien chers tous,

8. Der Brieftext – *Le texte (= Le corps) de la lettre*

Bevor Sie einen Brief beginnen, müssen Sie sich im klaren sein, was Sie mit ihm erreichen wollen.

Entwerfen Sie einen Plan. Schreiben Sie Ihre Gedanken stichwortartig nieder und verknüpfen Sie sie miteinander.
Überprüfen Sie sie anhand von Unterlagen auf ihre sachliche Richtigkeit.

Formulieren Sie kurze, klare Sätze.
Es empfiehlt sich, für jeden neuen Gedanken einen neuen Abschnitt zu beginnen. Somit ist es für den Leser leichter, Ihrer Argumentation zu folgen.

Gliedern Sie Ihren Brief:

In der Einleitung geben Sie den Grund Ihres Schreibens an.

z. B.: Les trente pantalons NEWJEANS correspondant à notre commande n° 24 du 16 mars nous ont été livrés hier.

Die Schilderung ist der wesentliche Teil des Geschäftsbriefes. Sie soll konkrete Aussagen enthalten und den Sachverhalt genau erklären.

Bei Ihren Angaben sollten Sie sich an eine logische Reihenfolge halten, so daß der Leser Ihren Gedankengängen mühelos folgen kann.

z. B.: En procédant à la vérification, nous avons constaté que vingt d'entre eux présentent un défaut de couture à la fermeture éclair, qui les rend impropres à la vente.
Pour que vous puissiez vous-mêmes en juger, nous vous retournons ce jour les vingt pièces défectueuses dont nous demandons le remplacement dans le plus bref délai.

Im Briefschluß können Sie Ihrem Anliegen, Ihrer Haltung oder Ihrer Erwartung Ausdruck geben.

z. B.: Persuadés qu'il ne peut s'agir que d'un défaut de fabrication, nous ne doutons pas que vous reconnaîtrez le bien-fondé de notre réclamation et espérons avoir rapidement satisfaction.

Oft bietet es sich an, den Briefschluß mit der Grußformel zu kombinieren.

z. B.: Nous espérons avoir très rapidement satisfaction et vous prions d'agréer, Messieurs, nos salutations distinguées.

Wenn Sie Ihren Brief beendet haben, lesen Sie ihn noch einmal ganz durch und versetzen sich in die Lage des Empfängers. Stellen Sie sich schon jetzt seine möglichen Gegenargumente vor und versuchen Sie, diesen vorzubeugen.

Achten Sie außerdem auf den „Klang" Ihres Briefes. Höflichkeit trägt zum Erhalt bestehender Geschäftsbeziehungen bei, ohne daß man auf die im Geschäftsverkehr notwendige Entschlossenheit verzichten muß.

z. B.: Schreiben Sie nicht „Vos informations sont fausses", sondern „Vos informations ne sont pas tout à fait exactes".
Schreiben Sie auch nicht „Vous avez commis une erreur de calcul", sondern „Une erreur s'est glissée dans vos calculs".

9. Die Grußformel – *La formule de politesse (= Les salutations)*

Da Grußformeln oft nicht zu Ende gelesen werden, sollten sie niemals wichtige Mitteilungen enthalten.
Die Grußformel wird wie ein Absatz durch eine Leerzeile vom vorangehenden Text getrennt.
Falls Sie dabei in Platzschwierigkeiten geraten, sollten Sie nicht nur die Grußformel, sondern auch den letzten Textabschnitt auf die nächste Seite schreiben.

a) Grußformeln im Geschäftsbrief – *Formules de politesse dans la lettre commerciale*

		nos cordiales meilleures sincères	salutations.
Recevez, Agréez, Veuillez recevoir, Veuillez agréer, Nous vous adressons, Nous vous présentons, Nous vous prions de recevoir, Nous vous prions d'agréer,	Madame, Monsieur, (chère) Madame, (cher) Monsieur, (chers) Messieurs, Monsieur et cher client, Monsieur le Directeur,	nos salutations	les meilleures. (très/les plus) cordiales. (très/les plus) distinguées. (très/les plus) empressées. [1] (très/les plus) dévouées. [1]
		l'expression l'assurance	de nos sentiments les meilleurs. de nos sentiments (très/les plus) distingués. de nos sentiments (très/les plus) dévoués. [1] de nos sentiments (très) respectueux.

[1] Diese Grußformeln eignen sich insbesondere für Briefe an Kunden.

Die Anrede sollte im Gruß wieder aufgegriffen werden.

Die Wendungen der drei Spalten sind kombinierbar. Sie sind jeweils von oben nach unten abgestuft: von einfach und korrekt bis distanziert und ergeben.
Als Faustregel gilt: Je länger die Grußformel, desto höflicher.

Eine für den alltäglichen Geschäftsverkehr immer passende Grußformel ist:

Veuillez agréer, Messieurs, nos salutations distinguées.

b) Grußformeln für Freunde und Bekannte –
Formules de politesse destinées aux amis et connaissances

Hier richtet sich die Wahl der Schlußformel nach dem Bekanntschaftsgrad.

- Mille bisous.
- Grosses bises.
- Bien affectueusement à vous.   *(sehr vertraut)*
- Nous t'embrassons de tout cœur.
- Je vous embrasse très fort.

- Amitiés.
- Amicalement.
- Je vous salue bien amicalement.
- Je t'adresse mes amicales pensées.   *(persönlich und respektvoll)*
- Avec mon/notre amical souvenir.
- Avec mes/nos meilleurs sentiments amicaux.
- Sincèrement à vous.

- Avec mes/nos compliments.
- Je vous assure de mon profond dévouement.
- Nous vous restons entièrement dévoués.   *(höflich und distanziert)*
- Je vous rappelle, Madame, à mon meilleur souvenir.
- Croyez, cher client et ami, à notre sympathique souvenir.

c) Kombinierte Grußformeln – *Formules de politesse combinées*

Kombinierte Grußformeln sollten sich auf Dankesworte oder Entschuldigungen beschränken oder auch Hoffnung, Erwartung und Bedauern ausdrücken, aber niemals wichtige Informationen enthalten.

- Avec nos remerciements (anticipés), ...
- Souhaitant que vous acceptiez (toutes) nos excuses, ...
- Dans l'espoir (= En espérant) que cette proposition vous conviendra, ...
- Dans l'attente de vos nouvelles, ...
- En attendant votre confirmation, ...
- Toujours dévoués à vos ordres, ...

- Regrettant de ne pouvoir vous donner une réponse favorable, ...
- ... nous vous prions de recevoir, Monsieur, nos salutations distinguées.

- Nous vous en remercions (d'avance) ...
- Nous vous remercions (par avance) de votre obligeance ...
- Nous vous prions d'excuser cette erreur ...

- Nous espérons vous lire bientôt ...
- Nous déplorons (sincèrement) cet état de choses ...
- Nous demeurons à votre disposition pour tous renseignements complémentaires ...
- ... et vous présentons, Messieurs, l'expression de nos sentiments dévoués.

- Wir danken Ihnen (im voraus) ...
- Wir bitten (vielmals) um Entschuldigung ...

- Wir hoffen, daß Ihnen dieser Vorschlag zusagt, ...
- Wir erwarten Ihre Mitteilung ...
- Wir erwarten Ihre Bestätigung ...
- Wir stehen Ihnen jederzeit gerne zur Verfügung ...

- Wir bedauern, Ihnen keinen positiven Bescheid geben zu können, ...
- ... und verbleiben mit freundlichen Grüßen.

- Dafür danken wir Ihnen (im voraus).
- Wir danken Ihnen (im voraus) für Ihr Entgegenkommen.
- Wir bitten Sie, dieses Versehen zu entschuldigen.

- Wir hoffen, bald von Ihnen zu hören.
- Wir bedauern diese Sachlage (aufrichtig).

- Für weitere Fragen stehen wir Ihnen jederzeit zur Verfügung.
- ... Mit freundlichen Grüßen

10. Die Unterschrift – *La signature*

In der französischen Handelskorrespondenz steht die Unterschrift nach der Grußformel meistens rechts. Da sie oft unleserlich ist, schreibt man sie zusätzlich mit der Maschine, wobei häufig die Funktion des Unterzeichners hinzugefügt wird.

z. B.: Le chef du service de justice
        et de législation

Jean-Louis Béguin

Jean-Louis Béguin

Annie Boisderose

Annie Boisderose
Vice-Présidente du Groupe Expansion

Ein Angestellter, der beauftragt wird, bestimmte Briefe zu unterschreiben, führt die Funktion seines/r Vorgesetzten an und setzt die Abkürzung „p.o." *(= par ordre)* vor seinen eigenen Namen. Er kann auch den Vermerk „Pour" vor die Funktion seines/r Vorgesetzten schreiben. Dies entspricht im Deutschen der Abkürzung „i. A." (= im Auftrag).
Wenn ein Prokurist im Namen seines Auftraggebers unterzeichnet, fügt er den Vermerk „p.p." oder „p. pon" *(= par procuration)* hinzu.

z. B.: Le directeur commercial

Yvan Milou

p.o. Yvan Milou

Pour le directeur commercial

Yvan Milou

Yvan Milou

11. Das Postskript(um) – *Le post-scriptum*

Es enthält einen Nachtrag, der in den Brieftext nicht mit eingeflossen ist.

P.S.: Nous disposons d'un parking gratuit réservé à nos visiteurs.

Exercices

1. Reproduisez chaque suscription en respectant la règle française.

Herrn
Gilles Lafrousse
Vorstand der Banque du Commerce
4, pl. de l'Hôtel de Ville
16220 Montbron

Einschreiben
France Automobile AG
Personalabteilung
112, bd du Jeu-de-Paume
34000 Montpellier

Eilzustellung
Fildor & Co.
z. H. Frau Lydia Duroc
132–134, av. des Champs-Elysées
F-75008 Paris

Filou & Söhne
Geschäftsleitung
Postfach 34
94704 Maisons-Alfort Cedex
Frankreich

2. Ecrivez la date en français.

St-Tropez, den 5. Juli 19..
Deauville, den 1.10.19..

Marseille, 21.11.19..

3. Faites correspondre l'appel à la suscription.

Exemple : Monsieur Cyril Beaumont → Monsieur,
Traiteur

Madame Pénélope Renoir → _____
Directrice des Achats

Ets Delagrange S.A. → _____
Fabrique de meubles

Monsieur Raphaël Tallandier → _____
Directeur général de la S.O.G.I.F.

Maître Valérie Poitier → _____
Avocat

Monsieur Gabriel Bonami → _____
Chef du service commercial

4. Corrigez ces appels :

~~Monsieur Marinier,~~
~~Mon cher Monsieur,~~
~~Chère Mme,~~
~~Mes chers MM.,~~

5. Quel appel choisiriez-vous pour

– un collègue de travail ?
– un couple d'amis bretons ?
– votre amie Emmanuelle ?
– votre tante Cécile ?
– vos cousins ?

6. Complétez ces formules de politesse :

Recevez, Monsieur, nos meilleures ......
Veuillez agréer, Madame, nos salutations ......
Nous vous ......, Madame, Monsieur, l'expression de nos sentiments distingués.
Nous vous prions ......, Monsieur et cher client, à nos sentiments dévoués.
Veuillez ......, Monsieur le Directeur, l'assurance de nos sentiments très distingués.

7. Imaginez des formules de politesse pour les personnes mentionnées dans l'exercice nº 5.

8. Vous travaillez dans la maison « Luxus-Limousine », Kaiserstraße 8, 6000 Francfort 1. On vous demande de présenter la lettre suivante destinée à :

Monsieur Cédric Roitelet   Nos références : uf-kh
Villa « La Mimoseraie »   Objet : Location de voitures de luxe
F-64500 Saint-Jean-de-Luz

LUXUS-LIMOUSINE vous propose une sélection de voitures de prestige dotées des équipements vous assurant le plus grand confort : air conditionné, radio-cassette stéréo, téléphone. Ce parc de classe est composé de Rolls-Royce, de Porsche, de Ferrari et de Mercédès. Un chauffeur et un guide polyglotte peuvent être mis à votre disposition. Que ce soit pour honorer un hôte de marque, rendre visite à un client important ... ou tout simplement pour vous offrir ce plaisir personnel, appelez-nous à Francfort au 19.49.69/23867 ou à Munich au 19.49.89/456232. Notre renommée est la garantie de notre compétence, de l'efficacité et de la qualité de nos services. Nous souhaitons pouvoir vous en faire profiter et vous assurons, Monsieur, de notre dévouement. Le directeur commercial, Ulrich Fröhlich.

2 Das Telefongespräch –
La conversation téléphonique

In einer Fremdsprache zu telefonieren, ist nicht einfach, da die visuelle Unterstützung durch Gestik und Mimik fehlt.
Bevor Sie ein Telefongespräch führen, sollten Sie sich im klaren sein, was Sie erreichen wollen. Notieren Sie am besten einige Stichworte, damit Sie beim Gespräch nichts vergessen.
Beim Telefonieren sollten Sie stets Schreibzeug und einen Terminkalender parat haben. Telefon- oder Gesprächsnotizen sind sinnvoll, um das Wichtigste festzuhalten.

Frankreich ist in zwei Telefonzonen eingeteilt: Paris, genauer gesagt die Region Ile-de-France (mit der Vorwahl 1), und die Provinz (ohne Vorwahl für die einzelnen Städte).
Für Telefongespräche nach Frankreich muß man folgendes wählen:

– 0033, die Vorwahl für Frankreich, z.B.: 0033 – 1 – 45.44.37.18 nach Paris
– evtl. die 1, falls es sich um Paris handelt, 0033 – 56.23.17.08 nach Bordeaux
– eine achtstellige Teilnehmernummer.

Die Vorwahl für Belgien ist: 0032
für Luxemburg: 00352
für die Schweiz: 0041

Es folgen einige Begriffe sowie nützliche Redewendungen, die Ihnen Telefongespräche in französischer Sprache erleichtern werden.

1. Quelques expressions	**1. Einige Begriffe**
appeler qn/téléphoner à qn	jdn anrufen
donner/passer un coup de téléphone à qn	
l'appel *(m)*	der Anruf
l'annuaire *(m)*	das Telefonbuch
décrocher le récepteur	den Hörer abnehmen
le numéro de téléphone	die Telefonnummer
composer (= faire) un numéro	eine Nummer wählen
l'indicatif *(m)*	die Vorwahl
l'indicatif *(m)* du pays	die Landeskennzahl
le numéro de poste	die Teilnehmernummer
la cabine téléphonique	die Telefonzelle
le publiphone	der öffentliche Fernsprecher
la Télécarte	*Telefonkarte für öffentliche Fernsprecher*
la Carte Télécom(munications)	*Telefon-Kreditkarte*
l'unité *(f)* (télécom)	die (Gebühren-)Einheit
le radiotéléphone	das Funktelefon
le téléphone sans fil	das schnurlose Telefon
le répondeur(-enregistreur) automatique	der automatische Anrufbeantworter

le service des renseignements	die Telefonauskunft
le/la correspondant/e	der/die Gesprächspartner/in
l'opérateur/-trice	die Vermittlung *(bei der Post)*
le standard (= le central)	die Telefonzentrale *(bei Firmen)*
le/la standardiste	der/die Telefonist/in
raccrocher	auflegen
la fiche téléphonique/mémofiche	die Telefonnotiz/Gesprächsnotiz

2. Les formules

a) Le numéro n'existe plus

- Le numéro que vous avez demandé n'est plus en service actuellement.

b) Répondre à un appel

- Allô ?

○ Allô, ici Madame Kratzmeier.

- Maison Pifdor – Bonjour !

○ Bonjour, Madame ! Ici les Ets Fuchs de Coblence.

○ Qui est à l'appareil ?

- Roger Croûton à l'appareil.

○ Je suis bien en communication avec la maison Boulet & Cie ?

○ C'est vous, Monsieur Peluche ?

- Oui, c'est moi.
- Lui-même./Elle-même.

- A l'appareil.

○ Comment allez-vous/ça va ?

- Très bien, merci, et vous/et vous-même ?

○ Ça va.

c) Mauvais numéro

- Il y a erreur !/C'est une erreur !
- Vous faites erreur !

○ J'ai fait erreur.

2. Redewendungen

a) Die Nummer existiert nicht mehr

- Kein Anschluß unter dieser Nummer.

b) Sich melden

- Ja? *(in Frankreich meldet man sich selten mit dem Namen)*

○ Hallo, hier ist Frau Kratzmeier.

- Firma Pifdor – Guten Tag!

○ Guten Morgen, Frau …! Firma Fuchs aus Koblenz.

○ Wer ist am Apparat?

- Roger Croûton am Apparat.

○ Bin ich hier richtig bei der Firma Boulet & Co.?

○ Sind Sie es, Herr Peluche?

- Ja, ich bin's.

- Am Apparat.

○ Wie geht es Ihnen/geht's?

- Sehr gut, danke, und Ihnen/und selbst?

○ Es geht.

c) Falsche Nummer

- (Sie sind) falsch verbunden!

○ Ich habe mich verwählt.

d) Demander de quoi il s'agit

- Je vous écoute.

- Puis-je vous aider ?
- En quoi puis-je vous être utile ?

- C'est à quel sujet ?
- De quoi s'agit-il ?

o Je vous téléphone au sujet de …
o C'est au sujet de …/Il s'agit de …

e) Demander la communication avec le correspondant désiré

o Je voudrais parler à Monsieur Guignol, s'il vous plaît.
o Est-ce que je pourrais parler à Mademoiselle Croissant, s.v.p. ?
o Est-ce que Madame Mouton est là ?

o Pourrais-je lui parler ? C'est urgent.

o Pouvez-vous me passer le directeur des ventes, s.v.p. ?
o Pouvez-vous me mettre en communication avec le service commercial ?
o Pourriez-vous me passer le poste 23, s.v.p. ?

o Pouvez-vous me repasser le standard, s.v.p. ?

f) Mise en communication avec le correspondant désiré

- C'est de la part de qui ?

- Ne quittez pas !/Restez en ligne !
- Ne raccrochez pas, s.v.p. !

- Un instant, s.v.p. !

- Je vais le/la chercher.
- Je vais voir s'il/si elle est là.

- Je vous mets en ligne.
- Je vous le/la passe.

- Je vous passe Madame Coquin.
- Je vous mets en communication avec le service Exportations.

o Merci bien/beaucoup, Madame !

d) Fragen, worum es geht

- Ja, bitte ?

- Kann ich Ihnen weiterhelfen ?
- Womit kann ich dienen ?

- Worum geht es ?
- Worum handelt es sich ?

o Ich rufe an wegen …
o Es geht um …

e) Die Verbindung mit dem gewünschten Gesprächspartner verlangen

o Ich möchte gern Herrn Guignol sprechen.
o Könnte ich bitte Fräulein Croissant sprechen ?
o Ist Frau Mouton zu sprechen ?

o Könnte ich mit ihm/ihr sprechen ? Es ist dringend.

o Können Sie mich bitte mit dem Verkaufsleiter verbinden ?
o Verbinden Sie mich bitte mit der Verkaufsabteilung.
o Könnten Sie mich bitte mit Apparat 23 verbinden ?

o Geben Sie mir bitte noch einmal die Telefonzentrale !

f) Mit dem gewünschten Gesprächspartner verbinden

- Wer ist am Apparat ?

- Bleiben Sie am Apparat !
- Bitte legen Sie nicht auf !

- Einen Augenblick, bitte !

- Ich hole ihn/sie.
- Ich sehe nach, ob er/sie da ist.

- Ich verbinde.
- Ich stelle durch.

- Ich verbinde Sie mit Frau Coquin.
- Ich verbinde Sie mit der Exportabteilung.

o Besten/Vielen Dank, Frau …!

g) On ne peut pas joindre le correspondant désiré

- Vous êtes encore en ligne ?

- Je regrette/Je suis désolé/e,
  - elle vient de partir.
  - elle n'est pas là.
  - elle est absente.
  - il a une (il est en) réunion.
  - il est en voyage d'affaires.
  - il ne reviendra que lundi.

- Ça ne répond pas.
- Monsieur Roi ne répond pas.

- C'est occupé.
- La ligne est occupée pour le moment.

- Voulez-vous attendre ?
- Pourriez-vous patienter quelques instants ?

- Ce ne sera pas long.

- La communication risque de durer un certain temps.

h) Il faut rappeler

○ Quand est-ce qu'il sera là ?
○ Quand sera-t-elle de retour ?

○ Est-ce qu'elle sera au bureau demain ?

○ Je peux rappeler dans une heure/vers 15 heures ?

○ A quel moment pourrais-je l'appeler sans trop le/la déranger ?

- Voulez-vous rappeler ?
- Vous pouvez le/la rappeler vers 14 heures.
- Vous seriez gentil/le de rappeler un peu plus tard.

- Vous pouvez le joindre à Strasbourg au 88.62.23.18.

- A quel numéro peut-il vous rappeler ?

- Pouvez-vous me laisser vos coordonnées ?

g) Der gewünschte Gesprächspartner ist nicht erreichbar

- Sind Sie noch dran?

- Ich bedaure/Es tut mir leid,
  - sie ist soeben gegangen.
  - sie ist nicht da.
  - sie ist außer Haus.
  - er ist in einer Besprechung.
  - er ist auf Geschäftsreise.
  - er kommt erst Montag zurück.

- Es meldet sich niemand.
- Herr Roi meldet sich nicht.

- Es ist besetzt.
- Die Leitung ist im Augenblick besetzt.

- Möchten Sie warten?
- Könnten Sie sich einen Augenblick gedulden?

- Es wird nicht lange dauern.

- Das Gespräch kann noch etwas dauern.

h) Ein Rückruf/wiederholter Anruf ist erforderlich

○ Wann ist er (wieder) da?
○ Wann kommt sie (wieder) zurück?

○ Ist sie morgen am Arbeitsplatz?

○ Kann ich in einer Stunde/gegen 15 Uhr noch einmal anrufen?

○ Wann könnte ich ihn/sie anrufen, ohne ihn/sie zu stören?

- Möchten Sie noch einmal anrufen?
- Sie können ihn/sie gegen 14 Uhr noch einmal anrufen.
- Es wäre nett von Ihnen, wenn Sie später nochmal anrufen würden.

- Sie erreichen ihn in Straßburg unter der Nummer 88.62.23.18.

- Unter welcher Nummer kann er Sie zurückrufen?
- Können Sie mir Ihre Anschrift und Telefonnummer geben?

○ Pourriez-vous dire à Madame Joli
   – de me rappeler au 19.49.30/6580423 ?

   – que j'attends son appel ?

● Vous pouvez compter sur son appel.

○ Könnten Sie Frau Joli ausrichten,
   – daß sie mich unter der Nummer
     19.49.30/6580423 zurückrufen soll?
   – daß ich auf ihren Anruf warte?

● Sie können mit ihrem Anruf rechnen.

i) Laisser un message

○ Dites-lui que j'ai appelé.

○ Voudriez-vous faire une commission à
Madame Jolicœur ?
○ Pourriez-vous prendre un message pour
Monsieur Vadrouille ?
○ Je peux vous transmettre un message ?

○ Je peux lui laisser un message ?

● Si vous voulez, je peux déposer une note
(= un mot) sur son bureau.

○ Volontiers, merci mille fois.
○ C'est très aimable de votre part.

● Je vous écoute.
● Un instant, s.v.p., je prends des notes.

● C'est noté./J'en ai pris note.

● C'est entendu !

● Je l'en informerai.
● Je le lui dirai.

i) Eine Nachricht hinterlassen

○ Richten Sie ihm/ihr aus, daß ich angeru-
fen habe.

○ Würden Sie bitte Frau Jolicœur etwas aus-
richten?
○ Könnten Sie eine Mitteilung für Herrn
Vadrouille entgegennehmen?
○ Kann ich Ihnen eine Nachricht durchge-
ben?
○ Kann ich ihm/ihr eine Nachricht hinter-
lassen?

● Wenn Sie möchten, kann ich einen Zet-
tel auf seinen/ihren Schreibtisch legen.

○ Gerne, herzlichen Dank.
○ Sehr freundlich von Ihnen.

● Ich bin soweit.
● Einen Augenblick, bitte, ich notiere.

● Ich habe es notiert.

● Geht in Ordnung!

● Ich werde ihm/ihr Bescheid sagen.
● Ich werde es ihm/ihr ausrichten.

j) Problèmes de communication

Pardon ?/Comment ?/Vous dites ?

Je vous comprends (= entends) très mal.

Est-ce que vous me comprenez ?
Vous m'entendez ?

Pourriez-vous
– répéter, s'il vous plaît ?
– parler plus lentement/fort ?
– épeler, s.v.p. ?

j) Verständigungsschwierigkeiten

(Wie) bitte?

Ich verstehe Sie sehr schlecht.

Können Sie mich verstehen?
Hören Sie mich?

Könnten Sie
– bitte wiederholen?
– langsamer/lauter sprechen?
– das bitte buchstabieren?

k) Vous épelez

Voulez-vous que j'épelle le mot ?

Attendez, j(e l)'épelle.

k) Sie buchstabieren

Soll ich das Wort buchstabieren?

Warten Sie, ich buchstabiere (es).

A	B	C	D	E	F	G	H	I	J	K	L	M
[a]	[be]	[se]	[de]	[ə]	[ɛf]	[ʒe]	[aʃ]	[i]	[ʒi]	[ka]	[ɛl]	[ɛm]

N	O	P	Q	R	S	T	U	V	W	X	Y	Z
[ɛn]	[o]	[pe]	[ky]	[ɛr]	[ɛs]	[te]	[y]	[ve]	[dubləve]	[iks]	[igrɛk]	[zɛd]

Avec **a** majuscule/minuscule.

Avec un trait d'union.

Avec un tréma sur le **a** *(= ä)*.

Mit großem/kleinem **A**.

Mit Bindestrich.

Mit Trema über dem **a** *(= ä)*.

Liste des mots guides français pour l'épellation

Französische Buchstabiertafel

A = Anatole	**G** = Gaston	**N** = Nicolas	**U** = Ursule
B = Berthe	**H** = Henri	**O** = Oscar	**V** = Victor
C = Célestin	**I** = Irma	**P** = Pierre	**W** = William
D = Désiré	**J** = Joseph	**Q** = Quintal	**X** = Xavier
E = Eugène	**K** = Kléber	**R** = Raoul	**Y** = Yvonne
É = Émile	**L** = Louis	**S** = Suzanne	**Z** = Zoé
F = François	**M** = Marcel	**T** = Thérèse	

Liste des mots guides internationaux pour l'épellation

Internationale Buchstabiertafel

	G = Gallipoli	**N** = New York	
A = Amsterdam	**H** = Havana	**O** = Oslo	**U** = Uppsala
B = Baltimore	**I** = Italia	**P** = Paris	**V** = Valencia
C = Casablanca	**J** = Jérusalem	**Q** = Québec	**W** = Washington
D = Danemark	**K** = Kilogramme	**R** = Roma	**X** = Xanthippe
E = Edison	**L** = Liverpool	**S** = Santiago	**Y** = Yokohama
F = Florida	**M** = Madagascar	**T** = Tripoli	**Z** = Zürich

A comme Amsterdam.

A wie Amsterdam.

l) Terminer une conversation

l) Das Gespräch beenden

● Je vous remercie de votre appel.

● Merci d'avoir appelé.

● Merci de votre appel.

○ C'est à moi de vous remercier.

● Encore (une fois,) merci !

○ Il n'y a pas de quoi !

○ A votre service !

○ Je vous en prie !

○ Bonne journée !

● Merci, pareillement !

○ Au revoir, Monsieur !

● Ich danke Ihnen für Ihren Anruf.

● Danke für Ihren Anruf.

○ Ich habe zu danken.

● Nochmals danke!

○ Keine Ursache!

○ Gern geschehen!

○ Bitte (sehr/schön)!

○ Einen schönen Tag noch!

● Danke, gleichfalls!

○ Auf Wiederhören, Herr …!

Exercices

1. Comment répondez-vous à un appel ? Comment vous présentez-vous au téléphone ?

2. Epelez votre nom.

3. Retrouvez les expressions manquantes dans cette conversation téléphonique :

~ Les Tissus Parisiens – Bonjour !

– ....., Madame. ..... Monsieur Kleiber des Ets Bohnenblatt, à Nuremberg. Pourriez-vous me ..... Monsieur Taquin, s.v.p. ?

~ Ne ..... pas !
(C'est M. Bourgeois qui décroche :)

~ Allô ?

– ..... vous, Monsieur Taquin ?

~ Non, Bourgeois à ..... !

– Est-ce que Monsieur Taquin est ....., s.v.p. ?

~ Non, je ....., il est en ..... d'affaires. Restez en ....., je vous ..... en ..... avec sa secrétaire.
(La secrétaire de M. Taquin prend la communication :)

~ Allô ?

– Bonjour, Madame. Monsieur Bourgeois vient de me ..... que Monsieur Taquin est ...... Quand ..... de retour ?

~ Il ..... mercredi. C'est pour un rendez-vous ?

– Non, non ! Voudriez-vous ..... faire une ..... ?

~ Volontiers.

– Pourriez-vous lui dire de me ..... le plus tôt possible, s.v.p. ?

~ De la ..... de qui ?

– Kleiber des Ets Bohnenblatt !

~ A quel ..... peut-il vous joindre ?

– Au 19.49.911/3428243.

~ C'est ...... Je le lui ......

– ..... infiniment. ..... journée, Madame !

~ Au ....., Monsieur !

4. Le téléphone sonne. Madame Pelz, votre collègue de travail, décroche. Vous entendez la moitié de cette conversation téléphonique. Imaginez ce que dit la personne à l'autre bout du fil.

~ Cabinet d'avocats – Bonjour ! – _____

~ Bonjour, M. Tapir, comment allez-vous ? – _____

~ Ça va, merci. En quoi puis-je vous être utile ? – _____

~ Maître Bol ? Un petit instant, je vais voir s'il est là. – _____

~ La ligne est occupée. Voulez-vous patienter ? – _____

~ Je pense qu'il faut compter une dizaine de minutes. – _____

~ Avec plaisir. Allez-y, je vous écoute. *(M. Tapir laisse son message)*

~ C'est noté. Je l'informerai dès qu'il sera libre. – _____

~ C'est moi qui vous remercie de votre appel. – _____

~ Au revoir, M. Tapir !

5. **Traduisez cette conversation téléphonique :**

~ Beaupré & Söhne, Guten Tag!
– Guten Morgen! Ich möchte gern Herrn Poulain sprechen.
~ Wer ist am Apparat?
– Frau Fink.
~ Einen Augenblick, bitte. Ich verbinde.
(Die Telefonistin stellt durch.)
~ Guten Tag.
– Hier Frau Fink aus Baden-Baden. Ist Herr Poulain da?
~ Es tut mir leid, aber Herr Poulain ist in einer Besprechung. Kann ich Ihnen weiterhelfen? Ich bin seine Sekretärin.
– Könnten Sie bitte Herrn Poulain ausrichten, daß er mich zurückrufen soll?
~ Unter welcher Nummer?
– Er erreicht mich unter der Nummer 19.49.7221/467890.
~ Könnten Sie bitte Ihren Namen wiederholen?
– Fink. F wie François, I wie Irma, N wie Nicolas, K wie Kléber.
~ Besten Dank! Ich werde es ihm ausrichten.
– Haben Sie vielen Dank!
~ Keine Ursache! Auf Wiederhören!
– Auf Wiederhören!

6. **Vous travaillez pour la maison Filoche et devez téléphoner à M. Joli, directeur des Ets Chantefleur S.A., au sujet d'une affaire pressante. C'est le répondeur automatique qui s'annonce :**
« Bonjour. Vous êtes en communication avec le répondeur automatique des établissements Chantefleur S.A., à Cognac. Nos bureaux sont ouverts de 8 h à 12 h et de 14 h à 18 h, du lundi au vendredi. Vous pouvez nous transmettre un message de 45 secondes, en indiquant vos nom et numéro de téléphone afin que nous puissions vous rappeler. Parlez dès que vous entendrez le top sonore. Merci. »

Laissez un message.

7. **M. Petit vous téléphone pour fixer un rendez-vous avec votre patron, M. Grand. Voici les agendas de M. Petit et de M. Grand :**

	M. Petit	M. Grand
lundi	Réunion	New York
mardi		New York
mercredi	Foire de Francfort	
jeudi	Congé	
vendredi		

Essayez de mener cette conversation téléphonique avec un/e partenaire qui jouera le rôle de M. Petit.

8. Avec un/e partenaire, jouez les rôles suivants :

a) Vous recevez un appel d'une personne qui aimerait parler à M. Lebœuf, que vous ne connaissez pas. Vous dites à cette personne qu'elle doit faire erreur. Elle répond avoir composé le 19.49.711/343678. Vous lui expliquez qu'elle a fait un mauvais numéro, le vôtre étant le 19.49.711/343876.

b) Un client belge appelle et demande à parler au directeur commercial, M. Katz. Vous dites que M. Katz est en vacances et qu'il ne reviendra que dans 3 semaines. Le client veut connaître la date exacte de son retour. Vous le priez de rappeler à partir du 20 août.

c) Mme Brochet de la fabrique Duc & Baron téléphone pour vous demander de lui passer le représentant de la maison, M. Lustig. Vous répondez que ce dernier ne travaille plus pour l'entreprise depuis le mois dernier. Vous dites aussi que le nouveau représentant, M. Traurig, est en tournée d'affaires et qu'il prendra contact par téléphone avec Duc & Baron au début de la semaine prochaine.

9. Lisez attentivement cette conversation téléphonique :

~ Allô, ici les Grands Magasins de la Bureautique.
– Bonjour, Madame. Claude Lescot de la S.O.G.I.F. à l'appareil. M. Clouet est-il là en ce moment ?
~ Je regrette, il est en congé jusqu'au 4 mai, mais si vous le désirez, je lui laisse un mot.
– C'est très gentil à vous, merci. Pourriez-vous lui faire savoir que je souhaiterais avoir un entretien avec lui au sujet de la dernière facture ? Il me semble qu'il y a une erreur de calcul.
~ Pouvez-vous m'indiquer le numéro et la date de la facture ?
– Il s'agit de la facture nº 38 du 21 février. Les prix ne correspondent pas à ceux du tarif inclus dans le catalogue B10. Ils sont beaucoup plus élevés.
~ D'accord, j'ai tout noté. On peut vous joindre au numéro habituel ?
– Non, cette fois au 90.26.34.22. C'est mon bureau d'Avignon.
~ Très bien. Je dirai à M. Clouet de vous rappeler dès son retour.
– Je vous remercie, Madame. Et au revoir.
~ Il n'y a pas de quoi. Au revoir, Monsieur !

Maintenant, mettez-vous à la place de la secrétaire de M. Clouet et remplissez la fiche téléphonique ci-dessous :

```
                          Fiche téléphonique

   Appel téléphonique du _____ 19 _____

                    à _____ heures

   de M./Mme _____ des Éts _____

   Nº de tél. _____

   Message _____

            _____
```

3 Die Telekommunikation –
La télécommunication

Telex, Telefax und Teletex gehören zu den Textkommunikationsdiensten der Post. Unter Textkommunikation versteht man die elektronische Übermittlung von Texten.
Sie ist sehr wirtschaftlich, da Texterstellungskosten und Versandarbeiten der Korrespondenz gesenkt werden.
Zudem ist man unabhängig vom Transport durch Boten oder andere Mittler. Das spart nicht nur Zeit, sondern sorgt auch für größtmögliche Sicherheit.

1. Telex – *Le télex*

Telex ist eine schon seit vielen Jahren weitverbreitete Form der Textkommunikation. Es handelt sich um einen Fernschreibdienst: Der Text, den der Sender auf seinem Fernschreiber *(son téléimprimeur)*, seiner Textverarbeitungsanlage *(sa machine de traitement de texte(s))* oder seinem Personalcomputer *(son ordinateur personnel)* eingibt, wird nach wenigen Minuten auch beim Empfänger ausgedruckt.

Der Telexbetrieb läßt sich mit den neuen Gerätegenerationen automatisch abwickeln. Texte können gespeichert und zu jedem beliebigen Zeitpunkt übermittelt werden; das Empfangsgerät kann Meldungen auch ohne Bedienung rund um die Uhr aufnehmen. Auf diese Weise kann der billigere Nachttarif genutzt werden.

Die Übertragungsgebühren werden nach der Dauer berechnet. Deshalb wird der Text meist knapp gehalten.
Einleitungssätze, wie sie im Brief üblich sind, können auf eine kurze Betreffzeile reduziert werden (z. B. votre lettre du 2/6), Grußformeln auf ein Wort (z. B. salutations).

Gängige Kurzzeichen sind z. B.:

attn	(à) l'attention (de)	rpt	je répète/répétez
avs	avons	slts	salutations
cfm	je confirme/confirmez	svp	s'il vous plaît
eee	erreur	tx	télex
mom	un moment	vs	vous
ns	nous	+?	fin de mon message, répondez
ok	d'accord	+/++/+++	fin du télex
r	j'ai reçu		

Artikel, Personalpronomen und ausschmückende Wörter entfallen häufig ganz (z. B. pouvons accepter conditions).
Der Text wird entweder vollständig in Großbuchstaben oder in Kleinbuchstaben geschrieben. Akzente werden nicht gesetzt.

Telex wird vor allem beim Einholen von Angeboten, bei Bestellungen und Bestätigungen verwendet.

Außerdem können Telegramme *(les télégrammes)* über Telex aufgegeben und empfangen werden.

Mit Telex hat man auch Zugang zu Teletex und Btx.

```
1. burotel 213843 f
2. 724253 comphigh d

3. computerhaus hightech tx no 560 12/3 10.15

4. attn m. denis riboulet

5. bon de commande no 135

   merci pour votre ordre du 10/3. regrettons de ne pouvoir reduire
6. delai de livraison. vs assurons que les 40 ordinateurs vs seront
   livres au plus tard le 28 mars.

7. vos devoues
8. h. niedlich
9. +++

10. burotel 213843 f
11. 724253 comphigh d
```

Erläuterungen zum Mustertelex

1. Telexadresse des Empfängers *(l'indicatif du destinataire)* [1]

2. Telexadresse des Absenders *(l'indicatif de l'expéditeur)* [1]

3. Firma des Absenders *(l'entreprise de l'expéditeur)*
   Laufende Telexnummer *(le numéro de télex)*
   Datum und Uhrzeit der Übermittlung *(la date et l'heure d'émission)*

4. Anrede *(l'appel)*

5. Betreff *(l'objet)*

6. Text *(le texte)*

7. Gruß *(les salutations)*

8. Name des Verfassers *(le nom de l'expéditeur)*

9. Schlußzeichen *(le symbole « fin »)*

10./11. Kennungsaustausch *(l'échange d'indicatifs)*

---

[1] Die Telexadresse *(l'indicatif des abonnés au Télex)* setzt sich aus dem Kurznamen *(la désignation)*, der Codenummer *(le numéro de code)* und dem Nationalitätskennzeichen *(l'indicatif de nationalité)* zusammen.

2. Telefax – *Le téléfax (= La télécopie)*

Der Telefaxdienst basiert auf der Faksimile-Technik (Faksimile = vorlagengetreue Nachbildung).
Man kann Vorlagen per Telefon und Fernkopierer *(le télécopieur)* in einer oder wenigen Minuten als originalgetreue Kopien an einen Empfänger senden.
Ein großer Vorteil von Telefax besteht darin, daß außer maschinenschriftlichen auch handschriftliche Texte, Zeichnungen und Fotos übertragen werden können.

Bei hochwertigeren Geräten kann die Übermittlung auch automatisch und ohne ständige Bedienung des Fernkopierers erfolgen. Der Sender kann den Übertragungszeitpunkt beliebig vorprogrammieren, und auch der Empfang ist rund um die Uhr möglich.

Die Verbindungsgebühr entspricht der normalen Telefongebühr. Durch das Absenden von Telefaxen zu bestimmten Zeiten, z. B. nachts oder am Wochenende, kann der Billigtarif genutzt werden.

Auch Personen, die keinen Fernkopierer besitzen, können den Telefaxdienst in Anspruch nehmen: bei bestimmten Postämtern kann man Telebriefe *(les télécopies)* aufgeben, die bei der Empfangsstelle abgeholt bzw. auf Wunsch per Eilboten zugestellt werden können.

Telefax hat sich rasch verbreitet und zum Teil das Telex abgelöst.

Es bestehen Verbindungsmöglichkeiten zwischen Telefax und Btx. Über Telefax können ebenfalls Telegramme aufgegeben und empfangen werden.

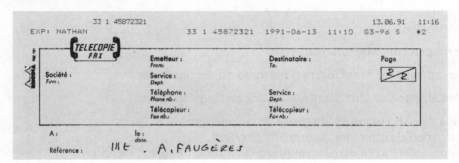

3. Teletex – *Le télétex*

Teletex ist ein sehr moderner und schneller Kommunikationsdienst. Dabei werden Texte aus dem Speicher *(la mémoire)* von elektronischen Schreibmaschinen *(de machines à écrire électroniques)*, Textverarbeitungsanlagen *(de machines de traitement de texte(s))* oder Personalcomputern *(d'ordinateurs personnels)* in Sekundenschnelle in den elektronischen Speicher des Empfängers übertragen.

Der Sender kann Texte eingeben, speichern und zu jeder Tages- und Nachtzeit automatisch übertragen lassen. Der Empfang ist auch möglich bei unbesetztem oder momentan zum Schreiben genutztem Teletexgerät.
Teletex ist mit Telex kompatibel, d. h. man hat per Teletex auch Zugang zum Telexnetz.
Auch Telegramme können per Teletex aufgegeben und empfangen werden.

Trotz aller Vorzüge ist Teletex nicht sehr verbreitet.

4. Btx (Bildschirmtext) – *Le vidéotex/Minitel*

Bildschirmtext, kurz Btx, ist eine sehr moderne und vielseitige Form der Telekommunikation über das Fernsprechnetz mit Wiedergabe auf dem Bildschirm. Dazu benötigt man ein Telefon, einen Btx-geeigneten Fernsehapparat und eine Tastatur oder ein spezielles Bildschirmtext-Telefon.

Informationsanbieter stellen über Btx Informationen bereit, die von den Benutzern abgerufen werden können. Es gibt offene und geschlossene Benutzerkreise, d. h., Informationen können jedermann oder nur einem eingeschränkten Personenkreis bzw. einer bestimmten Person zugänglich sein.

Btx umfaßt folgende Bereiche:
- Werbung und Public Relations:
  Firmen bieten Informationen über sich und ihre Produkte an.
- Dienstleistung:
  Ein elektronisches Telefonbuch, Fahrpläne, Veranstaltungshinweise, Stellenangebote, Kochrezepte und vieles mehr sind abrufbar.
- Vertriebsweg:
  Es können z. B. Bankgeschäfte, Bestellungen bei Versandhäusern und Reservierungen bei Reiseveranstaltern getätigt werden.
- Interne Kommunikation:
  Btx-Teilnehmer können sich gegenseitig Mitteilungen schicken.

Zusätzlich besteht die Möglichkeit, Mitteilungen an Telex- oder Telefax-Teilnehmer zu senden oder von diesen zu empfangen.

Bildschirmtextgeräte *(les Minitels)* sind in Frankreich sehr verbreitet. Das französische Bildschirmtextsystem heißt *Télétel*.

5. ISDN (Integrated Services Digital Network) – *Le RNIS*

Das diensteintegrierende digitale Fernmeldenetz *(le réseau numérique à intégration de services)* wird in Zukunft stark ausgebaut werden.

Alle Fernmeldedienste (Telefon, Telex, Telefax, Teletex, Btx, …) sind über einen einzigen Anschluß mit einheitlicher Rufnummer zugänglich. So können alle Kommunikationsarten – Sprache, Texte, Daten und Bilder – digital übermittelt werden.

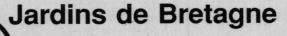

Jardins de Bretagne

Maison S. Tanguy et fils

3, rue St-Vincent - 35400 ST-MALO

Tél. : 99.73.57.90

C.C.P. Rennes 54 87 90
R.C.S. Rennes 424 308 509

SORRENTE

5, Place Ste-Anne

35000 RENNES

V/Réf. :
N/Réf. : SP 63

St-Malo
10 septembre 19 ..

Objet : Meubles de jardin

P.-J. :

Messieurs,

Comme vous le proposez dans votre annonce parue dans "Le Courrier du Meuble",
numéro de juin-juillet, je vous prie de m'adresser votre catalogue et vos
tarifs concernant les meubles pour jardin.

Veuillez également me préciser vos conditions générales de vente.

Je vous saurais gré de me fournir cette documentation le plus rapidement
possible.

Agréez, Messieurs, l'expression de mes sentiments distingués.

Simon Tanguy

S. Tanguy

1 Die Anfrage – *La demande d'offre(s)*

Sie sind Geschäftsmann bzw. Geschäftsfrau und möchten ein Produkt kaufen oder eine Dienstleistung in Anspruch nehmen. Wie gehen Sie vor?

Sie senden eine Anfrage an Hersteller *(des fabricants)*, Lieferanten *(des fournisseurs)* bzw. Vertreter *(des représentants)*, mit denen Sie schon Geschäftsbeziehungen unterhalten, oder aber an andere Firmen.
Anfragen sind stets unverbindlich. Um die günstigste Bezugsquelle zu ermitteln, werden Sie oftmals eine Anfrage an mehrere Firmen gleichzeitig richten und dafür vervielfältigte Schreiben oder eventuell fertige Vordrucke verwenden.
Wenn Ihnen eine Firma bereits bekannt ist, können Sie Ihre Anfrage auch telefonisch *(par téléphone)*, fernschriftlich *(par télex)* oder per Telefax *(par télécopie)* durchgeben.

Haben Sie zum erstenmal mit einer Firma zu tun, erklären Sie am Anfang Ihres Schreibens, wie Sie auf sie aufmerksam wurden: z.B. durch eine Anzeige in einer Zeitung oder Fachzeitschrift, durch einen Werbebrief, durch eine öffentliche Ausschreibung, aufgrund einer Ausstellung, einer Messe oder eines Vertreterbesuchs, auf Empfehlung eines Geschäftsfreundes, durch Erkundigung bei den in- und ausländischen Handelskammern oder Fachverbänden.

Handelt es sich um eine allgemeine Anfrage *(demande d'information)*, so fordern Sie Kataloge, Broschüren, Prospekte, Preislisten oder Kostenvoranschläge an; Sie bitten um Zusendung von Mustern, Proben oder Demo-Artikeln oder um einen Vertreterbesuch. Eine fest umrissene Kaufabsicht ist noch nicht vorhanden.

Handelt es sich um eine spezielle Anfrage *(demande d'offre circonstanciée)*, so bitten Sie um genauere Angaben zu einer bestimmten Ware. Sie fordern Informationen über Qualität, Größe, Form, Gewicht, Material, Farbe und technische Daten des Produktes, u. U. auch Muster oder Proben an und erkundigen sich nach dem Preis, den Liefer- und Zahlungsbedingungen, eventuell auch nach den Verpackungs- und Transportkosten, den Zollgebühren und der Garantie.

Wenn Sie eine größere Bestellung aufgeben oder mit einer Firma regelmäßige Geschäftsbeziehungen eingehen möchten, dann sollten Sie das in Ihrer Anfrage erwähnen, denn dadurch können Sie möglicherweise Sonderkonditionen erzielen.
Bei Großaufträgen nennen Sie Referenzen.

Drücken Sie in der Schlußformel die Hoffnung aus, ein günstiges Angebot zu erhalten.

1. Comment avez-vous obtenu l'adresse du fournisseur ?	**1. Wie haben Sie die Anschrift des Lieferanten erhalten?**
a) Presse – Publicité directe	**a) Presse – Direktwerbung**
– Votre annonce parue dans « L'Économie » du 12 écoulé ...	– Ihre Anzeige in „L'Économie" vom 12. des vergangenen Monats ...

29

- Votre encart publicitaire dans le dernier numéro de « Globus » …
- La circulaire-réclame que vous nous avez envoyée le 30 septembre …
… a suscité tout notre intérêt.
… a retenu toute notre attention.
… nous engage à entrer en relations d'affaires avec vous.

- Ihr(en) Werbeprospekt in der letzten Ausgabe des „Globus" …
- Ihr(en) Werbebrief vom 30. September …
… haben wir mit Interesse gelesen.
… hat uns auf Sie aufmerksam gemacht.
… veranlaßt uns, mit Ihnen in Geschäftsverbindung zu treten.

b) Visite

Nous nous référons à l'entretien récent que nous avons eu avec votre représentant, M. Gratin.

Nous revenons aujourd'hui à l'entretien que nous avons eu avec vous lors de notre visite le 20 mars.

Parmi les robots industriels que vous avez présentés à la Foire de Hanovre, c'est le modèle PRESTO qui nous intéresse en particulier.

b) Besuch

Wir nehmen Bezug auf das Gespräch, das wir vor kurzem mit Ihrem Vertreter, Herrn Gratin, geführt haben.

Wir kommen heute auf das Gespräch zurück, das wir bei unserem Besuch am 20. März mit Ihnen geführt haben.

Von den Industrierobotern, die Sie auf der Hannover Messe ausgestellt haben, interessiert uns insbesondere das Modell PRESTO.

c) Sur recommandation – Sur une demande

Votre Maison nous a été recommandée par un correspondant.

Nous devons votre adresse
- à un de nos bons clients.
- à l'obligeance de M. Ledru, négociant à Lyon.

Sur la recommandation de la maison Laiton & Fils, nous nous adressons à vous afin de savoir si …

- Nous sommes heureux d'apprendre …
- MM. Milou et Guiton nous ont fait savoir …
… que vous fabriquez des skis de fond.
… que vous vous êtes spécialisé(s) dans l'aéronautique.

La Chambre officielle franco-allemande de commerce et d'industrie de Paris m'a informé
- de la récente création de votre Maison …

- de l'implantation, à Evry, de votre nouvelle succursale …

c) Auf Empfehlung – Auf eine Anfrage hin

Ein Geschäftsfreund hat uns Ihre Firma empfohlen.

Ihre Adresse verdanken wir
- einem unserer guten Kunden.
- Herrn Ledru, Großhändler in Lyon.

Auf Empfehlung der Firma Laiton & Sohn wenden wir uns an Sie mit der Anfrage, ob …

- Wir freuen uns zu erfahren, …
- Die Herren Milou und Guiton haben uns mitgeteilt, …
… daß Sie Langlaufschier herstellen.
… daß Sie sich auf Flugzeugbau spezialisiert haben.

Die Offizielle Deutsch-Französische Industrie- und Handelskammer in Paris hat mich
- über die kürzliche Gründung Ihrer Firma unterrichtet, …
- über Ihre in Evry neugegründete Zweigniederlassung informiert, …

… qui aurait pour but le placement de produits fabriqués en Allemagne.

… qui assurerait dès maintenant la fabrication locale de pièces de rechange.

… die sich mit dem Vertrieb von in Deutschland hergestellten Produkten befassen soll.
… die ab sofort die lokale Herstellung von Ersatzteilen übernehmen soll.

2. Pourquoi demandez-vous une offre ?

a) Vous ouvrez un commerce

– Nous avons ouvert un restaurant au centre-ville …
– Nous avons l'intention d'implanter une nouvelle usine dans la zone industrielle d'Aix-en-Provence …
– Nous venons d'ouvrir un centre commercial dans la banlieue de Kiel …
… et désirons entrer en relations d'affaires avec votre Maison.

2. Warum bitten Sie um ein Angebot?

a) Sie eröffnen ein Geschäft

– Wir haben im Stadtzentrum ein Restaurant eröffnet …
– Wir beabsichtigen, ein neues Werk im Industriegebiet von Aix-en-Provence zu gründen …
– Wir haben soeben ein Einkaufszentrum im Einzugsgebiet von Kiel eröffnet …
… und möchten mit Ihrer Firma in Geschäftsverbindung treten.

b) Vous voulez renouveler votre stock

Notre stock de vins vieux
– s'épuise.
– est épuisé.

Veuillez nous faire savoir si vous avez encore en stock les marchandises suivantes : …

Ayant fait une intense publicité, nous comptons sur de nombreuses demandes dès décembre ; c'est pourquoi nous désirons

– constituer un stock très complet, surtout en articles de sport.
– renouveler nos stocks de jouets avant Noël.
– proposer à nos clients une gamme étendue de bonbons aux fruits.

Nous avons déjà fait nos achats pour la saison d'été, serions toutefois disposés à compléter notre stock par quelques articles.

Il s'agirait
– d'une forte quantité de cacao.
– d'un lot assez important de café dans différentes variétés.

Il nous faudrait d'urgence/tout particulièrement du thé de Ceylan de premier choix.

b) Sie möchten Ihr Lager auffüllen

Unser Vorrat an alten Weinen
– geht zur Neige.
– ist vergriffen.

Teilen Sie uns bitte mit, ob Sie folgende Waren noch vorrätig haben: …

Da wir eine umfangreiche Werbung betrieben haben, rechnen wir von Dezember an mit einer großen Nachfrage und möchten deshalb

– ein komplettes Warenlager, vor allem an Sportartikeln, anlegen.
– unseren Vorrat an Spielwaren vor Weihnachten wieder auffüllen.
– unseren Kunden eine große Auswahl an Fruchtbonbons anbieten.

Wir haben uns für das Sommergeschäft schon eingedeckt, wären jedoch bereit, unseren Bestand um einige Artikel zu ergänzen.

Es würde sich um
– eine größere Menge Kakao handeln.
– einen größeren Posten Kaffee verschiedener Sorten handeln.

Dringenden/Besonderen Bedarf hätten wir an erstklassigem Ceylontee.

c) Vous voulez élargir votre programme

Comme nous comptons
- tenir désormais quelques bonnes marques de cigares, …
- importer du café robusta de la Côte d'Ivoire, …
… vous voudrez bien nous soumettre une offre échantillonnée.

Ayant l'intention
- de nous occuper de la vente de tapisseries flamandes, …
- de créer un rayon « Tissus africains », …

- d'étendre nos activités, …
… nous vous prions de nous faire une offre détaillée à ce sujet.

Ayant reçu, de la part de notre clientèle, de nombreuses demandes concernant vos tapis,
- nous nous proposons de tenir les modèles MAROC et TUNISIE.
- nous envisageons d'inclure les modèles MAROC et TUNISIE dans notre programme de vente.

c) Sie möchten Ihr Programm erweitern

Da wir künftig
- einige gute Zigarrenmarken führen möchten, …
- Robusta-Kaffee von der Elfenbeinküste importieren möchten, …
… bitten wir Sie um ein Angebot mit Warenproben.

Da wir die Absicht haben,
- den Verkauf von flämischen Tapeten zu übernehmen, …
- eine Abteilung „Afrikanische Stoffe" einzurichten, …
- unsere Aktivitäten auszudehnen, …
… bitten wir diesbezüglich um ein ausführliches Angebot.

Da wir von unseren Kunden viele Anfragen nach Ihren Teppichen erhalten haben,

- beabsichtigen wir, die Modelle MAROC und TUNISIE zu führen.
- haben wir vor, die Modelle MAROC und TUNISIE in unser Verkaufsprogramm aufzunehmen.

3. Vous demandez l'envoi de catalogues, de tarifs et d'échantillons

3. Sie bitten um Zusendung von Katalogen, Preislisten und Mustern

Veuillez (avoir l'obligeance de) Vous voudrez bien Nous vous prions de Nous vous serions obligés (= reconnaisants) de Nous vous saurions gré de	nous	envoyer adresser remettre faire parvenir	votre nouveau catalogue concernant … vos tarifs en vigueur ce jour une brochure illustrée portant sur … une documentation technique une collection d'échantillons quelques échantillons gratuits

Je désire (= souhaite) recevoir, sans engagement de ma part,
- une brochure en couleurs ainsi que votre tarif libellé en FF.
- une documentation technique complète portant sur les lecteurs de disquettes AMIGO.
- votre nouveau (= dernier) catalogue automne-hiver.
- le tarif actuellement en vigueur concernant vos crèmes TROPIC.

Senden Sie mir bitte unverbindlich

- eine Farbbroschüre sowie Ihre Preisliste in FF.
- Ihre gesamten technischen Unterlagen über die Diskettenlaufwerke AMIGO.

- Ihren neuen Herbst-Winter-Katalog.

- die derzeit gültige Preisliste Ihrer TROPIC-Cremes.

Vous voudrez bien nous adresser par un prochain courrier
- vos tarifs spéciaux relatifs aux logiciels de jeux BIMBAX 2000.
- une liste précise des quantités disponibles.

Veuillez joindre au catalogue/à votre offre/à votre envoi
- des échantillons de vos tissus dans les différents coloris.
- un choix d'échantillons.

En vue de l'exposition qui aura lieu le 31 mai dans notre halle, nous vous prions de nous envoyer (= faire parvenir) rapidement les échantillons désirés.

Veuillez avoir l'obligeance de nous remettre, à titre gracieux,
- quelques objets de réclame pour l'étalage.
- quelques articles à l'examen, que nous vous renverrons sans tarder.
- quelques ouvrages de grammaire française en spécimen.

4. Vous demandez des précisions concernant ...

a) le prix

Veuillez nous indiquer
- vos prix les plus avantageux port payé jusqu'à Sarrebruck ...
- vos prix les plus bas FOB aéroport de Charles de Gaulle ...
- vos prix les plus justes franco Aix-la-Chapelle, marchandises dédouanées, ...
- vos prix franco frontière française Strasbourg, marchandises non dédouanées, ...
- vos prix à l'exportation en vigueur ce jour ...
- ... pour la livraison de 100 trousses de maquillage.
- ... pour un achat de 150 vestes en cuir.

Pourriez-vous calculer vos prix franco domicile/départ usine ?

Nous vous prions de nous indiquer vos meilleurs prix pour 100 fûts de beaujolais.

Senden Sie uns bitte möglichst bald
- Ihre Sondertarife für die Computerspiele BIMBAX 2000.
- eine genaue Liste der lieferbaren Mengen.

Bitte schicken Sie uns mit Ihrem Katalog/Ihrem Angebot/Ihrer Sendung auch
- Muster Ihrer Stoffe in verschiedenen Farben.
- eine Musterauswahl.

Im Hinblick auf die Ausstellung, die am 31. Mai in unserer Halle stattfinden wird, bitten wir Sie, uns die gewünschten Muster umgehend zuzusenden.

Senden Sie uns bitte unentgeltlich

- einige Werbeartikel für unsere Fensterauslage.
- einige Artikel zur Ansicht, die wir Ihnen umgehend zurückschicken werden.
- einige französische Grammatiken zur Ansicht.

4. Sie bitten um genaue Angaben über ...

a) den Preis

Bitte nennen Sie uns
- Ihre günstigsten Preise frachtfrei Saarbrücken ...
- Ihre niedrigsten Preise FOB Flughafen Charles de Gaulle ...
- Ihre äußersten Preise frei Aachen, verzollt, ...
- Ihre Preise frei französische Grenze Straßburg, unverzollt, ...
- Ihre derzeit gültigen Exportpreise ...

- ... für die Lieferung von 100 Schminkkästchen.
- ... bei einem Kauf von 150 Lederjacken.

Könnten Sie Ihre Preise bitte frei Haus/ab Werk berechnen?

Wir bitten Sie, uns Ihre günstigsten Preise für 100 Faß Beaujolais zu nennen.

A quel prix pourriez-vous nous fournir 8000 cartes de visite exactement semblables (= conformes) au modèle ci-joint ?

Nous désirons faire imprimer 5000 dépliants comportant 4 photos chacun et vous prions d'établir un devis pour ce travail.

Nous vous serions obligés de nous signaler en outre
– si une hausse sur les cafés est à craindre dans les prochains temps.
– si nous pourrons compter sur une baisse de prix dans les prochains jours.

b) les conditions de livraison et de paiement

Veuillez nous faire savoir
– quelles conditions spéciales vous nous accorderiez pour l'achat de 200 bouteilles de bordeaux.
– si et à quelles conditions vous pourriez nous livrer 100 sacs de voyage.
– si vous êtes à même de nous fournir 20 machines à expresso aux conditions habituelles.

Afin d'éviter tout malentendu, vous voudrez bien nous préciser vos conditions générales de vente ainsi que le délai de livraison.

Nous souhaiterions recevoir les confitures
– au début d'août.
– à la mi-mai.
– à la fin de septembre.
– avant la fin du mois.
– avant le 5 de chaque mois.
– dans les quinze jours.
– dans les plus brefs délais.
– d'ici au 15 juin.
– sans délai.
– au plus tôt.
– plus rapidement que la dernière fois.

Nous vous remercions donc de nous faire savoir rapidement
– si vous pensez pouvoir livrer d'ici à cette date (limite).
– combien de temps serait nécessaire à la réalisation de ce projet.

Zu welchem Preis könnten Sie uns 8000 Visitenkarten entsprechend dem beigefügten Muster liefern?

Wir möchten 5000 Faltprospekte mit je 4 Fotos drucken lassen und bitten Sie hierfür um einen Kostenvoranschlag.

Wir wären Ihnen dankbar, wenn Sie uns außerdem mitteilen könnten,
– ob in der nächsten Zeit eine Erhöhung der Kaffeepreise zu befürchten ist.
– ob wir in den nächsten Tagen mit einem Preisrückgang rechnen können.

b) die Liefer- und Zahlungsbedingungen

Teilen Sie uns bitte mit,
– welche Sonderkonditionen Sie uns bei einem Kauf von 200 Flaschen Bordeaux einräumen könnten.
– ob und zu welchen Bedingungen Sie uns 100 Reisetaschen liefern könnten.
– ob Sie uns 20 Espressomaschinen zu den üblichen Bedingungen liefern können.

Um Mißverständnisse auszuschließen, wollen Sie uns bitte Ihre allgemeinen Geschäftsbedingungen und die Lieferfrist angeben.

Wir hätten die Konfitüre gerne
– Anfang August.
– Mitte Mai.
– Ende September.
– vor Ende des Monats.
– jeweils vor dem 5. eines Monats.
– innerhalb von 14 Tagen.
– innerhalb kürzester Zeit.
– bis zum 15. Juni.
– unverzüglich.
– so bald wie möglich.
– diesmal schneller.

Wir wären Ihnen daher dankbar, wenn Sie uns umgehend mitteilen könnten,
– ob Sie bis zu diesem Termin liefern können.
– wieviel Zeit für die Realisierung dieses Projekts nötig wäre.

Vos concurrents livrent fret payé, assurance comprise, jusqu'à Düsseldorf et accordent un délai de paiement de 3 mois. Pouvez-vous nous concéder les mêmes conditions ?

En ce qui concerne le règlement, nous souhaiterions bénéficier
– du crédit habituel de 60 jours.
– des facilités que nous accordent la plupart de nos fournisseurs.

Ihre Mitbewerber liefern frachtfrei versichert Düsseldorf und gewähren ein Zahlungsziel von 3 Monaten. Können Sie uns die gleichen Bedingungen einräumen?

Was die Zahlung betrifft, bitten wir

– um das übliche Ziel von 60 Tagen.
– um die Erleichterungen, die uns die meisten unserer Lieferanten gewähren.

c) la garantie, le transport, la douane et la taxe

c) die Garantie, den Transport, den Zoll und die Steuer

Nous vous saurions gré de nous faire savoir

– quelles pièces sont couvertes par la garantie.
– si la durée légale de garantie s'étend à toutes les pièces.
– si l'emballage est compris dans les prix.

Wir wären Ihnen dankbar, wenn Sie uns mitteilen könnten,
– für welche Teile die Garantie gilt.

– ob sich die gesetzliche Gewährleistungsfrist auf alle Teile erstreckt.
– ob die Verpackung im Preis inbegriffen ist.

En outre, prendriez-vous à votre compte (= charge)
– les frais de transport sur le parcours total ?
– les formalités de transport et de dédouanement ?
– la T.V.A. perçue par la douane à l'importation ?

Würden Sie außerdem

– die Transportkosten für die Gesamtstrecke

– die Transport- und Zollformalitäten

– die von den Zollbehörden erhobene Einfuhrumsatzsteuer
übernehmen?

5. Vous sollicitez en outre …

5. Sie bitten zusätzlich um …

a) une démonstration/exposition

a) eine Vorführung/Ausstellung

Nous vous serions reconnaissants de bien vouloir organiser chez nous une démonstration de vos machines.

Vous nous obligeriez en organisant, au début d'octobre, une exposition dans les locaux de notre maison.

Wir wären Ihnen dankbar, wenn Sie veranlassen könnten, daß Ihre Maschinen bei uns vorgeführt werden.

Wir würden es begrüßen, wenn Sie Anfang Oktober eine Ausstellung in unseren Räumlichkeiten veranlassen könnten.

b) la visite d'un représentant

b) einen Vertreterbesuch

Nous désirons la visite d'un représentant/ une entrevue avec votre agent commercial.

Veuillez nous préciser (quels sont) ses jours de rendez-vous.

Wir bitten Sie um einen Vertreterbesuch/ einen Termin mit Ihrem Handelsvertreter.

Nennen Sie uns bitte die Tage, an denen er zu erreichen ist.

6. Vous désirez des relations d'affaires suivies

– Comme nous avons l'intention de nouer avec votre Maison des relations d'affaires suivies, ...
– Comme nous désirons entretenir des relations durables avec vous, ...
... nous sollicitons des conditions particulièrement avantageuses.
... nous pensons qu'il vous sera possible de nous accorder des conditions spéciales.

7. Vous donnez des références

Pour tous renseignements sur notre maison, veuillez vous adresser à la Goldbank, agence de Ratisbonne.

L'agence de renseignements Klauber vous fournira toutes les informations
– que vous pourriez désirer à notre sujet.
– qui pourraient vous intéresser.

8. Conclusion

– Si vous êtes en mesure de nous garantir la livraison aux anciennes conditions ...
– Si vous êtes à même de livrer à des prix concurrentiels (= compétitifs), ...
– Si la qualité de la marchandise répond à notre attente/satisfait à nos exigences, ...

– Si vos échantillons conviennent à notre clientèle, ...
– Si vous pouvez nous faire bénéficier des avantages que vous accordez aux Ets Dumont, ...
... nous avons l'intention de vous passer des ordres importants.
... nous sommes disposés à vous passer une commande d'essai.
... nous sommes prêts à vous rendre visite pour discuter avec vous de cette affaire.
... nous sommes certains de pouvoir créer de nouveaux débouchés/traiter des affaires importantes en Allemagne.

Bien entendu, il devra s'agir de marchandises irréprochables et non d'invendus/de fins de séries.

6. Sie wünschen regelmäßige Geschäftsbeziehungen

– Da wir vorhaben, mit Ihnen regelmäßige Geschäftsbeziehungen einzugehen, ...
– Da wir mit Ihnen eine dauerhafte Geschäftsverbindung eingehen möchten, ...
... bitten wir um besonders günstige Bedingungen.
... rechnen wir mit Sonderkonditionen.

7. Sie nennen Referenzen

Auskunft über unsere Firma erteilt Ihnen die Goldbank, Geschäftsstelle Regensburg.

Die Auskunftei Klauber erteilt Ihnen jede Auskunft,
– die Sie über uns benötigen könnten.
– die für Sie von Interesse sein könnte.

8. Briefschluß

– Wenn Sie uns die Lieferung zu den früheren Bedingungen zusagen können, ...
– Wenn Sie zu konkurrenzfähigen Preisen liefern können, ...
– Wenn die Qualität der Ware unseren Erwartungen entspricht/unsere Anforderungen erfüllt, ...
– Wenn Ihre Muster unseren Kunden zusagen, ...
– Wenn Sie uns die gleichen Vergünstigungen gewähren wie der Firma Dumont, ...
... haben wir vor, Ihnen größere Aufträge zu erteilen.
... sind wir gerne bereit, Ihnen einen Probeauftrag zu erteilen.
... sind wir bereit, Sie zu treffen, um diese Angelegenheit zu besprechen.
... sind wir sicher, neue Absatzmärkte erschließen zu können/gute Abschlüsse in Deutschland tätigen zu können.

Selbstverständlich setzen wir dabei voraus, daß es sich um einwandfreie Ware handelt, und nicht um Restbestände/Auslaufmodelle.

Nous espérons que vos propositions nous permettront de vous réserver notre première commande.

Une prompte réponse nous obligerait.

Vu l'urgence de cette affaire,
– nous vous remercions d'avance pour la rapidité de votre envoi.
– je vous saurais gré de prendre rapidement contact avec moi par téléphone.

Dans l'attente
– d'une offre avantageuse,
– de vos nouvelles,
– de vous lire prochainement,
nous vous présentons nos salutations distinguées.

Wenn uns Ihre Angebote zusagen, werden wir unsere erste Bestellung bei Ihnen aufgeben.

Für eine umgehende Antwort wären wir Ihnen dankbar.

Da diese Angelegenheit eilig ist,
– danken wir Ihnen im voraus für eine umgehende Zusendung.
– wäre ich Ihnen für eine umgehende telefonische Kontaktaufnahme dankbar.

Wir erhoffen/erwarten
– ein günstiges Angebot
– Ihre Nachricht
– Ihren baldigen Bescheid
und verbleiben mit freundlichen Grüßen.

Modèles de lettres

1 Vous sollicitez l'envoi d'un catalogue
Sie bitten um Zusendung eines Katalogs

Monsieur Didier Chic
Chausseur
132, avenue Henri Brisson
F-58000 Nevers

Monsieur,

Veuillez nous adresser par un prochain courrier votre nouveau catalogue printemps-été concernant les escarpins que vous proposez pour la nouvelle saison.
Vous voudrez également nous préciser vos conditions générales de vente.
Dans cette attente, nous vous prions de recevoir, Monsieur, nos salutations distinguées.

Schuhgeschäft LAUFGUT

---

2 Vous demandez une documentation et des échantillons
Sie bitten um Informationsmaterial und Warenproben

Maurice Mangetout & Fils
Traiteurs
48, avenue Gambetta
F-24203 Sarlat

Messieurs,

Nous avons ouvert un centre commercial à Mayence et désirons entrer en relations d'affaires avec votre Maison.

Les fêtes de fin d'année sont proches et nous aimerions proposer à notre clientèle une sélection de produits du Périgord.

Veuillez donc nous envoyer rapidement votre documentation ainsi qu'un échantillon de toutes vos spécialités de foies gras d'oie.

Avec nos sincères remerciements, recevez, Messieurs, nos salutations très distinguées.

E U R O D I S C O U N T
p.o. Artur Moritz

3 Vous sollicitez une offre spécifique (vous êtes déjà client)
Sie bitten um ein spezielles Angebot (Sie sind bereits Kunde)

Les Confitures DÉLICES
Impasse des Capucines
F-33460 Margaux

Chers Messieurs,

Cette fois encore, nous serions désireux d'introduire quelques-unes de vos confitures. Cependant, avant de vous passer commande, nous vous prions de nous faire savoir si vous seriez en mesure de nous fournir

* 100 bocaux de marmelade d'oranges
* 100 pots de confiture d'abricots

selon les échantillons soumis et aux conditions proposées dans votre lettre publicitaire du 15 août.

Nous devrions disposer, à la fin de la semaine prochaine, au plus tard, d'une partie des marchandises ; le reste serait à livrer au début d'octobre.

Veuillez établir vos offres sur ces bases et nous préciser vos prix les plus justes franco domicile.

Nous vous remercions d'entrer prochainement en rapport avec nous et vous adressons, chers Messieurs, nos salutations les plus cordiales.

H Y P E R M A R K E T   GmbH
Moritz Märklin

Exercices

1. Retrouvez les mots ou groupes de mots manquants.

Messieurs,

Votre Maison nous ayant été ..... par M. Claudel, nous vous prions de ..... par retour du courrier votre ..... illustrée ..... les vases de Chine.

Veuillez en outre nous indiquer vos ..... de vente les meilleures ainsi que vos plus brefs ..... de livraison. Vu l'urgence de cette demande, nous vous ..... de nous envoyer cette documentation le plus ..... possible.

En vous ..... d'avance pour la rapidité de votre ....., nous vous ..... d'agréer, Messieurs, l'expression de nos sentiments ......

2. Remplacez chaque chiffre par le mot ou l'expression qui convient.

Monsieur,

Nous avons visité votre étalage à la Foire de Paris-Nord Villepinte et sommes **(1)** d'entrer en relations avec vous. Nous nous sommes assurés de l'excellente **(2)** de vos tapis, **(3)** nous nous proposons d'en introduire un **(4)**.

Nous nous intéressons spécialement aux pièces en soie, faites à la main et signées. Bien entendu, nous vous demanderons de nous fournir une **(5)** absolue d'authenticité.

En conséquence, vous voudrez bien nous **(6)** vos prix les plus justes, marchandises rendues franco frontière française Strasbourg non dédouanées, ainsi que le délai de **(7)**.

Dans l'attente de votre **(8)**, nous vous présentons, Monsieur, l'assurance de nos meilleurs **(9)**.

- **(1)** prêts / désireux / volontiers
- **(2)** recommandation / qualité / image
- **(3)** parce que / afin que / c'est pourquoi
- **(4)** échantillon / collection / certain nombre
- **(5)** demande / garantie / condition
- **(6)** connaître / faire connaître / laisser connaître
- **(7)** fourniture / livraison / réponse
- **(8)** offre / prix / ordre
- **(9)** expressions / sentiments / salutations

3. Remplacez les expressions soulignées par d'autres expressions que vous connaissez.

Monsieur,

Dans ma lettre du 3 courant, je vous priais de me faire parvenir au plus vite vos catalogues avec vos conditions générales de vente.

Toujours sans nouvelles de votre part jusqu'à ce jour, je vous serais obligé de bien vouloir me faire savoir par retour du courrier si vous êtes en mesure de me livrer 100 mountainbikes avant la fin du mois d'avril.

J'espère vous lire prochainement et vous prie de recevoir, Monsieur, mes salutations les meilleures.

4. **Vous travaillez dans la maison Electronix qui a sorti de nouveaux ordinateurs personnels. Vous avez reçu la lettre suivante :**

Chers Messieurs,
Nous avons lu dans le magazine professionnel « Computerwelt » que votre Maison vient de sortir deux nouveaux ordinateurs personnels : le PC STAR 500 et le PC SUPER 850. Selon l'article, ils seraient beaucoup plus efficients que ceux dont nous nous servons actuellement.
Vous savez que nous avons créé récemment un nouveau service qui assurera désormais les relations avec la clientèle étrangère.
Ayant l'intention d'informatiser ces bureaux, nous serions heureux de recevoir rapidement une documentation technique complète ainsi que les tarifs en vigueur concernant chacun de ces ordinateurs.
Afin de nous faciliter le choix du modèle, nous vous saurions gré de bien vouloir organiser chez vous, pour le début d'octobre, une démonstration de ces appareils.
Dans l'attente de vous lire bientôt, nous vous adressons, chers Messieurs, nos cordiales salutations.

GROSJEAN S.A.

a) **Répondez maintenant aux questions suivantes :**

 – Est-ce que votre maison entretient déjà des relations d'affaires avec l'entreprise Grosjean ?
 – Comment les établissements Grosjean ont-ils appris que votre maison a sorti de nouveaux ordinateurs ?
 – Quelles conditions posent les établissements Grosjean ?
 – Est-ce que l'affaire est urgente ?

b) **Ecrivez pour votre chef de service une note en allemand, dans laquelle vous résumez en quelques phrases le contenu de la lettre de Grosjean.**

5. **Traduisez en français.**

a) – Ein Geschäftsfreund hat mir Ihre Firma empfohlen.
 – Wir bitten um Zusendung Ihres Katalogs.
 – Zu welchem günstigsten Preis könnten Sie uns beliefern?
 – Wir bitten Sie, uns ein günstiges Angebot zu unterbreiten.
 – Falls Sie uns günstige Bedingungen gewähren, ...
 – Wir beabsichtigen, Ihnen einen größeren Auftrag zu erteilen.
 – Da diese Angelegenheit eilig ist, ...
 – Für Ihre Antwort danken wir Ihnen im voraus.

b) Senden Sie uns bitte Ihre neueste Preisliste für Pralinen.
 Teilen Sie uns außerdem umgehend mit, ob und zu welchem Preis Sie uns Ihre Fruchtbonbons „La Passion" entsprechend der beiliegenden Warenprobe liefern können. Wir hoffen, recht bald von Ihnen zu hören.

c) Wir haben im Stadtzentrum von Wien ein Lederwarengeschäft eröffnet.
 Da uns ein Geschäftsfreund Ihre Aktentaschen empfohlen hat, bitten wir Sie, uns eine Musterauswahl zur Ansicht zu senden.
 Sofern es sich um erstklassige Artikel handelt, haben wir vor, Ihnen einen größeren Auftrag zu erteilen.

d) Wir haben Ihre Adresse von der Firma Wolfsberger erhalten, die schon lange bei Ihnen bestellt.

Da wir unseren Vorrat an Apfelsaft wieder auffüllen möchten, wenden wir uns an Sie mit der Frage, ob und zu welchen Bedingungen Sie bereit wären, uns mit Ihren Erzeugnissen zu beliefern.

Auskunft über unsere Firma erteilt die Handelsbank AG in Darmstadt.

Wir danken im voraus für Ihre Antwort.

6. Rédigez des lettres de demande d'après les données suivantes :

a) Monsieur Grognon, directeur des Halles de l'Ameublement, 195, rue Abbé de l'Epée, F-33000 Bordeaux, organise une exposition qui aura lieu dans les locaux de la maison ; date : début avril.

Il prie la fabrique de meubles Stengel, Paul-Ehrlich-Straße 280, D-5657 Haan, de lui faire parvenir ses catalogues au plus tôt, car il a l'intention de commander dix salons Louis XV. Il y a 2 ans, Monsieur Grognon a déjà acheté des meubles de style chez Stengel ; il en a été très satisfait. Il espère qu'on lui fera des conditions avantageuses.

Il désire rencontrer le représentant de Stengel.

Référence : la Banque générale du Sud-Ouest, Bordeaux.

b) Auf Empfehlung eines Geschäftsfreundes bitten Sie (Goergen S.A., 3, place St-Nicolas, 8005 Bertrange, Luxemburg) die Druckerei Dantzer, Schützenstraße 2, 5000 Köln 90, um ihre günstigsten Angebote für den Druck von 200 000 Faltprospekten in deutscher Sprache, gemäß beigefügtem Muster.

Sie möchten über die Bedingungen, frei Bertrange, sowie über die Lieferfrist informiert werden.

Wenn die angebotenen Konditionen günstig sind, können Sie regelmäßige Geschäftsbeziehungen in Aussicht stellen.

Sie bitten um einen umgehenden Bescheid.

c) Sie (Großhans AG, Import & Export, Zieglerplatz, 1070 Wien) beabsichtigen, größere Mengen an französischem Käse zu importieren. Sie interessieren sich insbesondere für die Käsesorten FLEUR DES ALPES und LE PETIT NORMAND.

Sie beziehen sich auf den sehr guten Ruf, die diese Produkte in Österreich genießen, und bitten die Firma Bonpoint & Cie, B.P. 208, F-74200 Annecy, um mehrere Angebote.

Sie wünschen regelmäßige Geschäftsbeziehungen.

d) Sie arbeiten im Hotel „Zugspitze", Alpenstr. 6, 8100 Garmisch-Partenkirchen, und schreiben an Petonnet & Becfin, 4, place de l'Hôtel de Ville, F-79000 Niort.

Sie haben die Weihnachtspreisliste erhalten und bitten um ein Angebot mit Warenproben für Kaffee und Tee in allen Preislagen.

Die Lieferung sollte noch vor dem 10. Dezember frei Haus erfolgen.

Sie bitten außerdem um ein Zahlungsziel von 2 Monaten, wie bei der letzten Lieferung.

e) Le directeur commercial, Monsieur Nußbaum, vous remet la note ci-dessous.
   Préparez les lettres demandées.

> – Bei Schunk & Cie., Import & Export, Parc de l'Orangerie, 67000 Straßburg, nach Sonderkonditionen anfragen f. Liefrg. von 50 Rollen Teppich à 20 m. Best.-Nr. 524.224. Eilt!
>
> – An Robert Roivet, tapissier-décorateur, Sentier des Violettes, 68000 Colmar: neuen Katalog u. letzte Preisliste verlangen. Auch nach Lieferzeit u. günstigsten Bedingungen fragen.
>
> – Bevor Büromöbel Scandinavia aus Holz bei Duchêne & Fils* bestellt werden, nachfr. ob Schreibtische Kat.-Nr. 2364 auf beiden Seiten 3 Schubladen haben. Bitte um umgehende Antwort.
>
> * 50, bd des Philosophes, F-35000 Rennes
>
> Ha Nu

f) Etant donné que votre téléimprimeur ne marche plus, vous devez rédiger ce télex sous forme de lettre :

TELEX

vitasport 364725 f
annecy
*
att. m. landry
*
15/12
*
veuillez indiquer le plus rapidement possible prix et conditions pour fourniture 100 paires chaussures ski.
*
merci-salutations.
*
schulz 432856 d
muenich

g) **Lisez la conversation entre Madame Frey de la maison Schön, confection pour dames, Cassel, et la fabrique de vêtements Joli, Paris.**

Standardiste des Ets Joli : Fabrique de vêtements Joli – Bonjour !

Frey : Bonjour, Madame. C'est Madame Frey de la maison Schön, à Cassel. Veuillez me passer le poste 35, s'il vous plaît.

Standardiste : Ne quittez pas !

(La standardiste met Mme Frey en relation avec le poste demandé.)

Gros : Service commercial, j'écoute.

Frey : Bonjour, Madame. Mme Frey de la maison Schön à l'appareil. Nous avons eu récemment un entretien avec un de nos correspondants sur la nouvelle mode printemps-été pour fillettes. Ce monsieur a déjà fait ses achats chez vous, et les articles qu'il nous a montrés ont l'air vraiment bien.

Gros : Ah oui ! Les modèles pour enfants sont formidables, cette année !

Frey : En effet. Et comme nous avons fait beaucoup de publicité, nous comptons sur de nombreuses demandes dès le début du printemps. Nous désirons donc constituer un stock très complet, surtout en robes et en jeans.

Gros : Oui, ce sont les vêtements les plus demandés : pratiques, faciles à laver, …

Frey : C'est exactement ce que nous recherchons. Vous pourrez nous envoyer rapidement vos catalogues ainsi que vos tarifs ?

Gros : Oui, bien sûr. Je vous les fais parvenir immédiatement.

Frey : Merci bien, c'est très aimable de votre part ! Autre chose : notre correspondant nous a dit que vous disposez d'une quantité suffisante de vêtements en stock. Le délai de livraison ne devrait donc poser aucun problème ?

Gros : C'est exact. Nous pouvons vous garantir la livraison dans le délai que vous fixerez.

Frey : Ah, très bien ! Comme nous envisageons de vous passer une forte commande, nous voudrions recevoir la première partie de la livraison en mars, la seconde en avril. De plus, nous aimerions rencontrer prochainement votre représentant. Vous pouvez me dire quels sont ses jours de rendez-vous ?

Gros : Tous les jours, sauf le samedi. Si vous voulez, je déposerai un message sur le bureau de M. Petit qui vous téléphonera pour convenir d'un rendez-vous. Il pourra vous présenter notre nouvelle collection et vous soumettre nos offres les meilleures. Et vous pourrez constater que nous livrons des articles de premier choix, et à des prix tout à fait concurrentiels.

Frey : Entendu, nous attendons sa visite. Merci infiniment de m'avoir fourni ces renseignements.

Gros : Il n'y a pas de quoi. C'est moi qui vous remercie de l'intérêt que vous portez à nos articles. Je suis certaine que vous en serez entièrement satisfaite. Encore merci, et au revoir, Madame.

Au lieu de provoquer une offre téléphonée, Madame Frey écrit une lettre à la fabrique de vêtements Joli. Rédigez-la.

G.A. BESSE
Foies Gras — Produits régionaux

Tél. : 53.59.50.10
C.C.P. : Bordeaux 241 621 C

3 place Petite-Rigaudie
24200 SARLAT

Monsieur Pierre Chabrette
12, boulevard Royal
L-2953 Luxembourg

Objet : Foies gras   Sarlat, le 10 décembre 19..

Monsieur,

Au cours de notre conversation téléphonique du 8 écoulé, vous avez bien voulu nous demander une documentation concernant les foies gras d'oies entiers AUX DUCS DE GASCOGNE.

Nous avons le plaisir de vous remettre, ci-joint, notre nouvelle brochure "Spécial Dégustation" avec le tarif en vigueur ce jour. Vous y trouverez toutes les grandes marques de foies gras "mi-cuits" en bocal et en boîte.

Nos conditions de vente sont les suivantes :
- Conditions de paiement
  * Règlement par traite à 30 jours fin de mois de livraison.
  * Escompte de 3 % pour règlement comptant à la commande.
- Conditions de livraison
  * Expédition franco de port et d'emballage dans les 15 jours de la commande.

D'ores et déjà, nous pouvons vous garantir que nous mettrions tout en oeuvre pour vous donner entière satisfaction tant en ce qui concerne la qualité de nos produits que celle de nos services de livraison.

Notre représentant, M. Arnaud, se tient à votre disposition pour vous fournir tous les renseignements complémentaires que vous pourriez désirer.

Nous vous remercions d'avance du bon accueil que vous voudrez bien réserver à notre offre et vous prions d'agréer, Monsieur, nos salutations distinguées.

Jean Laffitte
Directeur commercial

Société à Responsabilité Limitée au capital de 100 000 F - RCS B Périgueux 803 601 203

2 Das Angebot – *L'offre*

Das verlangte Angebot – *L'offre sollicitée*

Als Verkäufer machen Sie ein Angebot, wenn es von einem (potentiellen) Kunden in einem Gespräch oder in einer schriftlichen Anfrage erbeten wurde.

Auf eine allgemeine Anfrage hin unterbreiten Sie dem Kunden ein einfaches Angebot *(une offre simple)*, indem Sie ihm Kataloge, Prospekte, Preislisten, evtl. auch Muster oder Proben zukommen lassen.

Auf eine spezielle Anfrage hin, z. B. nach einem bestimmten Produkt, unterbreiten Sie dem Kunden ein ausführliches Angebot *(une offre circonstanciée)*.

In der Einleitung Ihres Angebotsschreibens nehmen Sie Bezug auf die Anfrage.

Ein vollständiges Angebot enthält folgende Angaben:
– Informationen über das Produkt (z. B. Qualität, Größe, Form, Gewicht, Material, Farbe, technische Daten);
– evtl. die Menge;
– die Angabe des Preises, evtl. mit Ermäßigungen;
– die Zahlungsbedingungen;
– die Lieferbedingungen und die Lieferfrist;
– evtl. die Gültigkeitsdauer des Angebots.

Der Schluß des Schreibens beinhaltet die Bitte um Bestellung und die Zusicherung, diese sorgfältig auszuführen.

Ein Angebot kann für Sie als Verkäufer bindend *(ferme)* oder unverbindlich *(sans engagement)* sein.

Es ist bindend, wenn es vollständig ist. Das bedeutet, daß Sie verpflichtet sind, Bestellungen zu den genannten Bedingungen auszuführen, wenn sie innerhalb einer angemessenen Frist erteilt werden.

Wollen Sie aus bestimmten Gründen (z. B. baldige Erschöpfung des Warenvorrats, bevorstehende Preiserhöhung) nicht an Ihr Angebot gebunden sein, können Sie es durch folgende Vorbehalte einschränken:
– „freibleibend" oder „unverbindlich" *(sans engagement)*,
– „zeitlich unverbindlich" *(sans engagement de durée)*,
– „gültig bis zum .../bei Annahme bis zum ..." *(valable jusqu'au .../sous réserve d'acceptation à la date du ...)*,
– „Zwischenverkauf vorbehalten" *(sauf vente (entre-temps))*,
– „solange der Vorrat reicht" *(jusqu'à épuisement des stocks)*,
– „Preisänderungen vorbehalten" *(sous réserve de modifications de prix)*.

Das unverlangte Angebot – *L'offre spontanée*

Auch ohne vorherige Anfrage können Sie ein Angebot machen, z. B. um sich bei Ihren Kunden in Erinnerung zu bringen, um diese über ein Sonderangebot, ein neues Produkt oder ein bevorstehendes Ereignis (z. B. Preisänderung) zu informieren oder um neue Kunden zu gewinnen.

In diesem Fall geben Sie in der Einleitung an, wer Sie sind und wie Sie auf die Firma aufmerksam wurden (z. B. durch eine Fachzeitschrift, auf Empfehlung Dritter).
Dann erklären Sie, was Sie zu Ihrem Angebot veranlaßt bzw. was Sie anzubieten haben.

Das unverlangte Angebot kann die gleichen Angaben enthalten wie das verlangte Angebot.

Der Werbebrief – *La lettre publicitaire*

Jedes Angebot ist zugleich eine Werbebotschaft, die das Interesse des Kunden wecken und ihn zu einer Anfrage oder gleich zu einer Bestellung veranlassen soll.

Erklären Sie zuerst, warum Sie schreiben. Stellen Sie Ihre Firma und Ihre Produkte bzw. Dienstleistungen vor. Schon der erste Satz muß das Interesse des Kunden wecken und ihn zum Weiterlesen anregen.

Beschreiben Sie dann, was Sie anbieten. Kurze Sätze und häufige Absätze tragen zur besseren Verständlichkeit bei.

Wie sehr Sie ins Detail gehen, hängt von Ihrer Zielsetzung und vom Vorwissen des Empfängers ab. Versuchen Sie, auf seine Bedürfnisse und möglichen Wünsche einzugehen, und machen Sie die Vorteile Ihres Angebots deutlich. Beschreiben Sie z. B. die gute Qualität Ihrer Produkte, die günstigen Preise, und bieten Sie evtl. einen Vertreterbesuch an.

Fassen Sie zum Schluß die Aussage Ihres Schreibens zusammen, und fordern Sie den Empfänger auf, auf Ihr Angebot zu reagieren. Sie erleichtern es ihm, wenn Sie Ihrem Schreiben eine Antwortkarte, einen Bestellschein oder einen Rückumschlag beifügen.

Wollen Sie Ihr Angebot einem größeren Kundenkreis zugänglich machen, empfiehlt es sich, ein Rundschreiben *(une circulaire)* zu verschicken. Es hat jedoch den Nachteil, daß es nicht so persönlich sein kann wie ein Schreiben an einen einzelnen Kunden. Es stellt im rechtlichen Sinne kein Vertragsangebot dar, d. h. daß daraufhin erfolgende Bestellungen Ihre Annahme erfordern.

1. Introduction	1. Einleitung
a) **Vous répondez à une demande**	a) **Sie antworten auf eine Anfrage**

Nous avons bien reçu Nous accusons réception de Nous avons pris connaissance de Nous sommes en possession de Nous vous remercions de Nous nous référons à Nous répondons volontiers à	votre	demande (d'offre(s)) lettre télex télécopie	et apprenons avec plaisir que ... et vous avisons que ... et nous empressons de vous faire parvenir ...
Nous référant à En réponse à Pour répondre à Répondant à			, nous vous informons que ... , nous vous signalons que ... , nous avons le plaisir de vous soumettre l'offre suivante : ...

J'accuse réception de votre demande du 10 mars, dont je vous remercie.

Votre demande d'offre nous est bien parvenue/vient de nous parvenir.

Par votre télécopie de ce jour, nous apprenons avec plaisir que nos produits ont suscité votre intérêt.

Nous nous référons à votre appel d'offres publié dans le dernier numéro de « France-Affaires »
– et vous faisons les propositions suivantes : ...
– et soumissionnons les travaux suivants : ...
– et vous signalons que nous avons déjà exécuté des travaux du même genre et de même ampleur.

Nous avons bien reçu votre lettre du 3 ct, à laquelle nous nous empressons de répondre.

– En réponse à votre télétex d'hier soir, ...

– Faisant suite à votre demande de lundi dernier, ...
... nous avons le plaisir de vous soumettre l'offre suivante :...

Nous vous remercions vivement
– de l'intérêt que vous manifestez à connaître nos produits.
– du bon accueil que vous avez réservé à notre représentant, M. Lieb, le 10 juillet.

Nous vous prions de bien vouloir excuser notre réponse tardive concernant votre demande du 20 juin.

b) Vous renouez des relations avec un ancien client

Nous désirons renouer nos anciennes relations d'affaires et serions heureux de vous présenter notre programme.

Depuis un certain temps, nous regrettons de ne plus recevoir vos ordres.

Ihre Anfrage vom 10. März habe ich dankend erhalten.

Ihre Anfrage haben wir erhalten/ist soeben bei uns eingegangen.

Ihrem heutigen Telefax entnehmen wir, daß Sie sich für unsere Produkte interessieren.

Wir beziehen uns auf Ihre Angebotsausschreibung in der letzten Ausgabe von „France-Affaires"
– und machen Ihnen folgende Vorschläge: ...
– und bewerben uns um folgende (Bau-)Arbeiten: ...
– und teilen Ihnen mit, daß wir schon Arbeiten gleicher Art und gleichen Umfangs ausgeführt haben.

Vielen Dank für Ihr Schreiben vom 3. d. M., das wir sofort beantworten möchten.

– Als Antwort auf Ihr Teletex von gestern abend ...
– Auf Ihre Anfrage vom vergangenen Montag ...
... unterbreiten wir Ihnen gerne folgendes Angebot: ...

Wir danken Ihnen bestens
– für das Interesse, das Sie unseren Produkten entgegenbringen.
– für den freundlichen Empfang, den Sie unserem Vertreter, Herrn Lieb, am 10. Juli bereitet haben.

Wir bitten Sie um Entschuldigung für die späte Antwort auf Ihre Anfrage vom 20. Juni.

b) Sie knüpfen wieder an alte Geschäftsbeziehungen an

Wir möchten an unsere langjährigen Geschäftsbeziehungen anknüpfen und würden Ihnen gern unser Programm vorstellen.

Bedauerlicherweise erhalten wir seit längerer Zeit keine Aufträge mehr von Ihnen.

c) Vous voulez établir de nouvelles relations d'affaires

Nous avons appris (avec plaisir)
- que vous désirez organiser un réseau de distributeurs en Suisse.
- que vous êtes intéressé(s) à la fabrication sous licence de produits cosmétiques allemands.

La Chambre de commerce internationale de Paris m'a laissé vos coordonnées.

Nous avons appris que vous comptez vous associer à une entreprise allemande en vue de
- tenter des innovations dans le secteur technique.
- lancer certains appareils électroménagers sur le marché.

Le Centre français du Commerce extérieur nous a appris
- que vous avez ouvert une succursale à Brazzaville.
- que vous avez créé une entreprise de construction au Congo.
- que vous venez de reprendre le fonds de commerce de Bourzana Fres, à Abidjan.

Notre société compte parmi les plus importantes du secteur tertiaire.

- Dans le cadre de l'expansion de nos activités en France, ...
- Voyant l'importance de la demande dans votre région, ...
... nous avons créé une filiale à Tours.
... nous avons décidé d'implanter un point de vente à Paris.

Nous nous permettons d'appeler votre attention sur nos récentes créations.

Nous vous invitons à venir visiter notre exposition de tentes.

A la suite d'un achat très intéressant,
- nous organisons une vente promotionnelle.
- nous avons l'avantage de mettre à la disposition de nos clients un choix de tapis à des prix particulièrement bas.

c) Sie möchten neue Geschäftsbeziehungen knüpfen

Wir freuen uns zu erfahren,
- daß Sie in der Schweiz ein Vertriebsnetz aufbauen möchten.
- daß Sie daran interessiert sind, deutsche Kosmetika in Lizenz herzustellen.

Die Internationale Handelskammer in Paris hat mir Ihre Anschrift gegeben.

Wir haben erfahren, daß Sie sich mit einer deutschen Firma zusammenschließen möchten, um
- Neuerungen im technischen Bereich einzuführen.
- bestimmte Haushaltsgeräte auf den Markt zu bringen.

Vom französischen Außenhandelszentrum haben wir erfahren,
- daß Sie eine Zweigniederlassung in Brazzaville eröffnet haben.
- daß Sie im Kongo eine Baufirma gegründet haben.
- daß Sie das Geschäft der Gebr. Bourzana in Abidjan übernommen haben.

Unser Unternehmen ist eines der führenden im Dienstleistungsbereich.

- Im Rahmen unserer zunehmenden Aktivitäten in Frankreich ...
- Aufgrund der großen Nachfrage in Ihrer Gegend ...
... haben wir in Tours eine Filiale gegründet.
... haben wir beschlossen, in Paris eine Verkaufsstelle zu gründen.

Wir erlauben uns, Ihre Aufmerksamkeit auf unsere jüngsten Kreationen zu lenken.

Wir laden Sie dazu ein, unsere Zeltausstellung zu besuchen.

Aufgrund eines sehr günstigen Einkaufs
- veranstalten wir einen Sonderverkauf.

- sind wir in der günstigen Lage, unseren Kunden eine Auswahl an Teppichen besonders preiswert anzubieten.

2. Vous recommandez vos produits

Nous vous recommandons nos télécopieurs qui ont déjà rencontré un large écho parmi la clientèle française.

La vente de nos produits progresse sans cesse, car notre marque est un symbole de qualité.

Pour toutes les sortes/variétés, il s'agit de produits développés par des spécialistes.

Ces produits sont
– techniquement parfaits.
– d'une remarquable résistance.
– d'une solidité à toute épreuve.

Nos listes et catalogues sont à votre disposition sur simple demande.

La garantie
– est de 6 mois.
– s'étend à l'échange des pièces défectueuses.

2. Sie empfehlen Ihre Produkte

Wir empfehlen Ihnen unsere Fernkopierer, die bei unseren französischen Kunden bereits ein großes Echo gefunden haben.

Der Absatz unserer Produkte nimmt ständig zu, weil unsere Marke für Qualität bürgt.

Bei allen Sorten/Arten handelt es sich um Produkte, die von Fachleuten entwickelt wurden.

Diese Produkte sind
– technisch perfekt.
– außergewöhnlich strapazierfähig.
– absolut robust.

Unsere Tabellen und Kataloge stehen Ihnen auf Wunsch zur Verfügung.

Die Garantie
– beträgt 6 Monate.
– erstreckt sich auf den Austausch defekter Teile.

3. Vous envoyez une documentation

3. Sie verschicken Informationsmaterial

Vous trouverez Vous recevrez Veuillez trouver Veuillez recevoir	ci-joint ci-inclus en annexe sous ce pli	la documentation désirée. notre nouveau catalogue ainsi que le tarif correspondant. notre brochure illustrée et un bulletin de commande.
Nous vous adressons Nous vous envoyons Nous vous faisons parvenir	par ce même courrier par courrier séparé par colis séparé	un dépliant contenant tous les détails techniques. le prix courant en vigueur ce jour. notre choix d'échantillons.

Comme vous l'avez demandé, nous joignons à la présente un catalogue et un bulletin de commande.

Veuillez trouver sous ce pli le dépliant en langue française contenant tous les détails sur l'installation de la machine.

Veuillez recevoir ci-joint (= ci-inclus/en annexe) le devis désiré.

Par ce même courrier/Par courrier séparé, vous recevrez le tarif en vigueur ainsi que notre nouveau catalogue.

Wunschgemäß legen wir unserem Schreiben einen Katalog sowie einen Bestellschein bei.

Anbei erhalten Sie den Faltprospekt in französischer Sprache mit sämtlichen Einzelheiten über die Installation der Maschine.

Als Anlage erhalten Sie den gewünschten Kostenvoranschlag.

Mit gleicher Post/Mit getrennter Post gehen Ihnen die gültige Preisliste sowie unser neuer Katalog zu.

Nous répondons volontiers à votre désir et vous adressons une documentation qui vous donnera un aperçu de notre production.

Wir entsprechen gern Ihrem Wunsch und senden Ihnen Informationsmaterial, das Ihnen einen Überblick über unsere Produktion gibt.

La brochure ci-jointe vous documentera sur les divers modèles.

Die beigefügte Broschüre enthält Informationen über unsere verschiedenen Modelle.

Selon (= Conformément à) votre désir,
– nous joignons à cet envoi des échantillons de divers parfums.
– je vous envoie des articles gratuits pour l'étalage.
– nous vous adressons une facture pro forma.

Ihrem Wunsch gemäß
– fügen wir dieser Sendung verschiedene Parfümproben bei.
– schicke ich Ihnen kostenlose Schaustükke für Ihr Fenster.
– senden wir Ihnen eine Proforma-Rechnung.

Par colis séparé, nous vous faisons parvenir les échantillons désirés.

Die gewünschten Muster lassen wir Ihnen mit getrennter Post zukommen.

Si ces échantillons ne vous convenaient pas, nous serions disposés à vous en faire parvenir d'autres.

Falls diese Muster Ihren Erwartungen nicht entsprechen, lassen wir Ihnen gerne noch andere zukommen.

Demandez-nous plus de précisions en vous servant de l'imprimé à la page 20.

Verlangen Sie bitte weitere Einzelheiten mit dem Vordruck auf Seite 20.

4. Les prix et les réductions

4. Preise und Ermäßigungen

Nos prix sont calculés au plus juste.

Unsere Preise sind äußerst knapp kalkuliert.

Des achats heureux nous permettent de vous offrir des chaussures de montagne au prix exceptionnel de 80 DM la paire.

Günstige Einkäufe erlauben uns, Ihnen Bergschuhe zum Sonderpreis von 80 DM das Paar anzubieten.

La proximité (= L'approche) de Noël nous engage à vous offrir nos produits à des conditions particulièrement avantageuses.

Das Nahen der Weihnachtszeit veranlaßt uns, Ihnen unsere Produkte zu besonders günstigen Konditionen anzubieten.

Nous aimerions attirer votre attention sur le fait
– que le prix du parfum augmente depuis un mois.
– que nous craignons de nouvelles augmentations de prix.

Wir möchten Sie darauf aufmerksam machen,
– daß der Parfumpreis seit einem Monat steigt.
– daß wir weitere Preiserhöhungen befürchten.

Nos prix s'entendent
– départ usine.
– franco de port et d'emballage.

Unsere Preise verstehen sich
– ab Werk.
– porto- und verpackungsfrei.

Nous prenons uniquement les frais d'emballage à notre charge.

Wir übernehmen nur die Verpackungskosten.

Le transport et l'emballage (ne) sont (pas) compris dans les prix.

Der Transport und die Verpackung sind im Preis (nicht) inbegriffen.

Nous vous informerons en temps utile de l'étendue de la couverture d'assurance.

Wir werden Sie rechtzeitig über den Versicherungsschutz informieren.

Pour toute commande supérieure à (= dépassant) 2000,-- DM,
– nous consentons une forte remise.
– nous vous accordons une réduction de 10 % sur tous les prix catalogue.

Bei Aufträgen über 2000,-- DM

– gewähren wir einen starken Preisnachlaß.
– gewähren wir Ihnen eine Ermäßigung von 10 % auf alle Katalogpreise.

Nous concédons aux revendeurs une remise de 5 % sur nos tarifs.

Auf unsere Listenpreise räumen wir einen Händlerrabatt von 5 % ein.

En raison de la fidélité que vous nous avez témoignée jusqu'à présent, nous vous accordons une ristourne de 5 % sur le montant des factures.

Aufgrund Ihrer langjährigen Treue vergüten wir Ihnen 5 % der Rechnungsbeträge.

5. Les conditions de paiement

Nos modalités de paiement figurent au verso du tarif joint.

Nos livraisons s'effectuent
– moyennant paiement anticipé.
– moyennant paiement dans les dix jours.
– moyennant versement d'un acompte.
– contre remboursement.
– dans les quinze jours qui suivent la confirmation de l'accréditif.

Paiement
– (au) comptant
– par chèque/lettre de change
– par traite à trois mois
– par virement (bancaire)
– par mandat-poste

Nos factures sont payables
– à la commande.
– à la livraison.
– à réception de la facture.
– à trente jours fin de mois de livraison.

– dans les 60 jours à compter de la date de facturation/d'expédition, sans déduction.

Nous sommes disposés à vous accorder
– 3 % d'escompte pour règlement dans les huit jours.
– un escompte de 2 % pour paiement comptant.

5. Die Zahlungsbedingungen

Unsere Zahlungsbedingungen finden Sie auf der Rückseite der beigefügten Preisliste.

Unsere Lieferungen erfolgen
– gegen Vorauszahlung.
– gegen Zahlung innerhalb von 10 Tagen.
– gegen Anzahlung.
– gegen Nachnahme.
– innerhalb von 14 Tagen nach Eingang der Akkreditivbestätigung.

Zahlung
– in bar
– mit Scheck/Wechsel
– mit Dreimonatswechsel
– durch (Bank-)Überweisung
– durch Postanweisung

Unsere Rechnungen sind zahlbar
– bei Auftragserteilung.
– bei Lieferung.
– (sofort) nach Erhalt der Rechnung.
– innerhalb von 30 Tagen nach Ende des Liefermonats.
– innerhalb von 60 Tagen ab Rechnungsdatum/Versanddatum, ohne Abzug.

Wir sind bereit, Ihnen
– 3 % Skonto bei Zahlung binnen 8 Tagen

– bei Barzahlung ein Skonto von 2 %
zu gewähren.

51

Nos conditions sont les suivantes :
– règlement anticipé sous escompte de 2 %
– règlement (au) comptant, déduction faite d'un escompte de 2 %
– règlement à deux mois net
– règlement à 30 jours dès la date de la facture avec 2 % d'escompte

Nous vous accordons le crédit habituel de trois mois.

Conditions de paiement : 1/3 à la commande et le solde après réception de la marchandise.

Règlement de nos factures :
– documents contre paiement *(D/P)*
– documents contre acceptation *(D/A)*
– par crédit documentaire (ir)révocable (et confirmé)

6. Les conditions de livraison

– Pour un achat d'au moins 5 tonnes, …

– Pour un achat d'une valeur de 2 000 F, …
… la livraison se fait franco domicile.

Nous livrons
– départ usine.
– franco sur wagon.
– franco (à) bord (= FOB).
– coût et fret (= C & F).
– coût, assurance, fret (= CAF).
– franco d'emballage.
– franco de port.
– en port payé.

– en port dû.

– aux risques et périls du destinataire.

7. Le délai de livraison

Nous sommes en mesure de livrer ponctuellement, quelle que soit la quantité désirée.

Nous avons toutes ces couvertures en stock et pourrions livrer
– dès réception de votre ordre.
– immédiatement (= sans délai/sans tarder).

Unsere Bedingungen lauten:
– Bei Vorauszahlung 2 % Skonto
– Bei Barzahlung abzüglich 2 % Skonto

– Zahlung in zwei Monaten netto
– Zahlung binnen 30 Tagen nach Rechnungsdatum mit 2 % Skonto

Wir räumen Ihnen das übliche Zahlungsziel von drei Monaten ein.

Zahlungsbedingungen: 1/3 bei Auftragserteilung und der Rest nach Erhalt der Ware.

Zahlung unserer Rechnungen:
– Dokumente gegen Zahlung
– Dokumente gegen Akzept
– durch (un)widerrufliches (und bestätigtes) Dokumentenakkreditiv

6. Die Lieferbedingungen

– Bei einer Mindestabnahme von 5 Tonnen …

– Bei einem Kauf im Werte von 2 000 F …
… erfolgt die Lieferung frei Haus.

Wir liefern
– ab Werk.
– frei Waggon.
– frei an Bord (= fob).
– Kosten und Fracht (= c & f).
– Kosten, Versicherung, Fracht (= cif).
– Verpackung frei.
– frachtfrei *(Verkäufer trägt Frachtkosten).*
– frachtfrei *(Verkäufer zahlt Frachtkosten und stellt sie Käufer in Rechnung).*
– unfrei *(Käufer zahlt Frachtkosten bei Erhalt der Ware).*
– auf Gefahr des Empfängers.

7. Die Lieferfrist

Wir können jede gewünschte Menge pünktlich liefern.

Wir haben diese Decken auf Lager und könnten
– (sofort) nach Bestellungseingang
– sofort (= umgehend)
liefern.

Les marchandises sont disponibles sur appel.

– L'expédition peut se faire …
– La livraison peut être effectuée …
… dans les huit jours de la commande.
… sous 48 heures.
… à la date prévue.
… avant Pâques.

Die Waren sind auf Abruf erhältlich.

– Der Versand kann …
– Die Lieferung kann …
… innerhalb von 8 Tagen nach Bestellung
… in 48 Stunden
… zum vorgesehenen Datum
… (noch) vor Ostern
erfolgen.

Vous pourrez prendre possession des baladeurs
– dans la quinzaine (= dans les 15 jours).
– dans les meilleurs délais.
– dans une dizaine de jours.
– dans le courant du mois.
– dans la première semaine de mai.

Sie können die Walkmen

– innerhalb von 14 Tagen
– innerhalb kürzester Zeit
– in ungefähr 10 Tagen
– im Laufe des Monats
– in der ersten Maiwoche
in Empfang nehmen.

Ces meubles sont en voie de fabrication et seront livrables
– début avril (= au début d'avril).
– mi-août (= à la mi-août).
– fin mars (= à la fin de mars).

Diese Möbel werden gerade hergestellt und sind
– Anfang April
– Mitte August
– Ende März
lieferbar.

Nous prévoyons un délai de 3 mois pour les fabrications spéciales.

Für Sonderanfertigungen muß mit einer Lieferzeit von 3 Monaten gerechnet werden.

8. Vous formulez des réserves

Nous pouvons vous offrir,
– sans engagement (de durée),
– sous les réserves d'usage,
10 réfrigérateurs au prix exceptionnel de 5 000 DM.

8. Sie schränken das Angebot ein

Wir können Ihnen
– (zeitlich) unverbindlich
– unter den üblichen Vorbehalten
10 Kühlschränke zum Sonderpreis von 5 000 DM anbieten.

Nous maintenons notre offre jusqu'au 30 avril.

Wir halten unser Angebot bis zum 30. April offen.

A toutes fins utiles, nous vous signalons que notre offre est ferme sous réserve d'acceptation dans les huit jours.

Vorsichtshalber weisen wir Sie darauf hin, daß unser Angebot fest ist bei Annahme binnen 8 Tagen.

Comme la saison est déjà avancée, la présente offre
– s'entend pour réponse immédiate.
– n'est valable que jusqu'au 15 du mois prochain.

Da die Saison schon vorgerückt ist, gilt dieses Angebot
– bei sofortiger Zusage.
– nur bis zum 15. des nächsten Monats.

Nous attirons votre attention sur le fait que notre offre est valable jusqu'à épuisement du stock (= des stocks).

Wir machen Sie darauf aufmerksam, daß unser Angebot gültig ist, solange der Vorrat reicht.

Sauf vente intermédiaire réservée.

Zwischenverkauf vorbehalten.

Nous nous réservons des modifications de prix.

Wir behalten uns Preisänderungen vor.

Les prix sont garantis jusqu'au 15 mai.

Die Preise sind bis zum 15. Mai verbindlich.

9. Visite du représentant

Madame Liebling
- vous rendra prochainement visite.
- est prête à vous rencontrer dans les plus brefs délais.

Veuillez prendre note du passage de notre représentant le lundi 20 janvier.

9. Vertreterbesuch

Frau Liebling
- wird Sie demnächst besuchen.
- ist bereit, Sie in Kürze zu treffen.

Bitte merken Sie den Besuch unseres Vertreters für Montag, den 20. Januar, vor.

10. Conclusion

- La haute saison étant proche, ...
- Nos stocks étant limités, ...
- Si vous désirez encore bénéficier de l'ancien tarif, ...
- ... nous vous invitons à nous faire connaître prochainement vos besoins.
- ... nous vous recommandons de nous remettre votre ordre sans tarder.

Nous sommes certains
- que ces produits de premier choix répondront à vos exigences.
- que ces articles seront bien accueillis par votre clientèle.

Nous espérons que les facilités de paiement proposées vous engageront à faire usage de notre offre.

Ci-joint, vous trouverez un bulletin de commande.

Veuillez joindre à votre première commande les références d'usage.

Soyez assuré(s) que nous exécuterons votre commande avec (le plus grand) soin.

Dans l'espoir
- que vous voudrez bien nous confier une commande d'essai, ...
- de recevoir bientôt une commande de votre part, ...
- ... nous vous adressons nos meilleurs sentiments.

10. Briefschluß

- Da die Hochsaison naht, ...
- Da unser Vorrat begrenzt ist, ...
- Wenn Sie noch zum alten Preis beliefert werden möchten, ...
- ... bitten wir Sie, uns demnächst Ihren Bedarf bekanntzugeben.
- ... empfehlen wir Ihnen, uns den Auftrag unverzüglich zu erteilen.

Wir sind sicher,
- daß diese tadellosen Produkte Ihren Erwartungen entsprechen.
- daß diese Artikel von Ihren Kunden gut aufgenommen werden.

Wir hoffen, daß Sie die vorgeschlagenen Zahlungserleichterungen veranlassen, von unserem Angebot Gebrauch zu machen.

Anbei erhalten Sie einen Bestellschein.

Ihrer ersten Bestellung wollen Sie bitte die üblichen Referenzen beilegen.

Seien Sie versichert, daß wir Ihren Auftrag mit (größter) Sorgfalt ausführen werden.

Wir hoffen,
- daß Sie uns einen Probeauftrag anvertrauen werden.
- bald einen Auftrag von Ihnen zu erhalten.

Mit freundlichen Grüßen

Modèles de lettres

1 Vous offrez une collection de tissus
Sie bieten eine Auswahl an Stoffen an

Ets Espadon & Fournier
10, place de l'Hôtel de Ville
F-40600 Biscarosse

Chers Messieurs,

Par ce même courrier, vous recevrez avec notre catalogue notre nouvelle collection de tissus pour manteaux d'hiver. Ce choix est très riche, et nous espérons que vous y trouverez ce que vous désirez.

Chaque tissu est muni d'une étiquette indiquant le délai de livraison. Comme toujours, nous pouvons livrer ponctuellement, quelle que soit la quantité commandée.

Vous n'êtes pas sans savoir que le prix du drap de laine augmente depuis six mois. Il est donc de votre intérêt de nous faire connaître vos besoins sans trop tarder. D'avance, nous vous en remercions.

Notre objectif étant d'apporter à nos clients un service de grande qualité, nous ferons tout notre possible pour vous donner entière satisfaction.

Sincèrement à vous.

Erfurter Textil
p.o. Hans Peterstiel

---

2 Vous livrez à l'ancien prix
Sie liefern zum alten Preis

Messieurs Pierre et Paul Picodon
Avenue Louise 10
B-1050 Bruxelles

Messieurs et chers clients,

A la suite de longues recherches auprès de plusieurs fabricants, nous avons pu obtenir les échantillons que vous nous aviez demandés. C'est pourquoi l'envoi vous parvient avec un petit retard, que nous vous prions de bien vouloir excuser.

Cependant, nous attirons votre attention sur le fait qu'une hausse sur le papier nous est annoncée pour la semaine prochaine.

Pour vous permettre de bénéficier des meilleures conditions, nous acceptons encore de vous livrer, sauf vente entre-temps, 500 000 sachets à l'ancien prix si vous voulez bien répondre à cette offre par retour du courrier.

Bien entendu, l'impression, le format et la qualité du papier seraient exactement conformes aux modèles ci-joints.

Qu'il s'agisse de nos services ou des prix pratiqués, nous vous assurons de nos efforts pour mériter votre fidélité.

Recevez, Messieurs et chers clients, nos remerciements anticipés et l'expression de nos sentiments distingués.

Bohnenkraut & Söhne

---

3 Vous faites une offre circonstanciée
Sie machen ein ausführliches Angebot

Uhrengalerie Moser & Lamm
Juweliere – Goldschmiede
Karolinenplatz 4 – 6
D-8000 München 2

Messieurs,

Nous vous remercions vivement de votre demande d'offre du 12 ct et de l'intérêt que vous portez à notre récente création : la pendule SWISSWATCH.

Par son aspect extérieur élégant et la précision requise à sa fabrication, la pendule SWISS-WATCH est un chef-d'œuvre de l'horlogerie suisse. Soyez assurés qu'elle satisfera la clientèle la plus exigeante.

Conditions

* Livraison dès réception de votre ordre, franco de port jusqu'à Schaffhouse-frontière, y compris l'assurance et tous les frais de sortie de Suisse.
* Règlement par traite à 60 jours.
* Pour un achat d'une valeur de 20 000,-- francs suisses au moins, soit 10 pendules, nous réduisons nos prix de 5 %.
* 2 ans de garantie sur toutes les pièces défectueuses ou cassées. La garantie couvre également les frais de transport si les pièces doivent être retournées à notre fabrique.

Nous avons calculé nos prix si juste que d'autres maisons ne pourraient guère vous faire des offres plus favorables pour des articles de cette qualité. Aussi espérons-nous recevoir prochainement une commande d'essai de votre part.

Si vous aviez besoin d'un conseil, notre représentant, M. Jolimont, se mettra volontiers en relation avec vous pour fixer une date de rendez-vous.

Soucieux de vous satisfaire pleinement, nous serions heureux de vous accueillir à notre stand lors de la Foire des Échantillons à Bâle où nous exposerons nos plus belles réalisations, notamment la pendule SWISSWATCH. Sur présentation de la carte ci-jointe, vous bénéficierez de l'entrée gratuite pendant toute la durée de l'exposition.

Dans l'espoir du plaisir de vous recevoir, nous vous adressons, Messieurs, nos salutations les meilleures.

HORLOGERIE GENEVOISE S.A.
p.p. Robert Châtelain

Exercices

1. Remplacez les termes et expressions soulignés par d'autres termes ou expressions que vous connaissez.

Monsieur,

Au cours de notre entretien téléphonique du 3 mai dernier, vous avez bien voulu nous demander des prospectus sur nos articles de sport. Nous avons donc le plaisir de vous envoyer, ci-joint, notre nouveau catalogue et le tarif en vigueur.

Afin de faciliter votre choix, nous avons désigné par la lettre **S** dans le catalogue les articles les plus demandés. Sur demande, nous vous adresserons immédiatement les échantillons désirés.

Conditions de paiement :
* A trois mois net ou escompte de 2 % pour <u>règlement</u> comptant à la commande.
Conditions de livraison :
* 1/2 avant la fin du mois et 1/2 d'ici au 12 novembre.
* <u>Expédition</u> par nos soins dans un rayon de 500 km.
Durée de validité de l'offre : 1 mois.
Nous sommes <u>certains</u> que la variété de nos modèles et le sérieux de leur fabrication seront très appréciés de <u>votre clientèle</u>.
Notre représentant, M. Märkle, (tél. 19.49.711/357540) <u>se tient</u> à votre entière disposition pour vous <u>donner</u> toutes informations complémentaires.
Dans l'espoir que vous ferez appel à ses services en lui <u>confiant</u> votre première commande, nous vous <u>présentons</u>, Monsieur, avec nos remerciements anticipés, nos <u>sincères</u> salutations.

2. Cette lettre est destinée à un ancien client. Complétez-la à l'aide des mots suivants :

adresser, agréer, s'ajoute, apprécié, conseillons, constaterez, s'entend, est, passer, permettons, préciser, prions, recevoir, regrettons, remercions, restons, signalons, sont, tarder, tenons.

Cher Monsieur,
Depuis un certain temps, nous ..... de ne plus ..... vos commandes ; c'est pourquoi nous nous ..... de vous ..... ci-inclus notre tarif spécial ainsi que quelques échantillons de lotions après-rasage.
Vous ..... que notre choix ..... très riche. Nous vous ..... que tous ces produits ..... à base de plantes, donc naturels. Aux qualités propres des produits ..... encore leur conditionnement original qui sera certainement très ..... de votre clientèle.
Par suite de l'instabilité des prix, nous ..... à vous ..... que notre offre ..... pour réponse immédiate. Nous vous ..... donc de nous ..... votre ordre sans ...... D'avance, nous vous en ......
Nous ..... dans l'attente de votre réponse et vous ..... d'....., cher Monsieur, l'expression de nos sentiments dévoués.

3. Voici une conversation téléphonique au sujet d'une offre :

Madame Pickig, directrice du département Achats au centre commercial INTERMARKT, Francfort, vient de recevoir des Grands Magasins du Camping, F-83411 Hyères, une offre portant sur de la vaisselle de pique-nique.
Madame Pickig voudrait quelques renseignements complémentaires avant de passer commande. Elle appelle Monsieur Boulet, le directeur commercial des Grands Magasins du Camping :

Standardiste : Grands Magasins du Camping. Bonjour !
Pickig : Bonjour, Madame. Pourriez-vous me mettre en relation avec Monsieur Boulet du service commercial, s.v.p. ?
Standardiste : C'est de la part de qui ?
Pickig : Joyce Pickig, centre commercial INTERMARKT, Francfort.
Standardiste : Je vous le passe.
Boulet : Bonjour, Madame. Il y a longtemps que je n'ai eu le plaisir de vous entendre ! Comment allez-vous ?
Pickig : Très bien, merci, et vous-même ?

Boulet : On fait aller. En quoi puis-je vous être utile ?

Pickig : Je viens d'étudier l'offre que vous nous avez adressée hier. Nous sommes très intéressés par votre vaisselle de camping.

Boulet : Voilà qui fait plaisir à entendre !

Pickig : Mais, avant de vous passer commande, nous souhaiterions un complément d'information.

Boulet : De quels renseignements s'agit-il ?

Pickig : Votre offre ne contient aucun détail pour ce qui est de la matière utilisée. Il en est de même pour la dimension des assiettes et la contenance des gobelets. Pourriez-vous me donner plus d'informations à ce sujet ?

Boulet : Les assiettes sont en carton plastifié biodégradable. Même chose pour les gobelets. Les assiettes ont 23 cm de diamètre et les gobelets une contenance de 25 cl. Les couverts sont en matière plastique.

Pickig : Auriez-vous la gentillesse de me dire exactement combien de couverts, eux, sont compris dans une garniture ?

Boulet : Chaque set comprend 4 couteaux, 4 fourchettes, 4 cuillers à soupe et 4 cuillers à café. Mais attention : nous ne livrons aux anciennes conditions que jusqu'au 31 mars. Notre offre expire donc dans une semaine.

Pickig : Entendu.

Boulet : Et si vous aviez un souhait quelconque au niveau de l'expédition, n'hésitez pas à le mentionner sur le bulletin de commande.

Pickig : Je vous remercie. Je ne manquerai pas de vous le faire parvenir en temps utile.

Boulet : Permettez-moi aussi de vous rappeler que pour un achat d'au moins 500 assiettes et 500 garnitures, nous réduisons nos prix de 10 %. De plus, nous vous bonifions 5 % d'escompte en cas de paiement comptant.

Pickig : Je ne l'ai pas oublié. Je pense que nous vous remettrons une commande de cette importance. Encore merci et bonne continuation !

Boulet : Merci, pareillement. Bonne journée, Madame !

Et maintenant, répondez aux questions suivantes :

– Où travaille M. Boulet ?
– Mme Pickig connaît-elle M. Boulet ?
– Que veut savoir Mme Pickig ?
– A-t-elle intérêt à passer rapidement commande ? Pourquoi ?
– S'agira-t-il d'une commande importante ?

Au lieu de s'informer par téléphone, Mme Pickig envoie une lettre aux Grands Magasins du Camping en vue d'obtenir les renseignements dont elle a besoin.
Rédigez d'abord la lettre de Mme Pickig, puis la réponse de M. Boulet.

4. Complétez le dialogue.

Le 4 février, un de vos fidèles clients, le magasin « Les Élégantes », à Paris, vous a demandé de lui adresser votre collection printemps-été. Il se proposait alors d'acheter des robes et des chemisiers.
Un mois plus tard, vous êtes encore sans nouvelles du client. La saison étant avancée, vous lui téléphonez pour savoir si ces articles l'intéressent encore. Vous soulignez la qualité et le chic des modèles et insistez sur la réduction que vous seriez prêt/e à consentir. Finalement, vous proposez le passage d'un représentant.

Sie grüßen die Geschäftsinhaberin, Frau
Roussel, und fragen sie, wie es ihr geht: – _____

~ Ça va, merci, bien que j'aie un travail fou
en ce moment.

Sie teilen ihr den Grund Ihres Anrufes
mit: – _____

~ Je suis sincèrement désolée, mais j'étais
absente pour affaires.

Sie fragen Frau Roussel, ob Ihr Interesse
für Kleider und Blusen noch besteht, weil
die Saison schon vorgerückt ist: – _____

~ Oui, bien sûr ! Vos articles ont toujours
eu beaucoup de succès ! Malheureusement, je n'ai pas encore eu le temps de
les regarder. Vos conditions sont-elles
restées les mêmes ?

Ihre Zahlungsbedingungen sind dieselben
geblieben. Sie bieten aber eine Ermäßi-
gung von 10 % auf alle Katalogpreise an.
Außerdem erfolgt die Lieferung frei Haus: – _____

~ Vos conditions sont vraiment intéressantes. Quels seraient vos plus brefs
délais de livraison ?

Sie können sofort liefern: – _____

~ Très bien. Je vais me dépêcher, car j'organise un défilé de mode en avril.

Sie bieten ihr den Besuch Ihres Vertreters,
Herrn Diskret, am Dienstag, den 9. März an: – _____

~ Le 9 ? Oui, c'est parfait. Comme ça, j'aurai le temps d'examiner la collection.

Sie bedanken sich für das Gespräch und
verabschieden sich: – _____

~ Merci, pareillement.

5. Traduisez en français :

a) – Auf Ihre Anfrage vom 4. März können wir Ihnen mitteilen, daß ...
   – Ihrem Wunsch entsprechend senden wir Ihnen ...
   – Wir machen Sie auf unsere ... aufmerksam.
   – Wir haben ein reichhaltiges Angebot an Haushaltsgeräten.
   – Wir raten Ihnen, möglichst bald zu bestellen.
   – Wir sind in der Lage, Ihnen die gewünschte Ware zum alten Preis anzubieten.
   – Eine Preiserhöhung von 10 % steht bevor.
   – Wir liefern zum Sonderpreis von 100 F das Stück.
   – Bei Sofortzahlung gewähren wir Ihnen 2 % Skonto.
   – Bei Großaufträgen benötigen wir Referenzen.
   – Unser Vertreter wird Sie demnächst besuchen.
   – Wir sichern eine sorgfältige Ausführung Ihres Auftrages zu.

b) Wir beziehen uns auf unser Telefongespräch mit Ihrem Vertreter, Herrn Poulet, und senden Ihnen anbei den gewünschten Katalog zu. Sie finden in diesem Katalog eine große Auswahl an Artikeln, die die Büroarbeit angenehmer machen. Wir haben dieser Sendung eine Sonderpreisliste beigefügt, die die Modelle GENTLEMEN und BUSINESS enthält. Wie Sie sicherlich wissen, hat die allgemeine Preiserhöhung auch diese Artikel beeinflußt. Dennoch haben wir unsere Preise so knapp kalkuliert, daß andere Firmen nicht günstiger liefern können.

Außerdem möchten wir Sie auf das moderne Design dieser Möbel aufmerksam machen. Wir sind sicher, daß sie auch den Erwartungen Ihrer Kunden entsprechen werden.

Unsere Bedingungen:
- Bei einem Mindestkauf in Höhe von 20 000 DM verstehen sich unsere Preise frachtfrei, sonst ab Lager.
- Bei Zahlung innerhalb von 14 Tagen gewähren wir Ihnen 2 % Skonto; längstes Zahlungsziel 90 Tage.
- Die Lieferung erfolgt sofort nach Bestellungseingang.
- Die Garantiezeit auf unsere Büromöbel beträgt 1 Jahr.

Wir weisen Sie darauf hin, daß wir Ihnen dieses Angebot aufgrund der großen Nachfrage nur bis 1. Juni zusichern können; wir empfehlen Ihnen daher, recht bald zu bestellen. Dafür jetzt schon herzlichen Dank.

6. Rédigez des offres d'après les données suivantes :

a) Au moyen d'une circulaire, vous (Lebensmittelhersteller Köstlich) annoncez à vos clients luxembourgeois le prochain passage de votre représentant, M. Würzli. Celui-ci leur présentera les nouveaux produits Köstlich, notamment la moutarde Köstlich qui réunit toutes les qualités d'une moutarde idéale : goût étonnant, pauvreté en matière grasse, sans colorants ni conservateurs, utilisation économique. Pour accompagner des viandes et des saucisses, pour relever un potage, une sauce, un ragoût ou une salade. Vous rappelez en outre le fait que la moutarde Köstlich est compatible avec les régimes alimentaires. Ci-joint, une brochure : « La nouvelle gamme des produits KÖSTLICH ».

b) Sur demande, vous (Fritz Klug AG, Griesenwerder Damm 124, 2103 Hambourg 95) avez offert 30 perceuses et 20 scies circulaires à Rémy Passereau, entrepreneur, 28, rue Alcide de Gaspari, 2920 Luxembourg-Kirchberg.
Quelque temps après, vous adressez une nouvelle offre à Passereau qui a tardé à passer une commande ferme. Vous y précisez qu'une hausse sur l'outillage électrique vous est annoncée et priez le client, s'il veut bénéficier de l'ancien prix, de répondre à cette dernière offre par retour du courrier. Vous insistez en outre sur les facilités de paiement que vous êtes prêt à consentir.

c) Sie sind Verkaufsleiter bei Großniklaus AG, Dieselstr. 101, 5600 Wuppertal-Langerfeld, und schreiben an die Gebrüder Boisdechêne, Konfektionsgeschäft, 254, rue du Général Foch, F-24000 Périgueux. Seit dem Vorjahr haben Sie keine Aufträge mehr erhalten, was Sie sehr bedauern. Sie senden den neuen Katalog (französisch) und fügen die Frühlings- und Sommerpreisliste der neuesten Kollektion bei. Preiswerte Hosen und Jacken; große Auswahl an Abendkleidern. Alle Stoffe sind von bester Qualität.
Lieferzeit: 3 – 4 Wochen.
Zahlung: 1/2 bei Erhalt der Ware und 1/2 innerhalb von 30 Tagen nach Lieferung.
Bei größeren Aufträgen 5 % Rabatt. Preise ab Fabrik gültig bis 20. Februar.
Sie erwähnen die früheren angenehmen Beziehungen.

7. Le chef du service des achats vous remet la demande suivante, reçue du client « Aschenputtel ». Il vous charge d'y répondre, d'après les annotations manuscrites qu'il a portées en marge.

SCHUHGESCHÄFT ASCHENPUTTEL
Zwölfling 21 – 4300 Essen

Etablissements Martin S.A.   Essen, le 8 juin 19..
Place du Faubourg-d'Auriac
F-82110 Lauzerte

Messieurs,

Je suis en train de créer dans mes magasins un rayon consacré à la chaussure française de haute qualité.

Aussi vous serais-je obligé de m'adresser une documentation complète sur les articles de votre nouvelle collection d'automne.

Veuillez également me préciser vos conditions de livraison et de paiement.

Avec tous mes remerciements, recevez, Messieurs, mes salutations distinguées.

Hans Feder

Remercier et envoyer catalogue « Sélection Automne – Hiver »

Insister sur la qualité et la belle finition de nos articles.

Livraison : 3 semaines environ à compter de la commande, franco domicile, livraison par tout moyen à la convenance du client.

Règlement : à réception de la marchandise (sous 2% d'escompte) ou traite à 60 jours dès la date de la facturation, ou par tout autre moyen que le client nous indiquera.

signaler toutefois que nos ateliers seront fermés du 15 juillet au 15 août et qu'il ne nous sera pas possible d'exécuter avant le début de septembre toute commande qui nous parviendrait après la fin du mois en cours.

8. L'entreprise pour laquelle vous travaillez fabrique des articles de camping. Comme la saison d'été est proche, vous envoyez une offre à plusieurs clients potentiels et présentez votre entreprise et ses produits.

9. Imaginez les réponses possibles aux modèles de lettres n⁰ 1 et 2 du chapitre précédent, p. 37 et 38.

Au Coin du Feu

**3 place de la Carrière
54000 NANCY
Tél. : 28 52 83 63**

BON DE COMMANDE

N° | 503 |

Délai de livraison :   10 J.

Mode de livraison :   Tr. OURAS

Délai de paiement :   30 J. f. de mois

Mode de paiement :   lettre de change

FONDERIES DE LA MOSELLE
120 route de Metz
57500 SAINT-AVOLD

Nancy,
le   15 décembre 19..

Référence	Désignation	Unité	Quantité	Prix unitaire
66123	Plaque de cheminée "Aigle"	1	2	425,00
66221	Plaque de cheminée "Armes de France"	2	3	635,00
66179	Plaque de cheminée "Guyenne"	1	3	510,00

J. BRABOIS.

S.A.R.L. au capital de 174 000 F   R.C.S. Nancy B 621 438 005

3 Die Bestellung/Der Auftrag –
La commande/L'ordre

Sind Sie mit dem Angebot des Verkäufers einverstanden, so bestellen Sie die gewünschte Ware oder Dienstleistung. Sind Sie mit dem Angebot nicht einverstanden, sollten Sie es der Höflichkeit wegen ablehnen und nicht unbeantwortet lassen. Sollten Sie im großen und ganzen mit dem Angebot einverstanden sein, sich aber an einer Bedingung stören, können Sie ein Gegenangebot machen.

Sie können Ihre Bestellung per Brief oder Bestellschein erteilen. Man unterscheidet Bestellscheinvordrucke des Käufers *(les bons de commande)* und des Verkäufers *(les bulletins de commande)*. Um Zeit zu sparen, können Sie Ihre Bestellung auch per Telegramm, Telex, Telefax, Teletex, Minitel, mündlich oder fernmündlich erteilen. Jeder mündliche Auftrag bedarf jedoch einer schriftlichen Bestätigung. Auch beim Telegramm, Telex, ... empfiehlt sich ein Bestätigungsschreiben.

Eine vollständige Bestellung enthält folgende Punkte:
– in der Einleitung meist den Bezug auf ein Angebot, eine Sendung, eine Werbung oder ein Gespräch;
– die gewünschte Ware;
– Informationen über die Ware (z. B. Qualität, Farbe, Größe) oder die Bestellnummer;
– die gewünschte Menge (Gewicht, Stückzahl);
– Angabe des Preises (ggf. mit Skonto oder Rabatt);
– die Zahlungsbedingungen;
– die Lieferbedingungen;
– die Lieferfrist bzw. den Liefertermin;
– evtl. zusätzliche Angaben über die Verpackung, Kennzeichnung der Frachtstücke, Versandart und Transportkosten, Versicherung, Einfuhrlizenz oder -genehmigung, Zollgebühren usw.;

Die weiteren Punkte des Angebotes können im einzelnen aufgegriffen werden; es ist aber auch möglich, zu den Angebotsbedingungen zu bestellen.

– bei erstmaligem Großauftrag Referenzen;
– der Schluß kann die Bitte um eine Auftragsbestätigung oder um sorgfältige Ausführung des Auftrags beinhalten.

Folgt Ihre Bestellung einem bindenden Angebot in einem angemessenen Zeitraum, so kommt dadurch ein Kaufvertrag *(un contrat de vente)* zustande. Durch den Kaufvertrag verpflichtet sich der Verkäufer, Ihnen die Ware zum vereinbarten Preis und gemäß den vereinbarten Bedingungen zu liefern.

Sollte Ihr Auftrag
– von den Bedingungen des Angebots abweichen,
– nicht vollständig sein,
– zu spät bzw. nach Ablauf einer gesetzten Frist erfolgen,
– auf ein unverbindliches Angebot hin erfolgen,
– ohne vorheriges Angebot erteilt worden sein,
wird er nur dann zu einem Kaufvertrag führen, wenn er vom Verkäufer angenommen wird, d. h. wenn er den Auftrag bestätigt oder die Ware liefert.
Für das Zustandekommen des Kaufvertrages sind also immer die übereinstimmenden Willenserklärungen beider Parteien (Antrag und Annahme) erforderlich.

1. Vous commandez

1. Sie bestellen

Nous avons bien reçu Nous vous remercions de Nous avons bien pris note de Nous revenons aujourd'hui à	votre offre du …	et vous remettons l'ordre suivant : … et vous passons la commande ci-après : … et vous demandons de nous envoyer … et vous adressons ci-joint un bon de commande.
Après examen de Sur la base de Conformément à Selon		, nous vous prions de nous livrer … , nous vous commandons …

Nous avons bien reçu votre offre du 8 janvier et vous en remercions vivement.

Wir haben Ihr Angebot vom 8. Januar erhalten und danken Ihnen dafür bestens.

Nous revenons à votre offre du 12 mai et vous demandons de nous fournir …

Wir kommen auf Ihr Angebot vom 12. Mai zurück und bitten Sie, uns … zu liefern.

En confirmation de notre entretien téléphonique de ce matin, je vous passe commande ferme de 100 cartons de beaujolais primeur à 120,-- F l'unité.

Ich möchte unser Telefongespräch von heute morgen bestätigen und bestelle verbindlich 100 Kartons Beaujolais Primeur zu je 120,-- F.

Nous vous commandons d'après votre tarif AC/234 …

Wir bestellen gemäß Ihrer Preisliste AC/234 …

Veuillez noter (= prendre note de) la commande ci-après :
– 50 jambons, prix au kg 95 F, tous frais compris.
– 100 nappes LA BRETONNE, réf. 234, qualité Ia, coloris blanc et rouge, à 15 F pièce (= l'unité).

Bitte merken Sie folgende Bestellung vor:

– 50 Schinken, Preis pro kg 95 F, inklusive aller Kosten.
– 100 Tischdecken LA BRETONNE, Bestell-Nr. 234, Qualität Ia, Farbe rot-weiß, zu 15 F das Stück.

Je vous confie, par la présente, l'exécution des travaux mentionnés sur votre devis nº 87.

Hiermit übertrage ich Ihnen die Arbeiten, die in Ihrem Kostenvoranschlag Nr. 87 aufgelistet sind.

a) Vous commandez sur échantillon

a) Sie bestellen nach Mustern

Conformément aux échantillons remis, nous vous demandons de nous expédier …

Senden Sie uns bitte gemäß den vorgelegten Mustern …

Le foie gras d'oie que vous nous avez envoyé en échantillon répond à ce que nous attendions.

Die Gänseleberpastete, von der Sie uns eine Probe geschickt haben, entspricht unseren Erwartungen.

b) Vous achetez à l'essai ou à condition

b) Sie kaufen zur Probe oder mit Rückgaberecht

Nous acceptons les conditions que contient votre offre du 5 juillet, et vous passons, à titre d'essai, la commande ci-après : …

Wir sind mit den Bedingungen Ihres Angebots vom 5. Juli einverstanden und erteilen Ihnen nachstehenden Probeauftrag: …

Faisant suite à la visite de votre représentant, nous vous adressons ci-joint une commande d'essai.

Im Anschluß an den Besuch Ihres Vertreters übersenden wir Ihnen anbei einen Probeauftrag.

Nous sommes disposés à faire l'essai de (= essayer) ces articles.

Wir sind gerne bereit, diese Artikel zu testen (= prüfen).

Nous nous réservons toutefois le droit de vous les renvoyer ...
... si nous ne pouvons en réaliser la vente dans le délai déterminé.
... si l'essai qui en est fait ne nous donne pas satisfaction.

Wir behalten uns jedoch das Recht vor, sie Ihnen zurückzusenden, ...
... wenn sie sich innerhalb der gesetzten Frist nicht verkaufen lassen.
... wenn die Erprobung nicht zufriedenstellend ist.

2. Le paiement

Vos conditions de vente nous conviennent.

Nous acceptons de faire une anticipation de paiement.

Nous réglerons votre facture par chèque, à réception.

Conformément à vos conditions de paiement, nous virons, à titre d'acompte, 10 000 FF à votre compte n⁰ ... auprès de la B.N.P., Bordeaux.

Selon votre habitude, vous pouvez
– tirer sur nous pour le montant de la facture.
– nous envoyer à l'acceptation une traite à trois mois.

Nous ferons ouvrir un crédit documentaire en votre faveur.

Parmi les modalités proposées, nous choisissons le paiement comptant contre documents à l'arrivée du navire.

Vous voudrez bien établir la facture en cinq exemplaires.

2. Die Zahlung

Mit Ihren Verkaufsbedingungen sind wir einverstanden.

Wir sind einverstanden, eine Vorauszahlung zu leisten.

Wir werden Ihre Rechnung nach Erhalt mit Scheck begleichen.

Ihren Zahlungsbedingungen entsprechend überweisen wir 10 000 FF als Anzahlung auf Ihr Konto Nr. ... bei der B.N.P., Bordeaux.

Wie gewohnt können Sie
– über den Rechnungsbetrag einen Wechsel ausstellen.
– uns eine Dreimonatstratte zum Akzept senden.

Wir werden ein Dokumentenakkreditiv zu Ihren Gunsten eröffnen lassen.

Unter den vorgeschlagenen Modalitäten wählen wir die Zahlung Kasse gegen Dokumente bei Ankunft (des) Schiff(es).

Die Rechnung wollen Sie bitte in fünffacher Ausfertigung ausstellen.

3. La livraison

Comme vous le savez, nous avons un besoin urgent de cet article; nous vous prions donc de nous préciser
– le délai de livraison probable.
– la date la plus proche à laquelle vous seriez en mesure de livrer.

3. Die Lieferung

Wie Sie wissen, benötigen wir diesen Artikel dringend; deshalb bitten wir Sie, uns

– die voraussichtliche Lieferzeit
– den frühestmöglichen Liefertermin
zu nennen.

Nous espérons que vous avez ces joggings en stock et que vous pourrez livrer immédiatement.

Wir hoffen, daß Sie die Jogginganzüge auf Lager haben und sofort liefern können.

Il nous serait agréable de recevoir les poupées
– d'ici à la fin du mois.
– quatre semaines avant Noël.

Es wäre uns angenehm, wenn wir die Puppen ... erhalten könnten.
– bis Ende des Monats
– vier Wochen vor Weihnachten

Les joggers sont à livrer à Bruxelles entre le 12 et le 20 mai.

Die Joggingschuhe müssen zwischen dem 12. und 20. Mai in Brüssel eintreffen.

Comme convenu au téléphone avec vos services, vous voudrez bien
– nous faire un envoi partiel d'aujourd'hui en quinze.
– répartir les livraisons sur janvier, février et mars.
– faire le nécessaire pour nous envoyer une partie de la commande à la mi-mai, au plus tard.

Wie mit Ihrer Abteilung telefonisch vereinbart, bitten wir Sie,
– uns in 14 Tagen eine Teillieferung zu schicken.
– die Lieferungen auf Januar, Februar und März zu verteilen.
– das Notwendige zu veranlassen, um uns spätestens Mitte Mai einen Teil der Bestellung zu senden.

Dans quelques jours, ces coussins nous feront défaut ; veuillez donc mettre tout en œuvre pour que la livraison puisse se faire prochainement.

Diese Kissen werden uns in einigen Tagen ausgehen; deshalb bitten wir Sie, alles daranzusetzen, daß die Lieferung demnächst erfolgen kann.

– Comme il s'agit de denrées périssables, ...
– Comme nous comptons exposer ces congélateurs lors de la semaine commerciale française, ...
... nous vous demandons de respecter strictement le délai de livraison.

– Da es sich um verderbliche Lebensmittel handelt, ...
– Da wir diese Gefriertruhen während der französischen Handelswoche ausstellen möchten, ...
... bitten wir Sie, die Lieferfrist genau einzuhalten.

Nous insistons donc pour recevoir les articles par colis express.

Deshalb dringen wir darauf, die Artikel als Expreßgut zu erhalten.

4. Vous donnez des instructions relatives à l'emballage et au marquage

4. Sie geben Anweisungen bezüglich der Verpackung und Markierung

Nous attachons grande importance à un emballage à la fois solide et soigné.

Wir legen großen Wert auf stabile und zugleich sorgfältige Verpackung.

Pour éviter tout dommage en cours de transport, nous vous demandons
– de vouer tous vos soins à l'emballage.
– de choisir un emballage résistant.

Um Beschädigungen auf dem Transportweg zu vermeiden, bitten wir Sie,
– auf besonders sorgfältige Verpackung zu achten.
– eine widerstandsfähige Verpackung zu wählen.

Veuillez avoir (= prendre) soin d'envelopper séparément chaque objet.

Wir bitten Sie, jeden Gegenstand getrennt einzuwickeln.

Nous vous prions en outre
- de marquer clairement chaque partie composant l'expédition.
- de munir chaque colis d'étiquettes réglementaires.
- de nous remettre la liste de colisage.

5. Vous précisez

a) les frais de transport

Veuillez envoyer les raquettes de tennis à nos frais.

Nous supportons le fret/les frais de transport.

b) l'assurance transport

Nous vous prions de fournir à vos frais une police d'assurance.

L'assurance devra
- être conclue aux conditions habituelles.

- couvrir le transport maritime.

c) les droits de douane et les taxes

Les droits de douane seront à notre charge.

Veuillez m'adresser les dictionnaires francs de taxes et de droits.

d) les documents

Veuillez nous prêter votre concours pour obtenir les documents suivants : ...

Nous fournirons à nos frais la licence d'importation.

e) les références

Si vous le souhaitez, vous pourrez prendre des renseignements à notre sujet auprès de la Wiener Handelsbank, agence de Linz.

6. Conclusion

Notre clientèle étant exigeante, nous comptons recevoir des articles irréprochables.

Nous vous remercions d'avance pour votre diligence.

Wir bitten Sie außerdem,
- alle Teile der Sendung deutlich zu markieren.
- jedes Packstück mit vorschriftsmäßigen Kennzeichen zu versehen.
- uns die Packliste zukommen zu lassen.

5. Sie machen genauere Angaben über

a) die Transportkosten

Bitte schicken Sie die Tennisschläger auf unsere Kosten.

Wir tragen die Fracht-/die Transportkosten.

b) die Transportversicherung

Wir bitten Sie, auf Ihre Kosten eine Versicherungspolice zu beschaffen.

Die Versicherung muß
- zu den üblichen Bedingungen abgeschlossen werden.
- den Seetransport decken.

c) die Zollgebühren und Steuern

Die Zollgebühren gehen zu unseren Lasten.

Bitte senden Sie mir die Wörterbücher steuer- und gebührenfrei zu.

d) die Dokumente

Unterstützen Sie uns bitte bei der Beschaffung folgender Dokumente: ...

Wir werden die Einfuhrgenehmigung auf eigene Kosten beschaffen.

e) die Referenzen

Wenn Sie es wünschen, können Sie Auskünfte über uns bei der Wiener Handelsbank, Zweigstelle Linz, einholen.

6. Briefschluß

Da unsere Kundschaft anspruchsvoll ist, erwarten wir die Lieferung von einwandfreien Waren.

Wir danken Ihnen im voraus für die umgehende Erledigung.

– Si nous sommes bien servis, …
– Si l'exécution de cette première commande nous satisfait, …
… vous pouvez compter sur de nouveaux
ordres.
… nous continuerons à nous approvisionner chez vous.

Nous vous prions
– de confirmer notre commande à ces conditions.
– d'accuser réception de notre ordre.

Dans l'espoir d'être bientôt en possession
de votre avis d'expédition, nous vous adressons nos salutations les meilleures.

– Bei guter Bedienung …
– Wenn wir mit der Ausführung dieser
ersten Bestellung zufrieden sind, …
… sichern wir Ihnen weitere Aufträge zu.

… werden wir unseren Bedarf weiterhin
bei Ihnen decken.

Wir bitten Sie,
– unseren Auftrag zu diesen Bedingungen
zu bestätigen.
– den Erhalt dieses Auftrages zu bestätigen.

Wir hoffen, bald Ihre Versandanzeige zu erhalten.
Mit freundlichen Grüßen

Modèles de lettres

1 Vous commandez d'après le catalogue
Sie bestellen laut Katalog

Ets Gargouille S.A.
Sté de vente par correspondance
Route de Louvain 54
B-400 Liège

Messieurs,

Veuillez envoyer à notre adresse d'Euskirchen les articles que nous avons sélectionnés
dans votre catalogue « Spécial-Cadeaux », à savoir :

10 parures de perles, réf. 28034, comprenant chacune 1 collier, 2 pendants et
1 bracelet.
Prix unitaire de la parure : 3 860,-- francs belges.

Parmi les modalités de paiement proposées, nous choisissons le règlement au comptant,
déduction faite de 3 % d'escompte.
Noël étant déjà proche, la livraison devra nous parvenir d'ici à la fin du mois au plus tard, franco gare de Munich. Veuillez donc nous faire savoir, en accusant réception de l'ordre, si vous
êtes en mesure d'observer ce délai.
Nous vous remercions d'avance pour votre diligence et vous adressons, Messieurs, nos sentiments distingués.

p.o.
Marita Froh

2 Vous passez une commande d'essai
Sie erteilen einen Probeauftrag

Savonnerie Provençale
Rue du Moulin à Huile
F-84160 Cucuron

Messieurs,

Je fais suite à la visite de votre représentant et vous remets la commande suivante à titre d'essai : **10 caissettes de savonnettes parfumées au chèvrefeuille, à 345 F la caissette.**

Paiement :   A trente jours dès la date de la facture avec 3 % d'escompte.

Date de livraison :   Il me serait agréable de recevoir la marchandise entre le 4 et le 10 mai. Ce délai étant très important pour moi, je vous remercie de bien vouloir le respecter.

Expédition :   A mon adresse d'Iéna, par chemin de fer, régime accéléré, franco de tous frais.

Si je suis bien servie, je continuerai à m'approvisionner chez vous.
Dans l'attente de votre confirmation, je vous prie d'agréer, Messieurs, mes salutations les meilleures.

Drogerie – Parfümerie Kristina
K. Singer

3 Vous passez une première commande
Sie erteilen einen Erstauftrag

Produits alimentaires DÉJEUN' RÊVE
Service des ventes
43, rue Duguesclin
F-51150 Tours-sur-Marne

Madame, Monsieur,

Nous revenons aujourd'hui à votre offre du 26 octobre dernier et vous prions de nous expédier conformément aux échantillons remis :

* 800 sachets de soupe campagnarde « Grand-Mère » à 4,75 F l'unité
* 600 boîtes de sauce de rôti « Mangetout » à 9,30 F l'unité.

Livraison :   dès que possible, par petite vitesse. Veuillez nous indiquer la date la plus proche à laquelle vous seriez en mesure de livrer.

Règlement :   nous souhaiterions bénéficier du délai de 60 jours que nous accordent la plupart de nos fournisseurs. Si vous le jugez nécessaire, vous pouvez prendre des informations sur nous auprès de la Deutsche Bank en notre ville.

Nous espérons être bientôt en possession de votre avis d'expédition et vous remercions d'avance pour la bonne exécution de cet ordre. Si nous sommes satisfaits de vos services, nous vous remettrons prochainement une commande plus importante.
Veuillez recevoir, Madame, Monsieur, nos salutations distinguées.

Einkaufszentrum Ofenhäusle
p.p. Harpe Hunger

4 Vous versez un acompte
Sie leisten eine Anzahlung

Cristalleries du Centre
Boulevard Roger Audoux
F-54200 Baccarat

Mesdames, Messieurs,

Votre catalogue et votre tarif nous sont bien parvenus ; nous vous en remercions et vous passons commande de

50 douzaines de flûtes à champagne en cristal de Baccarat,
nº B/240 à 1 000 F la douzaine.

Conformément à vos conditions de paiement, nous vous remettons sous ce pli, à titre d'acompte, 16 500 F (seize mille cinq cents) en un chèque sur la Handelsbank AG en notre ville ; veuillez nous en accuser réception. Nous réglerons le solde à la livraison, après déduction d'un escompte de 3 %.
En ce qui concerne le délai de livraison, nous attendons la marchandise sans faute d'ici au 1ᵉʳ octobre. L'expédition sera effectuée en port payé, assurance comprise, jusqu'à Sarrebruck-frontière.
Notre clientèle étant exigeante, nous comptons recevoir des articles irréprochables.
Nous vous demandons donc de prendre toutes les précautions nécessaires afin que ceux-ci parviennent intacts à destination.
Avec nos sincères salutations.

Geschirrsalon KÖNIGSTAFEL

Exercices

1. Testez votre vocabulaire en complétant le tableau ci-dessous :

Verbe :	Substantif :	Verbe :	Substantif :
offrir	?	?	la demande
commander	?	?	l'information
arriver	?	?	le départ
payer	?	?	le règlement
livrer	?	?	la réponse
attendre	?		

2. Dans les phrases suivantes, remplacez les points de suspension par

car, comme, étant, lors de, sur, vu.

– Je vous demande de respecter les délais, ... je participe à la foire de Paris.
– ..... le caractère d'urgence de cette commande, nous vous serions obligés de livrer dans les meilleurs délais.
– ..... je compte exposer ces articles ..... la semaine commerciale, je me permets d'insister ..... le délai de livraison indiqué.
– Ce délai ..... très important pour nous, nous vous remercions de le respecter.

3. Coordonnez les éléments :

1. Objet :
2. Votre documentation nous est bien parvenue ;
3. Faisant suite à la visite de votre représentant,
4. Parmi les modalités de paiement proposées,
5. La livraison sera effectuée franco de port,
6. Les instructions
7. Si nous sommes satisfaits de vos services,
8. Nous vous remercions d'avance

a) concernant l'emballage et le marquage suivront.
b) dans un délai de 4 semaines.
c) nous continuerons à nous approvisionner chez vous.
d) nous choisissons le règlement par traite à 60 jours.
e) pour la bonne exécution de cet ordre.
f) nous vous adressons ci-joint une commande d'essai.
g) Notre commande nᵒ 148
h) nous vous en remercions.

4. Complétez le corps de la commande suivante :

Messieurs,

En confirmation de notre ..... téléphonique de ce matin, nous vous ..... commande ferme de
> * 50 paires de mocassins, réf. 66798, à 286,-- F la paire
> * 30 pochettes assorties, réf. 45288, à 148,-- F l'unité.

Nous ..... vos conditions de paiement, c'est-à-dire ..... au comptant à ..... de la facture avec 3 % d'......
Livraison : dans les plus brefs ....., si possible le 16 février prochain.
Dans l'espoir de ..... bientôt votre avis d'expédition, nous vous prions de .....,
Messieurs, à nos ..... les meilleurs.

5. Remplacez chaque chiffre par le mot ou l'expression qui convient. Plusieurs solutions sont parfois possibles.

Monsieur,

Nous sommes en possession de votre **(1)**. Nous vous en **(2)** et vous **(3)** ci-joint une commande d'essai.
La livraison **(4)** franco de port, dans un délai de trois semaines. En ce qui concerne le règlement, nous souhaiterions bénéficier du **(5)** de 60 jours que nous accorde la plupart de nos **(6)**.
Si vous le désirez, vous pouvez **(7)** des renseignements à notre sujet **(8)** Dresdner Bank, agence de Pirmasens.
Avec notre considération distinguée.

> **(1)** catalogue / documentation / tarif
> **(2)** faisons cadeau / offrons / remercions
> **(3)** adressons / commandons / passons
> **(4)** est à retourner / nous reviendra / sera effectuée
> **(5)** paiement / crédit / chèque
> **(6)** clients / fournisseurs / représentants
> **(7)** prendre / demander / donner
> **(8)** à la / auprès de la / chez la

6. **Complétez en français ces conditions de livraison :**

   Il nous serait agréable d'être en possession de la marchandise
   - so bald wie möglich   _____
   - bis zum 15. d. M.   _____
   - innerhalb eines Monats   _____
   - in der nächsten Woche   _____
   - bis spätestens Dezember   _____

7. **Lisez attentivement la commande ci-dessous :**

   Les Grands Garages de l'Est
   84, rue d'Austerlitz
   F-67000 Strasbourg

   Objet : votre offre du 8 ct

   Messieurs,
   Nous revenons à votre offre et vous commandons les pièces de rechange figurant sur le bulletin ci-joint.
   <u>Livraison</u> : urgente ! Nous espérons être en possession des pièces avant la fin de la semaine.
   <u>Destination</u> : à notre adresse de Baden-Baden, ateliers I et II.
   <u>Conditions de paiement</u> : conformes à votre offre.

   Veuillez garantir les pièces contre tout défaut de fabrication pour une période de six mois à dater de leur livraison.
   Nous attendons la confirmation de notre commande à ces conditions et vous adressons, Messieurs, nos salutations distinguées.

   Autowerkstatt Pfeiffer GmbH
   Versmold

   Et maintenant, répondez aux questions suivantes :
   - Que commande le garage Pfeiffer ?
   - Pour quand attend-il la livraison ?
   - Est-ce que la livraison devra se faire chez Pfeiffer même ?
   - Est-ce que les conditions de paiement lui conviennent ?
   - Combien de temps le client veut-il bénéficier de la garantie ?

8. **Lisez les modèles de lettres n⁰ 2 et 3 du chapitre précédent (p. 55 et 56), et passez commande.**

9. **Traduisez en français.**

a) Wir bitten Sie, uns gemäß Ihrem Angebot vom 5. d. M. frei Berlin zu liefern:
   200 Bettlaken *(draps)* aus reiner Baumwolle,
        135 x 200 cm, zum Preis von 42,80 FF das St.
   180 Handtücher aus Frotteestoff *(en tissu-éponge)*,
        50 x 100 cm, zum Preis von 18,50 FF das St.
   <u>Zahlung:</u> Mit Ihren Zahlungsbedingungen sind wir einverstanden, d. h. binnen 30 Tagen ab Rechnungsdatum mit 3 % Skonto oder in 2 Monaten mit Wechsel.
   <u>Lieferfrist:</u> bis spätestens Mitte Februar.
   In Ihrer Auftragsbestätigung wollen Sie uns bitte den voraussichtlichen Liefertermin mitteilen. Wir danken Ihnen dafür im voraus.
   Bei guter Bedienung sichern wir Ihnen weitere Aufträge zu.

b) Im Anschluß an unser heutiges Telefongespräch senden wir Ihnen den beiliegenden
Bestellschein Nr. 346 über

        100 Messer   Nr. 64 zu je 42,80 SF,
        150 Scheren   Nr. 65 zu je 31,-- SF.

Wir haben unsere Bank beauftragt, Ihnen die vorgesehene Anzahlung in Höhe von
2960,-- SF auf Ihr Konto Nr. 1234 bei der Paribas (Suisse) S.A., Genf, zu überweisen.
Den Restbetrag werden wir binnen 30 Tagen nach Erhalt der Ware begleichen.
Die Lieferung erfolgt gemäß Ihren Allgemeinen Geschäftsbedingungen. Wir möchten
Sie jedoch darauf aufmerksam machen, daß uns diese Artikel in Kürze ausgehen
werden, und bitten Sie daher um baldige Ausführung des Auftrages.
Wir bitten Sie außerdem, uns Ihre Versandanzeige spätestens drei Tage vor der
Lieferung zuzusenden.

10. **Le responsable des achats, M. Brabois, vous remet la note ci-dessous en vous priant
de passer commande.**

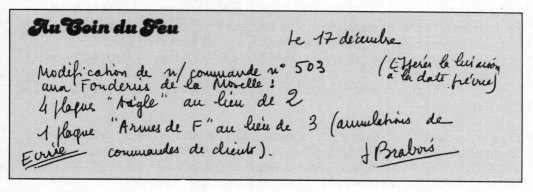

11. **M. Brabois vous a remis la note ci-après, par laquelle il désire modifier sa commande du 15 décembre (voir bon de commande n⁰ 503 au début du chapitre, p. 62).
Ecrivez la lettre pour M. Brabois.**

12. A l'occasion d'un appel téléphonique du client « Ali Baba », « Play Jeu » a établi la fiche ci-dessous :

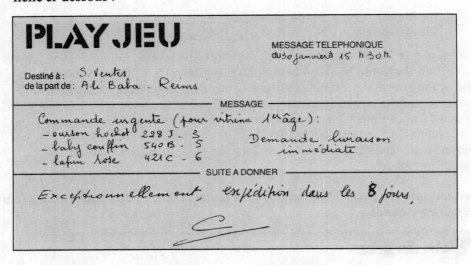

Ecrivez la lettre par laquelle « Ali Baba » confirme sa commande.

13. Rédigez des lettres de commande d'après les données ci-dessous :

a) Vous êtes hôtelier à 8089 Emmering, Aumühle 36, et commandez à la fabrique des produits alimentaires AU FIN GOURMET, Avenue de Lattre-de-Tassigny, 83000 Toulon, les articles suivants :
– sauce de rôti MERVEILLE, 100 paquets de 300 g à 8,65 F l'unité ;
– arôme artificiel APPETITO, 85 flacons n^0 2 à 6,00 F l'unité.

Les prix s'entendent franco domicile. Délai de livraison : jusqu'à la fin du mois.
Paiement : à 30 jours dès la date de la facture.
Vous demandez aussi quelques bulletins de commande.

b) Madame Bouchez, professeur d'allemand au Lycée Albert Schweitzer, 32, avenue Alsace-Lorraine, 38000 Grenoble, commande aux Editions Ernst Klett, Rotebühlstr. 77, 7000 Stuttgart, 56 livres « Deutsch Plus » destinés à ses élèves.
Lors de sa commande, Mme Bouchez demande aux Editions Ernst Klett :
– de combien est réduit le prix de ces livres quand ils sont destinés à un établissement scolaire ;
– si les Editions pourront lui envoyer les livres avant la rentrée des classes qui aura lieu le 5 septembre.

c) Sie arbeiten bei Bohnenkraut & Co., Kaiserstraße 122, 6000 Frankfurt, und bestätigen Ihre gestrige telefonische Bestellung bei Duchêne & Fils, 124, bd des Capucines, 75009 Paris, über 45 Koffer aus Synthetik (*matière synthétique*), zu je 130,-- FF und 30 Herrentaschen (*pochettes homme*) aus braunem Leder, zu je 190,-- FF.

Lieferung: binnen 3 Wochen, spätestens bis zum 31. Mai. Hoffen auf rechtzeitiges Eintreffen der Ware.
Zahlung: wie üblich.

14. Modification de commande par téléphone.

Le 10 décembre, M. Radl, confiseur à Munich, a remis aux Chocolats Lebon, à Annecy, la commande suivante : 65 boîtes de fondants à la liqueur de framboises, 80 pères Noël en chocolat noir et 100 boîtes de pralinés aux amandes.

En vue des fêtes de fin d'année, M. Radl désire modifier sa commande. Le 14 décembre, il téléphone à M. Roux, chef du service exportation des Chocolats Lebon :

Standardiste : Chocolats Lebon. Bonjour !

Radl : Bonjour, Madame. Voulez-vous me passer le poste 210, s'il vous plaît ?

Standardiste : Qui dois-je annoncer ?

Radl : Gustl Radl, Munich.

Standardiste : La ligne est occupée. Pouvez-vous patienter quelques instants ?

Radl : Ça risque de durer longtemps ?

Standardiste : Ecoutez, je ne le pense pas. Ah ! ça y est, c'est libre maintenant. Je vous mets en ligne.

Brun : Service exportation, Brun à l'appareil.

Radl : Bonjour, Monsieur – Gustl Radl, Munich. J'aimerais parler à M. Roux.

Brun : M. Roux est actuellement en voyage d'affaires et ne sera de retour que mardi dans le courant de la matinée. Puis-je lui faire une commission ou préférez-vous qu'il vous rappelle ?

Radl : Non, il s'agit d'une affaire pressante. Est-ce que vous pourriez prendre cela en main ? Je voudrais modifier ma commande du 10 décembre. Au lieu des 65 boîtes de fondants et des 100 boîtes de pralinés, c'est 150 de chaque sorte qu'il me faudrait.

Brun : Ah, alors là, je vous conseille de nous confirmer rapidement vos désirs par télex ou télécopie, car nos stocks sont limités.

Radl : Vous pouvez y compter, je n'y manquerai pas. Et comme les fêtes de fin d'année approchent, il me faudra les chocolats d'ici à la fin de la semaine au plus tard. Pensez-vous pouvoir livrer vendredi ?

Brun : C'est un peu juste, mais nous ferons de notre mieux.

Radl : Je vous en suis très reconnaissant – Merci.

Brun : Il n'y a pas de quoi ! Je vais faire le nécessaire afin qu'il soit exécuté dans le plus bref délai. Au revoir, M. Radl.

Radl : Au revoir, et encore merci.

M. Radl doit confirmer sa modification de commande par télex. Présentez le message.

PLAY JEU

5, rue du Puits-Salé
39000 LONS-LE-SAUNIER
Tél. : 84.24.19.10

A R L E Q U I N
3, rue d'Argent
B-1000 Bruxelles

V/référence :
Com. 428
N/référence :
Exp. 179 GT/DD
Objet :
Votre commande

Lons-le-Saunier,
le 12 novembre 19..

Chers Messieurs,

Nous vous remercions de votre commande nº 463 du 7 courant. Veuillez être assurés que nous apporterons tous nos soins à son exécution.

Nous acceptons vos conditions de livraison et de paiement, à savoir :

Livraison :

Avant le 10 décembre, franco de port par service routier.

Règlement :

Aux conditions habituelles.

Conditions particulières :

Dès maintenant, nous vous reconnaissons le droit de refuser les jouets qui ne vous seraient pas livrés d'ici au 10 décembre.

En vous souhaitant d'excellentes affaires de Noël, nous vous prions d'agréer, chers Messieurs, l'expression de nos sentiments distingués et dévoués.

Le directeur commercial

Georges Tatillon

Société anonyme au capital de 780 000 F. R.C.S. Lons-le-Saunier 524 008 510 - C.C.P. Lyon 94 2 7 43 C

4 Die Auftragsbestätigung, die Versandanzeige und die Rechnung –
La confirmation de commande, l'avis d'expédition et la facture

Die Auftragsbestätigung – *La confirmation de commande*

Wenn Sie auf Ihr Angebot hin eine Bestellung erhalten, sind Sie verpflichtet, diese zu den genannten Bedingungen auszuführen. Eine Auftragsbestätigung Ihrerseits ist dann zwar nicht notwendig, aber doch empfehlenswert, um etwaige Mißverständnisse zu vermeiden – vor allem, wenn die Bestellung mündlich erteilt wurde.

In Ihrem Schreiben werden Sie sich zuerst bei Ihrem Kunden bedanken, dann die wichtigsten Einzelheiten der Bestellung wiederholen bzw. auf die genannten Bedingungen verweisen:
- Nummer und Datum der Bestellung,
- Bezeichnung und Menge der Ware,
- Preis (und Ermäßigungen),
- Zahlungsbedingung,
- Lieferbedingung und -frist,
- evtl. Angaben zum Versand, zur Versicherung, zum Gerichtsstand usw.

Zum Schluß versichern Sie, den Auftrag sorgfältig auszuführen, oder drücken die Hoffnung aus, weitere Aufträge zu erhalten.

Für einfache Auftragsbestätigungen werden oft Standardformulare verwendet. Bestellt der Kunde per Bestellschein, genügt es, ihm einen Durchschlag unterschrieben zurückzuschikken.

Wenn die Bestellung jedoch
- ohne vorhergehendes Angebot erteilt wurde,
- auf ein Angebot hin erfolgte, das Vorbehalte enthielt,
- ein wichtiges Detail nicht enthält,
- eine Bedingung enthält, die von Ihrem Angebot abweicht bzw. die Sie in Ihrem Angebot gar nicht erwähnt hatten,

ist Ihre Willensäußerung zu dieser Bestellung unerläßlich.

Sind Sie mit allen Punkten einverstanden, senden Sie dem Kunden eine Auftragsbestätigung. Erst dadurch kommt ein verbindlicher Kaufvertrag zustande.

Wenn Sie den Auftrag sofort ausführen, können Sie die Auftragsbestätigung mit einer Versandanzeige verbinden.

1. Vous vous référez à la commande

1. Sie nehmen Bezug auf die Bestellung

Nous vous remercions de	votre	ordre commande	n⁰... du ... cité/e en référence susmentionné/e de/concernant ...	et vous en remercions.
Nous accusons réception de Nous avons pris bonne note de Nous avons bien reçu				

J'accuse réception et vous remercie de votre ordre/commande cité/e sous rubrique.

Ich habe Ihren obengenannten Auftrag dankend erhalten.

J'ai bien reçu votre bon de commande n⁰ 135 et vous en remercie.

Ich habe Ihren Bestellschein Nr. 135 dankend erhalten.

Votre ordre n⁰ 378 vient de nous parvenir ; nous vous en remercions.

Ihr Auftrag Nr. 378 ist soeben bei uns eingegangen; wir danken Ihnen dafür.

Nous vous remercions vivement de la commande d'essai
– que vous nous avez passée le 20 écoulé.

Wir danken Ihnen vielmals für Ihren Probeauftrag,
– den Sie uns am 20. des vorigen Monats erteilt haben.

– que vous avez remise à notre chef de vente régional, M. Pif.

– den Sie unserem Gebietsverkaufsleiter, Herrn Pif, erteilt haben.

Nous nous référons à votre entretien téléphonique d'hier avec notre représentante, Mme Sulz, et vous confirmons l'ordre que vous avez bien voulu lui passer : ...

Wir beziehen uns auf Ihr gestriges Telefongespräch mit unserer Vertreterin, Frau Sulz, und bestätigen (hiermit) den Auftrag, den Sie ihr erteilt haben: ...

2. Les prix et les réductions

2. Die Preise und Ermäßigungen

Par ces lignes/Pour la bonne forme, nous nous empressons de vous confirmer le prix des articles qui vous ont intéressé(s).

Hiermit/Der Ordnung halber bestätigen wir umgehend den Preis der Artikel, für die Sie sich interessiert haben.

Nous avons le plaisir de vous informer que nous pouvons répondre à vos souhaits au niveau du prix et de la réduction.

Wir freuen uns, Ihnen mitteilen zu können, daß wir Ihren Wünschen in puncto Preis und Ermäßigung entsprechen können.

En ce qui concerne votre commande téléphonée de ce matin, nous nous déclarons prêts à vous accorder une remise de 10 % sur nos prix catalogue.

Wir beziehen uns auf Ihre telefonische Bestellung von heute vormittag und erklären uns bereit, Ihnen einen Rabatt von 10 % auf unsere Katalogpreise zu gewähren.

3. Les modalités de paiement

3. Die Zahlungsbedingungen

Le règlement s'effectuera
– aux conditions habituelles.
– conformément à nos conditions générales de vente.
– selon les conditions de (= contenues dans) notre offre du 15 mai.

Die Zahlung erfolgt
– zu den üblichen Bedingungen.
– gemäß unseren allgemeinen Geschäftsbedingungen.
– nach den Bedingungen unseres Angebots vom 15. Mai.

4. L'exécution de la commande

Soyez assuré(s)
- que nous commencerons immédiatement la fabrication des sacs demandés.
- que nous veillerons à la prompte exécution de votre ordre.

Vous pouvez être assuré(s)
- que nous ferons de notre mieux pour vous livrer l'article dans le courant de la semaine.
- que je livrerai pour la quinzaine commerciale qui débutera le 1er octobre.

Ainsi que nous l'avons convenu par téléphone avec Madame Minouche, nous effectuerons la livraison entre le 2 et le 10 mars.

Nous avons pris bonne note de votre télex, dans lequel vous nous priez de confier l'expédition au transporteur BONNEROUTE.

Nous vous aviserons dès que les caisses seront prêtes pour l'expédition.

Nous informerons votre transporteur de la date d'enlèvement des sacs de ciment.

L'avis d'expédition vous parviendra dans les prochains jours.

5. Conclusion

Veuillez être assuré(s) que nous apporterons tous nos soins à l'exécution de votre ordre.

Nous espérons recevoir de nouvelles commandes à la prochaine occasion.

Toujours dévoués à vos ordres, nous vous prions d'agréer l'expression de nos sentiments distingués.

4. Die Ausführung des Auftrags

Wir versichern Ihnen,
- daß wir mit der Herstellung der bestellten Taschen sofort beginnen werden.
- daß wir für die umgehende Ausführung Ihres Auftrages sorgen werden.

Sie können sicher sein,
- daß wir unser möglichstes tun werden, um Ihnen den Artikel im Laufe dieser Woche zu liefern.
- daß ich rechtzeitig vor der am 1. Oktober beginnenden Quinzaine Commerciale liefern werde.

Wie mit Frau Minouche telefonisch vereinbart, werden wir zwischen dem 2. und 10. März liefern.

Ihr Fernschreiben mit der Bitte, den Versand dem Transportunternehmen BONNEROUTE zu übertragen, haben wir zur Kenntnis genommen.

Wir werden Sie benachrichtigen, sobald die Kisten versandbereit sind.

Wir werden Ihrem Spediteur mitteilen, wann er die Zementsäcke abholen soll.

Die Versandanzeige wird Ihnen in den nächsten Tagen zugehen.

5. Briefschluß

Wir versichern Ihnen, daß wir Ihren Auftrag sorgfältig ausführen werden.

Wir hoffen, bei nächster Gelegenheit weitere Aufträge von Ihnen zu erhalten.

Wir stehen stets zu Ihren Diensten und verbleiben mit freundlichen Grüßen.

Modèles de confirmations de commande

1 Vous confirmez une commande
Sie bestätigen einen Auftrag

Monsieur Arsène Lupin
Magasin de luminaires LE SCÉNARIO
11, rue Saint-Romain
F-33540 Sauveterre-de-Guyenne

Monsieur,

Vous nous avez fait parvenir aujourd'hui votre ordre n° 234. Nous vous en remercions et vous informons que nous commencerons immédiatement la fabrication des lampadaires commandés.
La livraison aura donc lieu dans la première quinzaine de juillet, franco votre domicile, comme vous l'avez demandé. Notre avis d'expédition vous parviendra ces prochains jours.
Le paiement s'effectuera selon notre tarif AB/162, c'est-à-dire règlement au comptant à la réception des articles avec 2 % d'escompte.
En vous assurant du soin que nous apporterons à l'exécution de votre commande, nous vous adressons, Monsieur, nos sincères salutations.

Brigitte Frischmuth
Service des ventes

2 Vous confirmez la commande d'une bonne cliente
Sie bestätigen den Auftrag einer guten Kundin

Madame Odette Van Derlook
Boutique AU FIL D'OR
Allée des Cerisiers 23
B-1050 Bruxelles

Madame et chère cliente,

J'ai pris bonne note de votre commande téléphonée d'hier. Vous trouverez ci-joint la liste des articles désirés.
Au cours de notre entretien, vous m'annonciez votre intention de participer à la Grande Braderie qui débutera le 30 septembre à Namur. Soyez assurée que je livrerai en temps utile.
Selon votre désir, je vous ferai parvenir l'avis d'expédition dans les trois jours qui précéderont l'envoi de la marchandise.
Eu égard à nos bonnes relations, j'ai également le plaisir de vous confirmer mon accord quant aux facilités de paiement sollicitées. Je vous enverrai le relevé de compte un mois après la livraison.
Je vous remercie encore de votre fidélité et vous reste entièrement dévoué.

Willi Kirschbaum

3 Vous rappelez les conditions de vente

Sie wiederholen die Verkaufsbedingungen

Messieurs Yvan et Serge Zipfel
Accessoires auto et moto
3, Ponts Couverts
F-67000 Strasbourg

Messieurs,

Nous vous remercions vivement de la commande d'essai que vous avez remise le 2 ct à notre représentante, Mme Titou.
Selon votre désir, nous ferons partir les

<u>30 autoradios SUPERSOUND, réf. 243 567, prix unitaire 146 DM,</u>

avant la fin du mois, en régime accéléré, franco de port jusqu'à Kehl-frontière, et accomplirons les formalités douanières. Pour vous permettre de prendre vos dispositions à temps, nous vous adresserons l'avis d'expédition dans quelques jours.
Conformément aux conditions convenues, le paiement se fera dans les 60 jours dès la date de la facture, sans escompte.
Soyez certains que nous vous enverrons des appareils irréprochables qui vous satisferont à tous égards.
Recevez, Messieurs, l'expression de notre considération distinguée.

S U P E R S O U N D AG
p. o. Knut Spaßvogel

Exercices

1. **Vous répondez au client « Lola Florès » qui, début décembre, a commandé 42 poêles en cuivre, 20 cm, réf. 279, prix unitaire 168,-- DM.**
   Imaginez plusieurs formules d'introduction pour accuser réception de cet ordre.

2. **Retrouvez les mots manquants.**

Chers Messieurs,

Nous enregistrons avec plaisir la ..... de 150 sacs à dos TYROL que vous venez de nous ...... Pour la bonne ....., nous vous ..... les conditions suivantes :

Prix :   emballage compris, franco Mulhouse.
Livraison :   dans les plus ..... délais. Nous ..... de notre mieux pour vous ..... à temps.
Expédition :   par nos soins. Nous vous ..... l'avis dans les quinze jours qui ..... l'envoi
             des articles.
Paiement :   au ....., déduction faite de 2 % d'......

Fournisseurs de votre Maison ..... plusieurs années, nous vous prions de ..... sur notre savoir-faire et vous ....., chers Messieurs, de notre ..... dévouement.

3. Complétez la confirmation de commande ci-dessous en remplaçant les chiffres par les termes qui conviennent :

Monsieur,

Nous nous **(1)** à votre **(2)** téléphonique d'hier avec Mme Chaperon et vous **(3)** la **(4)** de *150 douzaines de flûtes à champagne, n⁰ 68/24/235, à 550 F la dz.*, que vous avez bien voulu lui **(5)** :

Livraison : sous **(6)** incassable, par notre camionnette. Selon vos **(7)**, nous vous **(8)** aujourd'hui 100 douzaines de chaque modèle. Les autres verres vous **(9)** dans la quinzaine au plus tard, par G. V., franco gare de Munich.

Règlement : conformément à notre offre du 14 juin. Pour le **(10)** de la facture, nous **(11)** sur vous une **(12)** à 60 jours.

Nous espérons que notre **(13)** vous engagera à nous remettre bientôt un **(14)** ordre. Nous vous en remercions **(15)** et vous assurons que nous l'exécuterons très **(16)**. Veuillez recevoir, Monsieur, l'assurance de nos meilleurs sentiments.

    (1) référant / référons / répondons
    (2) correspondance / entrevue / entretien
    (3) confirmons / informons / présentons
    (4) offre / ordre / commande
    (5) solliciter / passer / offrir
    (6) emballage / boîtes / cartons
    (7) transports / emballages / instructions
    (8) expédions / avisons / commandons
    (9) expédieront / parviendront / enverront
   (10) montant / somme / valeur
   (11) paierons / réglerons / tirerons
   (12) chèque / traite / carte de crédit
   (13) ordre / commande / livraison d'essai
   (14) nouveau / nouvelle / nouvel
   (15) d'avance / toutefois / pourtant
   (16) soigné / avec soin / soigneusement

4. Remplacez les expressions soulignées par d'autres expressions que vous connaissez.

Cher client et ami,

Votre commande vient à point. En effet, une hausse de 10 % sur les articles de camping nous est annoncée pour la semaine prochaine. Nous sommes à même de vous livrer les 30 W.-C. chimiques portables POTTI à l'ancien prix. Ceux-ci vous seront expédiés dans une dizaine de jours par colis express ferroviaire, comme vous l'avez demandé.
De plus, nous vous faisons parvenir à titre gracieux deux bidons de produit pour W.-C. portables. Par sa composition, il est sans danger pour l'environnement. Vos clients seront sûrement satisfaits de le trouver dans votre programme.
Le paiement se fera selon votre habitude, c'est-à-dire par chèque bancaire à réception de la facture avec un escompte de 2 %.
Nous vous souhaitons d'excellentes affaires durant la prochaine saison et, en vous remerciant de votre fidélité, nous vous prions de croire, cher client et ami, à notre entier dévouement.

5. Traduisez en français.

Ihren Auftrag von heute vormittag über 30 PCs, Bestell-Nr. 120.215, zu je 2850 DM, haben wir vorgemerkt; wir danken Ihnen dafür bestens.
Preis: frei Haus, einschließlich Installation.
Zahlung: durch Überweisung innerhalb von 2 Wochen.
Lieferung: durch uns. Die Herren Rot und Braun werden Ihnen die PCs wunschgemäß bis Ende Mai liefern und installieren.
Selbstverständlich werden wir Ihre Bestellung mit der gewohnten Pünktlichkeit und Sorgfalt ausführen.

6. Confirmez les commandes d'après les données suivantes :

a) Vous (Cafés Cathala S.A., importations, Quai du Port-au-Vin, 78270 Bonnières) avez reçu par l'entremise de votre représentant la commande suivante de M. Erwin Purzel, négociant en cafés, Königstraße 2, 4400 Münster : 40 sacs d'Arabica de Colombie et 35 sacs de Moka d'Ethiopie. Le client désire en outre recevoir à titre d'essai 1 sac de Robusta du Cameroun. Livraison demandée dans la quinzaine. Vous confirmez la commande qui sera exécutée pour la date voulue. Paiement : à 30 jours fin de mois de facturation.
Vous offrez en outre un mélange du Brésil, particulièrement avantageux.

b) Sie (Immergrün AG, Biberweg 12, D-5210 Troisdorf-Spich) schreiben an Claudel & Fils, 8, avenue Marcelin-Berthelot, F-38100 Grenoble :
Der Auftrag über 100 Lederblousons, beige, Nr. 240, zu je 360 DM sowie 100 Lederhosen, braun, Nr. 41, zu je 80 DM wird sofort bearbeitet. Sie gewähren die gewünschte Ermäßigung von 5 %, obwohl Sie Ihre Preise äußerst niedrig berechnet haben.

Preis: einschließlich Verpackung.
Zahlung: nach den üblichen Bedingungen.
Versand: als Expreßgut, frei Haus.
Lieferzeit: 2 Wochen. Trotz der knappen Lieferfrist pünktliche Lieferung sowie sorgfältige Ausführung des Auftrags.

c) **Mme Stutz, directrice des ventes, vous remet la note ci-après :**

Folgenden Auftrag bestätigen:
Dank für die Bestellung vom 21.3. Die 30 Bürostühle (chaises dactylo) *können sofort als Expreßgut, frei Mont-de-Marsan geliefert werden; die Herstellung der 20 Schreibtische « Profi » wird beschleunigt, so daß die Lieferung in ca. 2 Wochen erfolgen kann. Preis: einschließlich Fracht und Verpackung. Zahlungsbedingungen: gemäß Angebot vom 11.3. Ausnahmsweise gewähren wir die gewünschte Ermäßigung von 5 %. Trotz der knappen Lieferfrist pünktliche Lieferung zusichern.*
Anschrift: Sabotier & Cie, service Achats, 5, rue des Cordeliers, F-40000 Mont-de-Marsan.

d) **Vous travaillez chez « Play Jeu » et on vous demande de confirmer la commande téléphonée du client « Ali Baba » (voir chapitre précédent, exercice 12, p. 74).**

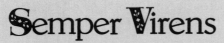

Semper Virens

Route de Bourg - 01100 OYONNAX - Tél. : 50.43.22.51

**PLANTES ET ARBRES
DE DÉCORATION
EN PLASTIQUE**

Société anonyme au Capital de 950 000 F
R.C.S. Bourg-en-Bresse B 695 683 022 - C.C.P. Lyon 6 891 482

Exprès
Madame Mady Schick
Madys Blumenladen
Vogelsanger Weg 31

D-4000 Düsseldorf 30

Votre réf.
MR/SR 184

Notre réf.   Oyonnax,
A 844 CB/FL   le 10 juin 19..

Madame et chère cliente,

Nous avons le plaisir de vous informer que nous vous expédions aujourd'hui même, franco à domicile, les philodendrons faisant l'objet de votre commande n° 187 du 30 mai.

Nous joignons à ces lignes la facture s'élevant à

26 850,-- FF, valeur au 15 septembre.

A titre exceptionnel, nous vous avons accordé une remise de fidélité de 10 %. Notre prix est de ce fait particulièrement avantageux.

Ainsi que vous le constaterez, nous avons apporté nos meilleurs soins à l'exécution de votre ordre, et nous espérons que vous en serez entièrement satisfaite.

En vous remerciant encore de la confiance que vous nous avez témoignée, nous restons, Madame et chère cliente, vos sincèrement dévoués.

Le chef des ventes

Albert Foison

Albert Foison

Pièce jointe :
Notre facture n° 1 269

Die Versandanzeige – *L'avis d'expédition*

Sobald die Ware fertiggestellt oder versandbereit ist, sorgen Sie für deren Auslieferung (siehe Kapitel „Der Gütertransport – Korrespondenz mit Spediteuren", S. 194) und benachrichtigen Ihren Kunden, vor allem bei größeren Lieferungen.

In der Versandanzeige nehmen Sie Bezug auf die Bestellung und wiederholen eventuell die wichtigsten Punkte (Art und Menge der bestellten Ware, Preis, Zahlungsbedingung, Lieferbedingung, …).
Sie nennen das Versanddatum und die Versandart und machen gegebenenfalls Angaben über die Verpackung der Waren, die Anzahl und Markierung der Frachtstücke, die Frachtkosten, die Transportversicherung und den Zoll.
Zum Schluß können Sie eine sorgfältige Ausführung des Auftrags zusichern, die Hoffnung auf guten Erhalt der Ware oder die Bitte um weitere Aufträge äußern.

Meist werden Sie der Versandanzeige gleich die Rechnung und, falls vorhanden, weitere Versanddokumente beilegen (siehe Kapitel „Der Gütertransport – Korrespondenz mit Spediteuren").

Die Rechnung – *La facture*

Im internationalen Geschäftsverkehr wird die Rechnung auch Handelsfaktura *(la facture commerciale)* genannt.

Die Rechnung wird oft einer Versandanzeige beigefügt oder mit der Ware geschickt. In diesem Fall kann sie einen Lieferschein ersetzen. Manchmal wird sie aber auch separat geschickt und gilt dann gewissermaßen als Versandanzeige.

In der Regel werden Rechnungsformulare mit Firmenaufdruck verwendet, die auch die Handelsregistereintragung und eventuell die Bankverbindung enthalten.

Eine Rechnung bzw. ihr Begleitschreiben sollte folgende Angaben enthalten:
– Rechnungsdatum und -nummer,
– Auftragsdatum und -nummer,
– Namen und Anschrift des Verkäufers und des Käufers,
– Bezeichnung und Menge der zu zahlenden Ware,
– Preis (Einzel- und Gesamtpreis, evtl. Verpackungs-, Transport- und Versicherungskosten, Abzüge, im Warenverkehr innerhalb eines Landes auch Mehrwertsteuer, Nettopreis),
– Zahlungsbedingung,
– evtl. Lieferklausel, Versanddatum und Beförderungsart,
– evtl. Verpackung der Ware, Brutto- und Nettogewicht, Anzahl und Markierung der Frachtstücke,
– evtl. Gerichtsstand …

Die Handelsfaktura wird außerdem vom Zoll für die Erhebung der Einfuhrumsatzsteuer benötigt.

1. L'envoi de la marchandise

A la suite de notre confirmation de commande, nous vous informons
– que nous avons exécuté ce matin votre
  ordre n⁰ 62.
– que les articles faisant l'objet de votre ordre du 20 juin ont été envoyés ce matin.

Conformément à votre ordre,
– je vous fais parvenir aujourd'hui même,
  franco gare de Rodez, 10 caisses de lait
  condensé.
– la laine commandée vous a été expédiée
  aujourd'hui par colis postal exprès/en
  trois paquets-poste (= colis postaux).

Selon votre désir, nous faisons partir ce
jour 10 machines à coudre
– par/en P.V. (= petite vitesse)/
  en R.O. (= régime ordinaire).
– par colis express.

Nous tenons à vous signaler qu'une partie
des articles désirés vous parviendra

– par camion
– par notre fourgonnette
– par avion
le lundi 5 mai.

Par ces lignes, nous vous avisons du passage de notre livreur, le mercredi 6 avril.

Nous avons remis ce matin aux Messageries
Tour les marchandises commandées.

Nous joignons à la présente une copie de
l'ordre d'expédition.

Nous avons procédé à l'embarquement de
la marchandise dans le délai fixé.

Selon vos directives, nous avons chargé la
cargaison/le fret à bord du navire « Moon ».

Votre colis devra être retiré dans les dix
jours.

1. Die Warensendung

Im Anschluß an unsere Auftragsbestätigung
teilen wir Ihnen mit,
– daß wir Ihren Auftrag Nr. 62 heute vormittag ausgeführt haben.
– daß die von Ihnen am 20. Juni bestellten
  Artikel heute morgen versandt wurden.

Auftragsgemäß
– sende ich Ihnen noch heute 10 Kisten
  Kondensmilch frei Bahnhof Rodez zu.

– wurde Ihnen die bestellte Wolle heute als
  Postschnellpaket/in drei Postpaketen zugesandt.

Ihrem Wunsch entsprechend versenden wir
heute 10 Nähmaschinen
– als Frachtgut.

– als Expreßgut.

Wir möchten Sie darauf hinweisen, daß
Ihnen ein Teil der gewünschten Artikel am
Montag, den 5. Mai
– mit dem/per Lkw
– mit unserem Lieferwagen
– als Luftfracht
zugehen wird.

Hiermit teilen wir Ihnen mit, daß Sie unser
Auslieferer am Mittwoch, den 6. April beliefern wird.

Wir haben die bestellten Waren heute morgen dem Eildienst Tour übergeben.

Wir fügen diesem Schreiben eine Kopie des
Versandauftrages bei.

Wir haben die Verschiffung der Ware innerhalb der gesetzten Frist vorgenommen.

Ihren Anweisungen entsprechend haben
wir die Ladung/Fracht auf das Seeschiff
„Moon" verladen.

Ihr Paket muß binnen 10 Tagen abgeholt
werden.

2. Emballage et marquage

Nous avons conditionné/emballée les produits dans des
- caisses en bois/en contre-plaqué.
- caisses renforcées de fer-blanc.
- boîtes en polystyrène.

Nous avons enveloppé séparément chaque objet dans
- du papier huilé/fort/ciré.
- de la gaine polyéthylène.
- un film de cellophane.
- de la matière spongieuse.

Le cognac vous parviendra en caisses bois de 12 bouteilles.

Nous avons
- protégé les récipients par un emballage extérieur approprié.
- pris toutes les précautions nécessaires qu'exigent les matières dangereuses.

Nous appelons votre attention sur le fait
- que la marchandise voyage sous emballage perdu.
- que nous ne reprenons pas les cartons.
- que les emballages vides devront nous être retournés franco.

Nous vous demandons instamment de veiller spécialement à la bonne conservation des emballages.

Tous les bidons ont été clairement marqués.

Nous avons fait figurer sur chaque colis (= partie de l'expédition) l'indication
« Fragile ».
« Inflammable ».
« Côté à ouvrir » (= « Ouvrir ici »).
« Soulever (par) ici ».
« Garder au sec/frais ».
« Craint la chaleur/l'humidité ».
« Ne pas jeter/renverser ».

La liste de colisage a été jointe à l'envoi.

2. Verpackung und Markierung

Wir haben die Produkte in
- Holz-/Sperrholzkisten
- Kisten mit Blecheinsatz
- Styroporschachteln
verpackt.

Wir haben jeden Gegenstand getrennt in
- Öl-/Pack-/Wachspapier
- Polyäthylenfolie
- Cellophan
- Schaumstoff
eingewickelt.

Der Cognac wird Ihnen in Holzkisten mit je 12 Flaschen zugehen.

Wir haben
- die Behälter durch eine geeignete Außenverpackung geschützt.
- alle notwendigen Vorkehrungen getroffen, die bei gefährlichen Gütern erforderlich sind.

Wir machen Sie darauf aufmerksam,
- daß die Ware in Einwegverpackung versandt wird.
- daß wir Kartons nicht zurücknehmen.
- daß uns leere Verpackungen franko zurückzusenden sind.

Wir bitten Sie dringend, für den einwandfreien Zustand der Verpackungen besonders Sorge zu tragen.

Sämtliche Kanister wurden deutlich gekennzeichnet.

Auf allen Frachtstücken haben wir den Vermerk
„Zerbrechlich"
„Brennbar" (= „Leicht entzündlich")
„Hier öffnen"
„Hier anheben"
„Trocken/Kühl aufbewahren (= lagern)"
„Vor Hitze/Nässe schützen"
„Nicht werfen/stürzen"
angebracht.

Die Packliste wurde der Sendung beigelegt.

3. Assurance et douane

Nous avons souscrit la police d'assurance auprès du Groupe WORLD.

La marchandise a été assurée contre tous risques, de domicile à domicile, auprès de la SÉCURITÉ.

La couverture porte également sur le transport fluvial complémentaire.

Notre commissionnaire de transport se chargera des formalités douanières.

Nous vous prions d'effectuer le dédouanement.

4. La facture

Nous vous remettons sous ce pli la facture relative aux 40 robots de cuisine que vous avez commandés le 4 avril a. c.

Nous joignons à cet avis notre facture n⁰ 410 en vous priant de nous créditer de son montant, soit 650 DM.

Nous vous adressons ci-joint notre facture en triple exemplaire, que vous voudrez bien régler par chèque, comme convenu.

Vous voudrez bien régler la facture ci-jointe par virement à mon compte auprès de la Banque Populaire de Foix.

Ci-joint, vous trouverez notre facture s'élevant à 100 000,-- FB, montant que nous vous demandons de virer à notre compte de chèques postaux.

Nous prendrons le montant de la facture en remboursement postal.

Veuillez trouver ci-joint la lettre de change de 8 635,-- DM au 30 juin, que nous tirons sur vous en règlement de notre facture n⁰ 9.

Conformément aux conditions convenues, nous vous remettons ci-joint la traite n⁰ 245
– en vous priant de la payer (= l'honorer) à l'échéance.
– que vous voudrez bien nous retourner, munie (= revêtue) de votre acceptation.

3. Versicherung und Zoll

Wir haben die Versicherungspolice bei der WORLD Gruppe unterzeichnet.

Die Ware wurde bei der SÉCURITÉ gegen alle Gefahren von Haus zu Haus versichert.

Die Deckung erstreckt sich auch auf den anschließenden Binnenwassertransport.

Die Zollformalitäten wird unser Spediteur übernehmen.

Wir bitten Sie, die Verzollung vorzunehmen.

4. Die Rechnung

Anbei übersenden wir Ihnen die Rechnung über 40 Küchenmaschinen, die Sie am 4. April d. J. bestellt haben.

Dieser Versandanzeige legen wir unsere Rechnung Nr. 410 bei mit der Bitte, uns deren Betrag von 650 DM gutzuschreiben.

Anbei übersenden wir Ihnen unsere Rechnung in dreifacher Ausfertigung, die Sie bitte, wie vereinbart, per Scheck begleichen wollen.

Ich bitte Sie, die beigefügte Rechnung durch Überweisung auf mein Konto bei der Volksbank in Foix zu begleichen.

Anbei finden Sie unsere Rechnung in Höhe von 100 000,-- BF. Bitte überweisen Sie diesen Betrag auf unser Postscheckkonto.

Den Rechnungsbetrag werden wir durch Postnachnahme erheben.

Anbei finden Sie den Wechsel über 8 635,-- DM zum 30. Juni, den wir zum Ausgleich unserer Rechnung Nr. 9 auf Sie ziehen.

Gemäß den vereinbarten Bedingungen senden wir Ihnen anbei den Wechsel Nr. 245,
– mit der Bitte, ihn bei Fälligkeit einzulösen.
– den Sie uns bitte, mit Ihrem Akzept versehen, zurücksenden wollen.

Nous vous prions d'accepter cet effet et de nous le renvoyer.

Wir bitten Sie, diesen Wechsel zu akzeptieren und an uns zurückzuschicken.

Vu l'importance de la commande, nous avons déduit du montant de la facture la remise de 10 % demandée.

In Anbetracht der Auftragsgröße haben wir den gewünschten Rabatt von 10 % vom Rechnungsbetrag abgezogen.

Le montant de l'acompte, soit 2000,-- FF, a été déduit du total de la facture.

Die Anzahlung in Höhe von 2000,-- FF wurde vom Gesamtbetrag der Rechnung abgezogen.

Nous avons remis à notre banquier tous les documents relatifs à cet envoi, à savoir :
– la facture commerciale,
– le jeu complet du connaissement,
– la police d'assurance.

Wir haben unserer Bank alle Dokumente bezüglich dieser Sendung übergeben:
– die Handelsfaktura,
– den vollständigen Konnossementensatz,
– die Versicherungspolice.

Notre banque transmettra ces documents à la vôtre pour l'encaissement.

Unsere Bank wird diese Dokumente Ihrer Bank zwecks Inkasso übersenden.

Votre banque vous remettra ces documents contre paiement de la facture.

Ihre Bank wird Ihnen diese Dokumente gegen Zahlung der Rechnung aushändigen.

5. La réception des marchandises et les réclamations

5. Wareneingang und Beanstandungen

Notre service après-vente est à votre disposition 24 h sur 24 pour toutes explications complémentaires.

Für zusätzliche Fragen steht Ihnen unser Kundendienst rund um die Uhr zur Verfügung.

Lors de la livraison, M. Stark sera à la disposition de votre personnel pour démontrer le fonctionnement de la machine.

Bei der Lieferung wird Herr Stark Ihrem Personal zur Verfügung stehen, um zu demonstrieren, wie die Maschine arbeitet.

Vous voudrez bien vérifier l'état des marchandises en présence du livreur.

Wir bitten Sie, den Zustand der Waren im Beisein des Auslieferers zu prüfen.

Si vous avez une réclamation à formuler, veuillez l'adresser à notre service Litiges dans les 10 jours ouvrables suivant la réception, par lettre recommandée.

Bei etwaigen Beanstandungen bitten wir Sie, diese unserer Rechtsabteilung innerhalb von 10 Werktagen nach Wareneingang per Einschreiben zu melden.

Si vous constatez des manquants ou des détériorations, précisez-en la nature exacte sur le bon de réception.

Falls Sie feststellen, daß Waren fehlen oder beschädigt sind, vermerken Sie dies genau auf dem Empfangsschein.

Les marchandises expédiées et facturées restent notre propriété tant qu'elles n'auront été intégralement payées.

Die gelieferten und in Rechnung gestellten Waren bleiben unser Eigentum bis zur vollständigen Bezahlung.

Tout litige sera de la compétence exclusive des Tribunaux de Berlin.

Im Streitfall ist der ausschließliche Gerichtsstand Berlin.

En cas de contestation, le Droit allemand est seul applicable.

Im Streitfall kommt nur deutsches Recht zur Anwendung.

6. Conclusion

Les articles livrés étant irréprochables, nous espérons que vous nous réserverez vos prochaines commandes.

Je vous remercie encore de votre commande d'essai et serais heureux de vous servir lors d'une prochaine occasion.

6. Briefschluß

Da die gelieferten Artikel einwandfrei sind, hoffen wir, daß Sie Ihre nächsten Bestellungen bei uns aufgeben werden.

Ich danke Ihnen nochmals für Ihren Probeauftrag und würde mich freuen, Sie bei nächster Gelegenheit wieder bedienen zu dürfen.

Modèles d'avis d'expédition

1 Vous rappelez tous les détails concernant la livraison et le paiement
Sie wiederholen alle Einzelheiten bezüglich der Lieferung und Zahlung

---

SOCIÉTÉ GABONAISE
DE CONSTRUCTION
144, bd du Dr Albert Schweitzer
Libreville
Gabon

Messieurs et chers clients,

Le 8 février dernier, vous avez bien voulu nous commander 10 gammes complètes de notre nouvel outillage électrique « Illico-Presto ».
Ces équipements ont été remis aujourd'hui à l'entreprise de transport Delthy et vous parviendront, parfaitement conditionnés, en dix caisses KT 431 – 440. Ces dernières quitteront Lübeck pour Port-Gentil au début de la semaine prochaine à bord du navire « Windrose ».
Selon vos instructions, nous avons emballé séparément chaque objet dans une boîte de carton et rempli les vides avec de la matière spongieuse. En outre, les caisses ont été amarrées au moyen de bandes métalliques.
Comme nous vous l'avons déjà fait savoir, le matériel a été assuré par nos soins auprès de la compagnie habituelle, aux conditions « Tous risques ». Veuillez, en cas de constatation de dommages à destination, faire conduire une expertise par le commissaire d'avaries.
Vu les relations suivies que nous entretenons, nous consentons à maintenir les conditions de notre ancien tarif.
Nous avons remis à notre banquier tous les documents relatifs à cet envoi, à savoir :
       – le jeu complet du connaissement,
       – la facture commerciale n⁰ 468 en six exemplaires,
       – la liste de colisage,
       – la police d'assurance,
       – le certificat d'origine,
en lui demandant de les transmettre à la Société Générale des Banques Gabonaises pour l'encaissement documentaire.
Nous vous souhaitons d'excellents résultats avec « Illico-Presto » et vous remercions de la confiance que vous témoignez à notre marque.
Croyez-nous, Messieurs et chers clients, vos bien dévoués.

Illicowerk AG
p. p. Hannes Karschmalz

---

2 Vous joignez la facture à l'avis d'expédition
Sie fügen der Versandanzeige die Rechnung bei

Mesdames Fanny et Sophie Delorme
Ameublement – Décoration – Design
31, boulevard Prince Henri
L-1724 Luxembourg

Chères clientes,

A la suite de notre confirmation de commande, nous vous informons que les voilages commandés vous ont été expédiés aujourd'hui même en trois colis postaux de 10 kg chacun.
Nous nous permettons de joindre à cet avis la facture n⁰ 121 s'élevant à DM 3759 (trois mille sept cent cinquante-neuf), montant pour lequel nous tirerons sur vous au 30 avril.
Les articles livrés étant confectionnés en une très belle dentelle, nous sommes certains qu'ils vous donneront pleine satisfaction.
Nous vous remercions encore de votre ordre et vous prions de recevoir, chères clientes, l'expression de notre sympathique souvenir.

Gardinen Hämmerli

Exercices

1. Complétez l'avis d'expédition ci-après à l'aide des mots suivants :

avance, C.C.P., certains, colis, commandés, compté, confectionnés, confiance, continuerez, domicile, s'élevant, élevés, d'excellente, l'importance, joignons, livraison, partir, parviendra, présentons, prix, satisfaite, virer, vitesse.

Madame,

Nous avons fait ..... ce jour, par petite ....., franco votre ....., en 50 ..... HR 111/161, les

100 000 sachets

..... par vous le 7 août. La ..... attendue vous ..... donc sans retard.
Vu ..... de l'ordre, nous vous avons ..... les sachets à 120,-- DM le mille, bien que les .....
actuels soient plus ...... Selon votre désir, nous ..... à cet avis la facture ..... à 12 000,-- DM,
montant que nous vous prions de ..... à notre ..... 13-625. Le papier utilisé étant .....
qualité, et les sachets ayant été très bien ....., nous sommes ..... que vous serez entièrement
......
Nous espérons que vous ..... à nous accorder votre ..... et vous en remercions par ......
Sur ce vœu, nous vous ....., Madame, nos compliments dévoués.

2. Traduisez en français.

a) Besten Dank für Ihren Auftrag über 10 Jeanshosen „Bambin de Luxe", den Sie am 2. März unserem Vertreter, Herrn Fuchs, erteilt haben. Soeben haben wir diese Artikel mit der Post an Sie abgesandt. Die Rechnung in Höhe von 961 FF haben wir dieser Sendung beigelegt. Ihrem Wunsch gemäß lassen wir den o. g. Betrag durch Nachnahme erheben. Wir sind sicher, daß diese Lieferung zu Ihrer vollen Zufriedenheit ausfallen wird, und hoffen, bei nächster Gelegenheit wieder Aufträge von Ihnen zu erhalten.

b) Im Anschluß an unsere Auftragsbestätigung vom 25. Juni teilen wir Ihnen mit, daß Ihnen die 50 Aktentaschen, Modell „Business", am 15. Juli als Frachtgut zugesandt werden. Für den Betrag in Höhe von 4256 DM legen wir den Wechsel Nr. 128 bei, den Sie uns bitte mit Ihrer Unterschrift versehen zurücksenden wollen. Wir hoffen, daß wir in Kürze weitere Bestellungen erwarten dürfen, und danken Ihnen dafür im voraus.

c) Wir freuen uns, Ihnen mitteilen zu können, daß die bestellten Möbel in unserem Hause eingetroffen sind.
Wir möchten Sie bitten, sich zwecks Terminabsprache mit Herrn Martin bis zum 30. Oktober in Verbindung zu setzen. Sie können ihn von Montag bis Freitag 7.00 – 12.00 Uhr und 13.00 – 16.30 Uhr erreichen.
Bitte zahlen Sie bei Lieferung, wie vereinbart.
Wir haben jedes Stück sehr sorgfältig verpackt. Sollten Sie Grund zur Beanstandung haben, wenden Sie sich bitte an unseren Auslieferer.
Wir hoffen, daß die Sendung gut bei Ihnen ankommt, und verbleiben mit freundlichen Grüßen.

3. Rédigez les avis d'expédition d'après les données suivantes :

a) Correspondancière chez Jäggerli AG, Picassoplatz 8, 4052 Bâle, vous êtes chargée d'aviser Madame Annick Masson, 26, boulevard Konrad Adenauer, 2950 Luxembourg, de l'exécution de sa commande. Les carrés de soie lui ont été expédiés par la poste ce matin. Votre chef consent à maintenir les conditions du tarif de l'année passée (relations suivies avec Mme Masson). Pièce jointe : la nouvelle édition française des « Soieries Jäggerli ».

b) Sie (Lebensmittelhersteller Biofit, Diefenbachstraße 3, 1150 Wien) teilen dem Reformhaus Bouton, 71, cours Vitton in 69006 Lyon mit, daß die am 20. März zur Probe bestellten Waren in 4 Tagen per Lkw abgehen. Auftrag: 200 Gläser Marmelade zu je 9 F das Glas, 150 kg Sojamehl zu 8 F das kg sowie 120 Flaschen Olivenöl zu je 18 F. Preise: frei Haus. Zahlung: in 60 Tagen netto. Die Rechnung i. H. v. 5160 FF liegt bei. Der Kunde wird erstklassige Waren erhalten. Dank für die Bestellung. Hoffen auf weitere Aufträge.

c) **Votre chef de service vous remet la note ci-après en vous demandant de préparer la lettre en français :**

> *An Bouillon Père & Fils, Mobilier de bureau, La Canebière, 84460 Cheval Blanc (Frankreich):*
> *Heute die Spedition INTERCONTINENTAL (Jacques-Duclos-Straße 36, 1156 Berlin) mit dem Versand der 40 Computermöbel* (meubles ordinateur) *„System" beauftragt, die am 21.04. bei Herrn D. Balduin bestellt wurden. Für den Rechnungsbetrag (24891 DM) werden wir auf Bouillon zum 31. August ziehen. Dank für Auftrag. Hoffen auf weitere Bestellungen.*

d) **Vous travaillez aux Fonderies de la Moselle et vous avez reçu la commande du client « Au Coin du Feu » (voir dans l'introduction du chapitre précédent, p. 62). Avisez le client de l'expédition immédiate des plaques de cheminée.**

4. **Vous envoyez la facture ci-dessous à la maison Le Porcelet du Port. Rédigez la lettre d'accompagnement dans laquelle vous demandez le virement de la somme due à votre compte chèque postal.**

LES CHARCUTIERS DE LYON

5, rue Fantasques - 69001 LYON   Tél. : 78.21.83.51   C.C.P. Lyon 18 521 44

```
┌─────────────────┐        ┌                              ┐
│   FACTUR E      │          Le Porcelet du Port
│   n° F 503      │          10 Quai du Port
└─────────────────┘          13000 MARSEILLE
                           └                              ┘
```

Commande : 230
Transports : Helminger
Règlement : 30 j. fin de mois   Lyon, le 20 mars 19..

Référence	Désignation	Unité	P.U.	Quantité	Montant
S 423	Saucisson sec au poivre vert (250 g)	2,5kg	220,00	20	4 400, 00
C 200	Saucisse sèche d'Auvergne (environ 250 g)	2 kg	175,00	10	1 750,00
V 048	Suprême foie de volailles (200 g)	5	98,00	20	1 960,00
F 093	Foie gras de canard (400 g)	–	170,00	15	2 550,00

		Total H.T.		10 660,00
		T.V.A. 5,5 %		586,30
		Net à payer		11 246,30

R.C.S. Lyon B 423 548 504
S.A. au capital de 1 550 000F

Exemplaire 3
Dossier client

93

5 Die Empfangsbestätigung und die Zahlung – *L'accusé de réception de la marchandise et le règlement*

Wenn Sie die Ware erhalten und in Ordnung befunden haben, können Sie dem Verkäufer eine kurze Empfangsbestätigung senden.
Meist weisen Sie in der Empfangsbestätigung zugleich auf die Zahlung der Rechnung und die Zahlungsart hin.
Wenn Sie die Rechnung erst später begleichen, können Sie eine separate Zahlungsanzeige *(un avis de paiement)* schicken.

Im Geschäftsverkehr ist die Zahlung mit Bargeld *(le règlement en espèces)* nicht gebräuchlich.

Es empfehlen sich folgende Zahlungsarten:

Die Nachnahme – *Le remboursement*

Bei Nachnahmesendungen läßt der Verkäufer den Rechnungsbetrag bei Lieferung durch einen Dritten (z.B. Post, Spedition) erheben. Die Ware wird dem Käufer erst ausgehändigt, wenn er sie bezahlt hat.
Ein mögliches Risiko für den Verkäufer wird dadurch ausgeschlossen.

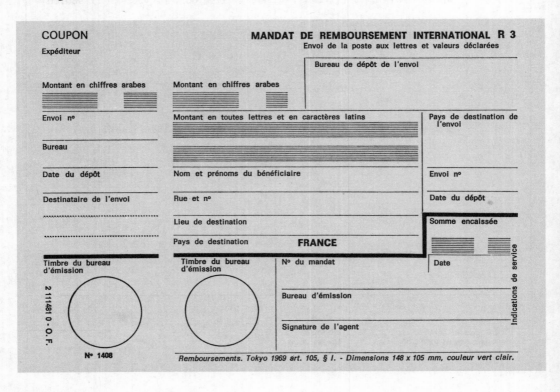

Der Scheck – *Le chèque*

Mit einem Scheck weist der Zahlungspflichtige die Bank oder Post, bei der er ein Konto hat, an, dem Empfänger einen bestimmten Geldbetrag zu zahlen bzw. gutzuschreiben.

Ein Scheck, der den Namen des Empfängers enthält, kann nur von diesem eingelöst werden.

Ein Scheck, der den Namen des Empfängers nicht enthält, kann von demjenigen eingelöst werden, der ihn vorlegt. Falls er in falsche Hände gerät, ist man nicht gegen Mißbrauch geschützt.

Der Barscheck wird bar ausbezahlt. Als Zahlungsmittel im Geschäftsverkehr ist er nicht geeignet. In Frankreich wird er (auch für private Zwecke) nicht mehr verwendet.

Der Verrechnungsscheck *(le chèque barré)* trägt auf der Vorderseite zwei schräge Striche, in Deutschland ist auch der Vermerk „Nur zur Verrechnung" gängig. Der Geldbetrag wird dem Konto des Empfängers gutgeschrieben; Barauszahlung ist ausgeschlossen. Dadurch ist dieser Scheck besser gegen Mißbrauch geschützt.

In Frankreich werden meist vorgedruckte Verrechnungsschecks verwendet.

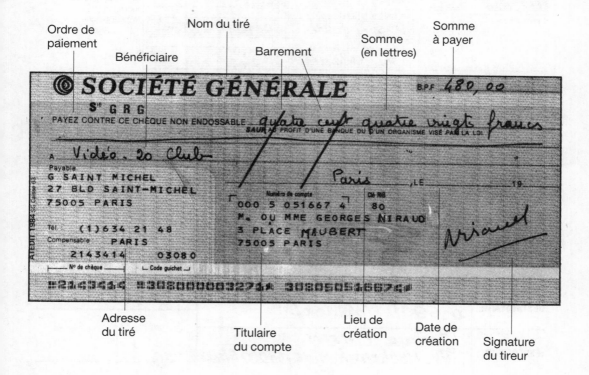

Der Käufer darf nur Schecks ausstellen, wenn er auf seinem Konto über ausreichend Guthaben verfügt oder wenn ihm das Geldinstitut einen entsprechenden Überziehungskredit eingeräumt hat.

Ungedeckte Schecks müssen die Kreditinstitute nicht einlösen.

Der Eurocheque *(l'eurochèque)* ist ein internationales Scheckformular mit dazugehöriger Eurocheque-Karte.
Er kann in allen europäischen Ländern bei gleichzeitiger Vorlage der Karte eingelöst werden.
Das bezogene Kreditinstitut garantiert die Einlösung des Schecks bis zu 1 400,-- FF bzw. 400,-- DM, 7 000,-- BF oder 300,-- SF.

Die Postanweisung – *Le mandat-poste (= Le mandat postal)*

Der Käufer weist die Post an, einen bar eingezahlten Geldbetrag an den Empfänger auszuzahlen. Postanweisungen sind im Geschäftsverkehr wenig gebräuchlich.

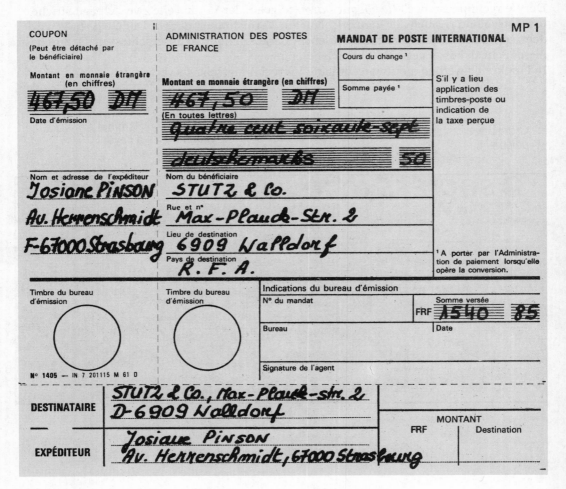

Die Überweisung – *Le virement*

Mit der Überweisung weist ein Kontoinhaber die Bank oder Post an, sein Konto mit einer bestimmten Summe zu belasten und diese dem Konto des Empfängers gutzuschreiben.

Mit Hilfe eines Dauerauftrags *(le virement permanent)* kann der Kontoinhaber sein Geldinstitut anweisen, einen bestimmten Geldbetrag regelmäßig an den Empfänger zu überweisen.

Beim Lastschriftverfahren *(le prélèvement automatique)* ermächtigt der Zahlungspflichtige den Empfänger, die Zahlungen von seinem Konto abzubuchen.

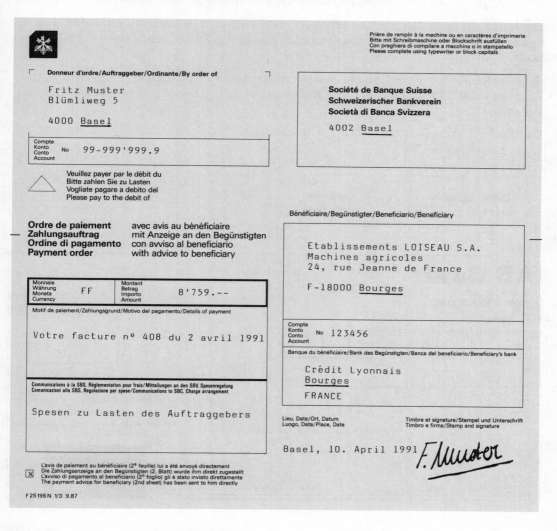

Der Wechsel – *La lettre de change (= La traite)*

Der Wechsel ist ein Zahlungsmittel, bei dem der Verkäufer den Käufer anweist, am Fälligkeitstag einen bestimmten Betrag an ihn oder an einen anderen Begünstigten zu zahlen.
Man bezeichnet den Aussteller als *tireur*, den Zahlungspflichtigen als *tiré*, den Begünstigten als *bénéficiaire*.
Der Verkäufer stellt den Wechsel aus und schickt ihn an den Käufer (= zieht einen Wechsel
auf den Käufer), der ihn unterschreibt (= Akzept). Damit verpflichtet sich der Käufer, den
Betrag des Wechsels bei Fälligkeit zu zahlen, also entweder bei Vorlage, an einem bestimmten Tag (z. B. 31. März) oder nach Ablauf einer Frist (meist 30, 60 oder 90 Tage).

Der Verkäufer kann den Wechsel aber auch vor Fälligkeit an seine Bank verkaufen, d. h.
diskontieren lassen, und erhält das Geld nach Abzug von Zinsen, noch bevor der Käufer
zahlt.

Falls der Käufer den Wechsel nicht akzeptiert oder zum vereinbarten Zeitpunkt nicht zahlt,
kann der berechtigte Inhaber den Wechsel zu Protest gehen lassen und gerichtliche Schritte
einleiten.

Der Wechsel ist im Geschäftsverkehr sehr verbreitet.

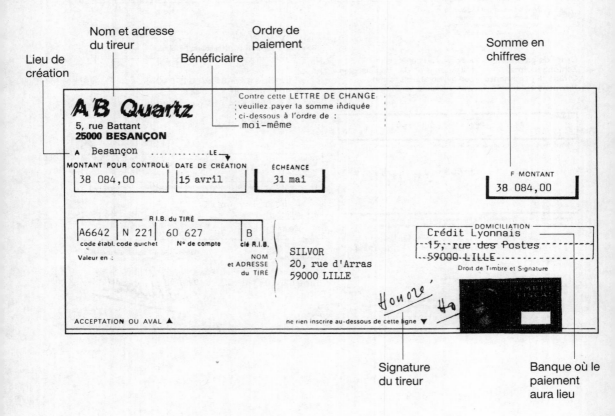

Der Solawechsel – *Le billet à ordre*

Er unterliegt denselben Regeln wie der zuvor beschriebene Wechsel. Er wird allerdings vom Käufer ausgestellt, der sich verpflichtet, bei Fälligkeit einen bestimmten Geldbetrag an den Begünstigten zu zahlen. Der Solawechsel wird nur selten verwendet.

Das Dokumenteninkasso – *L'encaissement documentaire*

Nachdem der Verkäufer die Ware verschickt hat, übergibt er seiner Bank die zugehörigen Dokumente (Handelsrechnung, Versicherungsnachweis, Konnossement, Frachtbrief etc.) und eventuell eine Tratte und beauftragt sie mit dem Inkasso. Die Bank gibt die Dokumente und den Inkassoauftrag an eine Bank im Einfuhrland weiter. Diese Bank händigt die Dokumente dem Käufer entweder gegen Zahlung *(D/P = documents contre paiement)* oder gegen Akzept der Tratte *(D/A = documents contre acceptation)* aus. Nur mit diesen Dokumenten bekommt der Käufer die Ware ausgehändigt.
Der Verkäufer kann aber auch eine Spedition oder eine Niederlassung im Einfuhrland mit dem Inkasso beauftragen.

Das Dokumentenakkreditiv – *Le crédit documentaire*

Bei Exportgeschäften bietet diese Zahlungsform eine sehr große Sicherheit.

Der Importeur bittet seine Bank, ein Dokumentenakkreditiv zugunsten des Exporteurs zu eröffnen.
Die Bank des Importeurs teilt dann der Bank des Exporteurs die Eröffnung mit und verpflichtet sich zur Zahlung für die Rechnung des Importeurs, gegen Aushändigung bestimmter Dokumente.
Der Exporteur wird von seiner Bank über den Vorgang unterrichtet; er verschickt daraufhin die Ware und übergibt die entsprechenden Dokumente (Rechnung, Versicherungsnachweis, Konnossement, …) seiner Bank.
Diese prüft die Dokumente und zahlt den Rechnungsbetrag.
Dann schickt sie die Dokumente an die Bank des Importeurs und belastet sie mit dem Rechnungsbetrag.
Die Bank des Importeurs prüft ebenfalls die Dokumente, händigt sie dem Importeur aus und belastet ihn mit dem Geldbetrag.
Mit den Dokumenten kann der Importeur schließlich die Ware in Empfang nehmen.

In der Regel ist ein Akkreditiv unwiderruflich *(irrévocable)*, d. h. die Bank des Importeurs kann es ohne die Zustimmung des Exporteurs nicht widerrufen.
Die Bank des Exporteurs kann das unwiderrufliche Akkreditiv zusätzlich bestätigen und sich ebenfalls zur Zahlung verpflichten. Dadurch hat der Exporteur eine doppelte Sicherheit.
Der Importeur hat andererseits die Gewähr, daß der Exporteur das Geld erst nach Erfüllung der Vertragsbedingungen erhält.

CREDIT LYONNAIS

Adr. télégr. : CREDIONAIS

MULHOUSE , le 03 MAI 1989

53, Rue de la SINNE

68100 MULHOUSE

Ce document établi à titre d'exemple n'a

Donneur d'ordre - *Applicant* aucune valeur juridique

DOMAINE DU GRATBOURG
1, rue du Cep

68000 COLMAR

Banque notificatrice - *Advising bank*	N° Réf. - *Ref. N°*
BANK NAUTE A.G.	
D 4000 HAMBURG	

CRÉDIT DOCUMENTAIRE
IRRÉVOCABLE - *IRREVOCABLE*
DOCUMENTARY CREDIT

Numéro - *Number*
7200.9999

Date et lieu de validité - *Date and place of expiry*
15 SEPTEMBRE 1989 à HAMBOURG

Bénéficiaire - *Beneficiary*

FIRMA SCHNELL-FLASCH
Gutring 1

D 4000 HAMBURG

Montant - *Amount*

DEM //1 040 000.-// (un million quarante mille DEM)

Crédit utilisable auprès de - *Credit available with*
VOUS-MEMES

par - *by* [X] PAIEMENT / *PAYMENT* [ ] ACCEPTATION / *ACCEPTANCE* [ ] NÉGOCIATION / *NEGOTIATION*

contre présentation des documents précisés ci-après
against presentation of the documents detailed herein

Expéditions partielles	*Partial shipments*	Transbordement	*Transhipment*
[ ] autorisées / *allowed*	[X] non autorisées / *not allowed*	[ ] autorisé / *allowed*	[X] non autorisé / *not allowed*

Embarquement / expédition / prise en charge de / à
Shipment / dispatch / taking in charge / from / at

HAMBURG au plus tard le 5.09.89

à destination de
for transportation to ROUEN

[ ] et de la / des traite(s) du bénéficiaire à
and of the beneficiary's draft(s) at

tiree(s) sur :
drawn on

- Facture commerciale en 6 exemplaires signés émise au nom du donneur d'ordre

- Jeu complet de connaissements maritimes nets à bord, émis à l'ordre de l'acheteur et marqués "FRET PAYE" Notify : Agence JOIE, 12 Rue de Balzac ROUEN

- Police / certificat d'assurance négociable couvrant tous risques

- Liste de colisage en 4 exemplaires

- certificat de conformité   technique établi par le vendeur

CONDITIONS PARTICULI-   ERES

Tous frais et   commissions hors de France sont à la charge du vendeur

Couvrant :   Chaîne d'embouteillage selon contrat du 25.04.89 et facture
proforma du   30 AVRIL 1989 au prix total de DEM 1 040 000 C.I.F. ROUEN

SPECIMEN

Documents à présenter dans les **10** jours après la date d'émission du/des document(s) d'expédition mais dans la période de validité du crédit.
Documents to be presented within *days after the date of issuance of the shipping document(s) but within the validity of the credit.*

Nous avons émis le crédit documentaire décrit ci-dessus. Il est soumis aux Règles et Usances Uniformes relatives aux Crédits Documentaires (révision 1974, Publication N° 290 de la Chambre de Commerce Internationale, Paris, France). Nous vous prions de notifier le crédit au bénéficiaire.

We have issued the documentary credit as detailed above. It is subject to the Uniform Customs and Practice for Documentary Credits 1974 Revision, International Chamber of Commerce, Paris, France, Publication N° 400 We request you to notify the credit to the beneficiary.

[X] sans ajouter votre confirmation / *without adding your confirmation* [ ] en ajoutant votre confirmation / *adding your confirmation* [ ] et vous autorisons à ajouter votre confirmation / *and authorize you to add your confirmation*

Le numéro et la date du crédit ainsi que le nom de notre banque devront être mentionnés dans toute traite requise. Veuillez accuser réception.

The number and the date of the credit and the name of our bank must be quoted on all drafts required. Please acknowlege receipt.

REMBOURSEMENT - *REIMBURSEMENT*

Par le débit du compte de notre PARIS chez votre FRANKFURT MAIN 3 j.o. après votre télex/swift à nous-mêmes nous confirmant la régularité des documents.

Vos dévoués / *yours faithfully*
CRÉDIT LYONNAIS p.p.

Ce document consiste en   page(s) signée(s)
This document consists of *signed page(s)*

1. L'accusé de réception de la marchandise

1. Die Empfangsbestätigung

Nous vous remercions de Nous accusons (bonne) réception de Nous avons bien reçu Nous venons de recevoir	votre livraison du 20 février. votre envoi de … les marchandises faisant l'objet de notre commande n° 312.	
La marchandise faisant l'objet de notre ordre du … Votre livraison	nous est parvenue est arrivée	en bon état.
	nous a pleinement satisfaits. nous a donné entière satisfaction.	

Nous accusons (bonne) réception de votre livraison du 4 courant et de la facture correspondante.

Wir bestätigen den Eingang Ihrer Lieferung vom 4. d. M. sowie der dazugehörigen Rechnung.

Votre envoi de pamplemousses (4 000 kg au total) est arrivé en bon état.

Ihre Sendung Pampelmusen (insg. 4 000 kg) ist in gutem Zustand bei uns eingetroffen.

La vaisselle est parvenue intacte à notre magasin de Spire.

Das Geschirr ist unbeschädigt in unserem Lager in Speyer eingetroffen.

Je vous remercie encore du soin (que vous avez) apporté à l'exécution de mon ordre.

Ich danke nochmals für die sorgfältige Ausführung meines Auftrages.

Lors de nouvelles commandes, nous ne manquerons pas de nous adresser encore (une fois) à votre Maison.

Bei künftigen Bestellungen werden wir uns mit Sicherheit wieder an Sie wenden.

2. Le règlement

2. Die Zahlung

– En règlement/paiement/couverture de votre facture n° 222, …

– Zum Ausgleich Ihrer Rechnung Nr. 222 …

– Pour vous couvrir de cette créance, …

– Zur Deckung dieser Forderung …

– Conformément aux conditions de paiement convenues, …

– Gemäß den vereinbarten Zahlungsbedingungen …

… j'ai crédité aujourd'hui votre compte du montant de 856,-- DM.

… habe ich heute 856,-- DM Ihrem Konto gutgeschrieben.

… je vous envoie 748,-- FF par mandat de poste international.

… sende ich Ihnen 748,-- FF durch Auslandspostanweisung.

… nous vous envoyons ci-joint un eurochèque de 682,-- FF.

… übersenden wir Ihnen anbei einen Eurocheque über 682,-- FF.

… nous avons fait virer à votre compte n° 123456 auprès de la Société de Banque Suisse la somme de 9 231,-- FS.

… haben wir den Betrag in Höhe von 9 231,-- SF auf Ihr Konto Nr. 123456 beim Schweizerischen Bankverein überwiesen.

… nous avons chargé la Kreditbank de virer 30 450,-- FF à votre compte de chèques postaux.

… haben wir die Kreditbank beauftragt, 30 450,-- FF auf Ihr Postscheckkonto zu überweisen.

101

Nous vous retournons la traite ci-jointe munie de notre acceptation et ne manquerons pas de la payer à l'échéance.

Ci-joint, je vous retourne votre traite dûment acceptée et domiciliée à la banque X.

A l'échéance, nous réserverons bon accueil à votre traite.

Veuillez nous en accuser réception et en passer écriture conforme.

Vous voudrez bien accuser réception de ce montant et en créditer notre compte.

Wir senden Ihnen anbei den Wechsel mit unserem Akzept zurück und werden ihn pünktlich einlösen.

Anbei erhalten Sie Ihre Tratte, ordnungsgemäß akzeptiert und bei der Bank X domiziliert, zurück.

Wir werden Ihren Wechsel bei Verfall einlösen.

Wir bitten um Empfangsanzeige und entsprechende Buchung.

Wir bitten Sie, uns den Empfang des Betrages anzuzeigen und diesen unserem Konto gutzuschreiben.

3. Le vendeur accuse réception du paiement

– Nous accusons réception et vous remercions de votre mandat postal du 14 ct …
– Nous avons bien reçu votre lettre du 12 mars accompagnant un chèque barré n° 112233 …
… et vous informons que nous avons crédité votre compte du montant de 995,-- F.

Nous avons été avisés aujourd'hui de votre virement de 12 732,85 DM à notre compte courant.

Nous avons porté cette somme au crédit de votre compte.

Notre facture étant réglée, nous vous avons crédité de son montant.

Cependant, vous avez oublié de déduire l'escompte de 2 % que j'accorde pour tout règlement comptant.

Veuillez donc déduire 78,56 FF lors de votre prochain versement.

En vous remerciant de votre prompt règlement, je me recommande à vous en vue de nouveaux ordres.

3. Der Verkäufer bestätigt den Eingang der Zahlung

– Wir bestätigen dankend den Eingang Ihrer Postanweisung vom 14. d. M. …
– Ihren Brief vom 12. März mit dem Verrechnungsscheck Nr. 112233 haben wir erhalten …
… und teilen Ihnen mit, daß wir 995,-- F auf Ihr Konto gutgeschrieben haben.

Wir wurden heute über Ihre Überweisung i. H. v. 12 732,85 DM auf unser Girokonto benachrichtigt.

Wir haben diesen Betrag Ihrem Konto gutgeschrieben.

Da unsere Rechnung beglichen ist, haben wir Ihnen den Betrag gutgeschrieben.

Sie haben jedoch vergessen, die 2 % Skonto, die ich bei Barzahlungen gewähre, zu verrechnen.

Wir bitten Sie daher, bei Ihrer nächsten Zahlung 78,56 FF abzuziehen.

Ich danke Ihnen für Ihre umgehende Zahlung und empfehle mich für weitere Aufträge.

Modèles de lettres

1 Accusé de réception de l'envoi
Empfangsbestätigung

Chers Messieurs,

Nous accusons réception de votre expédition de loups de mer (2670 kg au total), qui est arrivée en bon état à notre poissonnerie d'Heidelberg la semaine dernière. En effet, après le déchargement des poissons, nous avons constaté que la marchandise est d'une excellente qualité. Nous vous remercions du soin apporté à l'exécution de notre commande.
Selon notre habitude et si vous n'y voyez pas d'inconvénient, nous vous enverrons un chèque pour le montant de la facture.
Sincèrement à vous.

2 Virement à un compte de chèques postaux
Überweisung auf ein Postscheckkonto

Madame, Monsieur,

Votre envoi du 4 ct se rapportant à notre commande du 10 mars dernier nous est bien parvenu. Aujourd'hui, nous avons viré à votre compte courant postal 31-857 Lyon la somme de 776,-- FF (sept cent soixante-seize) que nous justifions comme suit :

votre facture du 2 avril	800,-- FF
escompte 3 %	24,-- FF
somme virée	776,-- FF

Nous avons passé le montant de votre facture au débit de votre compte chez nous ; veuillez nous en créditer.
Agréez, Madame, Monsieur, nos salutations distinguées.

3 Ordre de virement donné à une banque en France
Überweisungsauftrag an eine französische Bank

Banque Européenne des Affaires
Service des Virements
28, boulevard Haussmann
F-75009 Paris

Mesdames, Messieurs,

Veuillez virer de notre avoir 10900,-- FF (dix mille neuf cents) au compte courant n⁰ 0123456 de la maison Tourniquet & Cie, Crédit Industriel, Paris, 6, place du Palais-Royal, et en débiter notre compte.
Avec nos sincères remerciements.

Mark & Pfennig GmbH

4 Avis de paiement par virement bancaire
Zahlungsanzeige (Banküberweisung)

Objet : Votre facture n⁰ 436

Pour vous couvrir de votre facture du 20 août, nous avons fait virer aujourd'hui à votre compte courant n⁰ 0123456 auprès du Crédit Industriel à Paris, la somme de 10 900,-- FF, déduction faite d'un escompte de 2 % du montant de la facture.
Veuillez nous créditer de ce montant et nous en aviser.
Dans cette attente, nous vous adressons, Messieurs, nos sincères salutations.

---

5 Renvoi de la lettre de change acceptée/domiciliée
Rücksendung des akzeptierten/domizilierten Wechsels

Cher Monsieur,

Ci-joint, nous vous retournons votre traite n⁰ 218 de 18 300,-- FF (dix-huit mille trois cents), acceptée au 30 juin et domiciliée à la SOGENAL, agence de Fontainebleau. Nous ne manquerons pas de l'honorer à l'échéance.
Nous vous en souhaitons bonne réception et vous adressons nos salutations cordiales.

---

6 Accusé de réception du créancier
Empfangsanzeige des Gläubigers

Chers Messieurs,

En règlement de notre facture n⁰ 618 du 28 janvier, vous nous avez adressé le 4 février un chèque barré de 14 015,-- FF sur la Société Générale en votre ville. Nous vous en remercions.
Cependant, nous devons vous dire que vous avez omis de déduire l'escompte de 2 % que nous accordons à nos clients pour tout paiement comptant. Nous vous prions donc de retrancher 280,30 FF de votre prochain versement.
Tout en nous recommandons à vous pour de nouvelles commandes, nous restons, chers Messieurs, vos sincèrement dévoués.

Exercices

1. Retrouvez les mots manquants.

Nous vous ..... vivement du soin apporté à l'..... de notre ordre. Les 200 paniers de champignons de Paris que vous nous avez ..... le 10 ct sont ..... intacts à nos entrepôts la ..... passée. Nous avons constaté que la ..... est irréprochable. Votre envoi nous ..... donc pleinement. Lorsque nous aurons de ..... achats à faire, nous ne manquerons pas de nous ..... à votre Maison.

Selon notre habitude, nous vous ..... un chèque en ..... de votre facture du 30 juin.

..... recevoir, Mesdames, Messieurs, nos ..... les plus cordiales.

2. Remplacez les expressions soulignées par d'autres expressions que vous connaissez.

a) <u>Pour vous couvrir</u> de votre facture n⁰ 132, nous avons viré <u>ce jour</u> à votre <u>compte courant postal</u> n⁰ 18-456 la somme de 600,-- FF.

<u>Vous voudrez bien</u> nous créditer de <u>ce montant</u> et nous en <u>aviser</u>.

Dans cette attente, nous vous prions <u>de recevoir</u>, Monsieur, nos salutations les <u>meilleures</u>.

b) Nous <u>accusons réception de</u> votre lettre du 25 avril, renfermant une <u>lettre de change</u> sur nous à <u>90 jours</u>. Ci-joint, nous vous la <u>retournons</u> <u>revêtue</u> de notre <u>signature</u>. Nous ne manquerons pas de <u>l'honorer</u> à l'échéance.

<u>Agréez</u>, Messieurs, nos <u>sincères</u> salutations.

3. a) Votre patronne (Mme Charlotte Dalla Riva, détaillante en fruits et légumes) vous remet le chèque barré ci-dessous en vous demandant de l'envoyer à M. Charles Limon, négociant en gros, à Mulhouse, chez lequel elle a acheté pour 3 480,-- FF de tomates (facture n⁰ 248 du 20 juin).
Remplissez le chèque et rédigez la lettre d'accompagnement.

b) Charles Limon accuse réception du chèque. Rédigez la lettre.

4. Traduisez en français.

a) Für die schnelle und sorfältige Erledigung unseres Auftrages danken wir Ihnen sehr. Die 100 Ballen Baumwollstoff *(cotonnade)* sind heute in unserem Lager eingetroffen.
Wir freuen uns, Ihnen mitzuteilen, daß wir mit der Sendung äußerst zufrieden sind. Der Stoff entspricht genau dem Muster, das uns Ihr Vertreter unterbreitet hat. Außerdem ist die Ware tadellos und von bester Qualität.
Den Betrag Ihrer Rechnung von 72 428,-- FF haben wir heute auf Ihr Konto Nr. 2233445 bei Crédit Lyonnais, Lyon, überwiesen.

b) Ihren Wechsel über 2 750,-- FF, fällig am 30. April, senden wir Ihnen anbei akzeptiert und domiziliert zurück. Wir werden für pünktliche Einlösung sorgen.

c) Wir haben Ihr Schreiben vom 15. September und den Scheck über 9 748,-- FF auf die PARIBAS, Marseille, erhalten. Somit sind unsere Rechnungen Nr. 124 und 132 beglichen. Wir danken Ihnen für die umgehende Zahlung und empfehlen uns für weitere Aufträge.

5. Vous (Laforge S.A., 23, rue Monsieur-le-prince, 75006 Paris) informez la firme Uniclan GmbH de votre versement de 693,-- DM à son compte de chèques postaux. Ce paiement porte sur une commande de gants en laine, passée le 4 septembre. Rédigez l'avis.

6. Le 19 avril, vous (Stutz & Co., Max-Planck-Straße 2, 6909 Walldorf) avez reçu de Mme Josiane Pinson un mandat postal de 467,50 DM en règlement de votre facture n⁰ 128. Accusez réception du mandat.

7. Lisez attentivement les exemples de lettres ci-dessous :

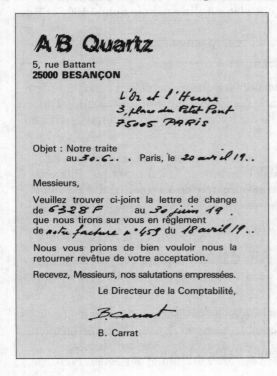

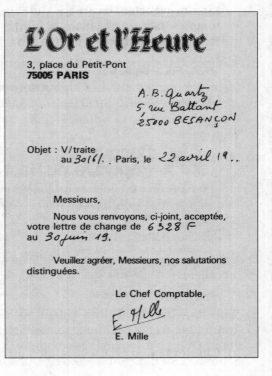

Répondez maintenant aux questions suivantes :

AB Quartz a adressé une lettre de change à L'Or et l'Heure.
– Qui est le tireur ? Qui est le tiré ? Qui est le bénéficiaire ?
– Quelle est la date de création de cette lettre de change ?
– Est-ce que L'Or et l'Heure accepte la lettre de change ?
– Quelle est la date d'échéance ?

8. **Etablissez la lettre de change suivante que vous (AB Quartz) enverrez à L'Or et l'Heure. Informations complémentaires :**

– Domiciliation : Société Générale, 27, boulevard Saint-Michel, 75005 Paris.
– R.I.B. (relevé d'identité bancaire) *(Bankkundencode)* : A 6642 (= code établissement), 03080 (= code guichet), 6677888 (= n^0 de compte), B (= clé R.I.B.).

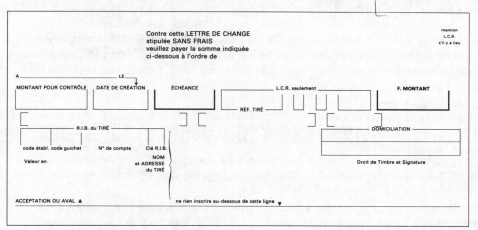

9. **Rédigez des lettres d'après les données suivantes :**

a) Justin Grenouiller & Fils, 8 bis, rue Moyenne, 48000 Bourges, schulden den Gebrüdern Pfennig, Paul-Ehrlich-Str. 31, 6074 Rödermark, für gelieferte Autoradios 3 891,-- DM. Sie informieren die Gebrüder Pfennig, daß Sie die Rechnung mit Verrechnungsscheck begleichen.

b) Mme Ingrid Herz, fleuriste, Bonn, reçoit de la maison Baccara, Nice, une facture de 2315,40 F, valeur 3 mois ou au comptant sous déduction de 3 % d'escompte. Elle verse le montant au compte chèque postal de la maison Baccara, après avoir déduit l'escompte. Elle en informe le fournisseur et lui fait savoir qu'elle a été très satisfaite de la livraison de roses.
Rédigez l'avis de paiement.

c) Vous avez reçu la facture et l'avis d'expédition de Gardinen Hämmerli (voir chapitre précédent, p. 91). Vous êtes très satisfaite(s) de la marchandise. Vous informez Hämmerli de l'acceptation de la traite.

d) Wilhelm Witz, 3160 Lehrte-Ahlten, begleicht durch Überweisung auf das Postscheckkonto 1243-69 die Rechnung seines Lieferanten, Gourmand & Cie, 44, rue St-Jacques, 76000 Grenoble. Rechnungsbetrag: 1 973,-- FF, von dem er 2 % Skonto abzieht. Schreiben Sie die Zahlungsanzeige, und bitten Sie um Zusendung der neuen Preisliste.

Au Soleil Levant

Maison KAHN et Fils
CONFECTION-HABILLEMENT
5, rue aux Ours – 75003 PARIS
42.37.13.90
C.C.P. Paris 920513
R.C.S. Paris A 450 022 428

Maison Gino Gasparucci
Haute Couture et Prêt-à-Porter
183, faubourg Saint-Antoine
75012 Paris

Madame et Monsieur,

Étant sans réponse de votre part depuis près de cinq semaines, nous désirons savoir si vous avez trouvé à votre goût les dessins que nous vous avons adressés le 10 janvier.

Comme certains d'entre eux seront bientôt épuisés, nous vous invitons à nous communiquer votre décision par un prochain courrier. Vous trouverez ci-joint une enveloppe-réponse affranchie réservée à cet effet.

Souhaitant vous faire profiter des avantages que nous réservons exclusivement à nos meilleurs clients, nous vous rendons attentifs aux facilités de paiement que nous sommes prêts à consentir :

* Nous baissons nos prix d'au moins 5 % pour une commande supérieure à 25 000,-- FF ; ensuite, de 2 % par tranche d'achat de 10 000,-- FF.
* En ce qui concerne le délai, nous vous offrons de régler vos achats 90 jours après la livraison. Le crédit est absolument sans frais et sans aucune formalité.

Qu'il s'agisse de la qualité de nos tissus ou des prix pratiqués, nous vous assurons de nos efforts pour mériter votre fidélité.

Veuillez croire, Madame et Monsieur, à l'assurance de nos sentiments dévoués.

Le directeur commercial

B Guilleret

Bastien Guilleret

Weitere Verhandlungen zwischen Verkäufer und Käufer

1 Der Verkäufer erinnert an sein Angebot – *Le vendeur envoie une lettre de rappel à la suite de son offre*

Häufig führt ein Angebot, selbst wenn es verlangt wurde, nicht zu der gewünschten Bestellung. Es kommt auch vor, daß sich der Kunde nicht einmal die Mühe macht, auf das Angebot zu antworten oder Muster zurückzusenden, die der Verkäufer dann zurückfordern muß.

Ist der Verkäufer jedoch weiterhin an einer Bestellung interessiert, so wird er sich nach einer gewissen Zeit beim Kunden in Erinnerung bringen.
Falsch wäre es, wenn Sie im Erinnerungsschreiben Ihr Angebot einfach wiederholten. Geben Sie dem Kunden das Gefühl, daß Sie an ihm interessiert sind.
Das Schreiben dient dazu herauszufinden, warum der Kunde nicht reagiert hat. Bemühen Sie sich, bestimmte Punkte, die vielleicht in Ihrem Angebot untergegangen sind, hervorzuheben und neue Argumente anzuführen, die den Kunden dazu veranlassen sollen, auf Ihr Erinnerungsschreiben zu reagieren.
Erwecken Sie seine Aufmerksamkeit, indem Sie ihn z.B. auf den Stichtag Ihres Angebots, auf eine bevorstehende Preiserhöhung oder auf den Saisonwechsel hinweisen.
Soweit möglich, bieten Sie ihm Sonderpreise, einen Mengenrabatt, ein längeres Zahlungsziel, eine Ratenzahlung, eine Garantie usw. an.
Legen Sie dem Schreiben einen Bestellschein und einen frankierten Rückumschlag bei, um dem Kunden die Bestellung so einfach wie möglich zu machen.

1. Vous renouvelez votre offre   **1. Sie erinnern an Ihr Angebot**

Notre offre du 2 mars	étant restée sans réponse, n'ayant pas abouti,	nous vous rappelons que … nous appelons votre attention sur … nous nous demandons si notre collection d'échantillons … nous vous invitons à nous faire savoir pourquoi …
Nous attirons votre attention sur Nous nous référons à	notre dernière offre l'offre mentionnée en rubrique notre offre du …	et vous rappelons que … et nous permettons de vous rappeler que …

Il y a quelques semaines, vous avez montré de l'intérêt pour nos ordinateurs.

Vor einigen Wochen haben Sie sich für unsere Computer interessiert.

Vous avez manifesté le désir d'en acheter un certain nombre.

Sie beabsichtigten, eine größere Anzahl (davon) zu kaufen.

Nous supposons que vous avez reçu notre envoi d'échantillons.

Wir nehmen an, daß Sie unsere Mustersendung erhalten haben.

Depuis, nous ne pouvons nous expliquer votre silence.

Wir können uns Ihr Schweigen seither nicht erklären.

Vous avez reçu, il y a quelque temps, une documentation complète concernant nos climatiseurs « Air ».

Vor einiger Zeit haben Sie ein komplettes Informationsmaterial über unsere Klimaanlagen „Air" erhalten.

Comme ces modèles semblaient vous intéresser beaucoup, nous nous étonnons (= nous sommes surpris) de n'avoir encore reçu aucune réponse.

Da diese Modelle Sie sehr zu interessieren schienen, überrascht es uns, noch keine Antwort erhalten zu haben.

– Etant sans nouvelles de votre part depuis 2 mois,
– Notre lettre étant demeurée sans réponse,
... nous nous demandons si nos échantillons vous sont bien parvenus.

– Da wir seit 2 Monaten keine Nachricht von Ihnen erhalten haben,
– Da unser Brief unbeantwortet blieb,
... fragen wir uns, ob Sie unsere Muster erhalten haben.

... nous nous permettons de vous rappeler que notre offre n'est valable que jusqu'au 30 septembre.

... möchten wir Sie daran erinnern, daß unser Angebot nur bis zum 30. September gültig ist.

2. Vous envoyez un tarif, un catalogue ou un échantillon

2. Sie senden eine Preisliste, einen Katalog oder ein Muster

Nous nous permettons donc de nous rappeler à votre bon souvenir,
– en vous adressant notre tarif spécial pour le printemps.
– en vous envoyant nos plus belles collections d'échantillons.
– en vous présentant notre catalogue général qui vient de sortir d'imprimerie.

Wir möchten uns daher in Erinnerung bringen
– und senden Ihnen unsere Sonderpreisliste für das Frühjahr.
– und schicken Ihnen unsere schönsten Musterkollektionen.
– und stellen Ihnen unseren druckfrischen Hauptkatalog vor.

– Mes offres n'ayant pas abouti,
– Constatant que depuis quelque temps nos relations sont moins suivies,
... je me permets de vous remettre une boîte de chocolats pour vous rappeler la qualité exceptionnelle de nos produits.

– Da meine Angebote erfolglos blieben,
– Da unsere Beziehungen seit einiger Zeit unregelmäßig geworden sind,
... erlaube ich mir, Sie mit einer Schachtel Pralinen an die besondere Qualität unserer Produkte zu erinnern.

3. Vous introduisez des arguments

3. Sie führen Argumente an

Permettez-nous d'insister sur l'excellente qualité de nos produits.

Wir möchten die ausgezeichnete Qualität unserer Produkte hervorheben.

Pour un ordre supérieur à 1 000,-- DM,
– je vous remets gracieusement 12 bouteilles de riesling.
– nous vous bonifions 5 %.

Bei einem Kauf über 1 000,-- DM
– überlasse ich Ihnen kostenlos 12 Flaschen Riesling.
– vergüten wir Ihnen 5 %.

Nous voudrions vous rappeler
- que les prix vont monter (= augmenteront) prochainement.
- que nous baisserons les prix sur des centaines d'articles.

En ce qui concerne le paiement,
- vous pourrez régler le montant par versements échelonnés.
- nous vous offrons la possibilité de payer en six mensualités.

Aux qualités propres du parfum s'ajoute encore la présentation attrayante du vaporisateur.

Le conditionnement original et pratique du produit enchantera vos clients.

Nous livrons ces articles dans la limite de nos stocks.

Nous garantissons cet appareil un an ; pouvez-vous exiger une meilleure preuve de sa robustesse ?

4. Conclusion

- Pour toute question,
- Pour obtenir tout renseignement,
- ... veuillez faire appel (= vous adresser) à notre agent commercial, M. Kümmel.

N'hésitez pas à nous consulter
- pour vous faire une idée précise des commodités que présente ce produit.
- si vous souhaitez profiter de ces avantages.

Sans vouloir influencer votre décision, nous sommes certains
- que, cette fois-ci, notre offre suscitera votre intérêt.
- que ce produit ne vous décevra pas.

Nous nous sommes permis de joindre à cette lettre un bulletin de commande.

En me retournant le bon ci-joint avant le 5 mai, vous bénéficierez d'une réduction de 20 %.

Wir möchten Sie daran erinnern,
- daß die Preise bald steigen werden.

- daß wir die Preise zahlreicher Artikel senken werden.

Was die Zahlung angeht,
- können Sie den Betrag in mehreren Raten begleichen.
- bieten wir Ihnen die Möglichkeit, in sechs Monatsraten zu zahlen.

Zu den Vorzügen dieses Parfums selbst kommt die attraktive Aufmachung des Zerstäubers noch hinzu.

Die originelle und praktische Verpackung des Produktes wird Ihren Kunden gefallen.

Wir liefern diese Artikel, solange der Vorrat reicht.

Dieses Gerät steht 1 Jahr unter Garantie; gibt es einen besseren Beweis für seine Haltbarkeit?

4. Briefschluß

- Wenn Sie Fragen haben,
- Wenn Sie Informationen wünschen,
- ... wenden Sie sich bitte an unseren Handelsvertreter, H. Kümmel.

Zögern Sie nicht, sich an uns zu wenden,
- um sich von den Vorzügen dieses Produktes ein genaueres Bild zu machen.
- wenn Sie diese Vorteile nutzen möchten.

Ohne Ihrer Entscheidung vorgreifen zu wollen, sind wir sicher,
- daß unser Angebot diesmal Ihr Interesse findet.
- daß Sie dieses Produkt nicht enttäuschen wird.

Wir haben uns erlaubt, diesem Brief einen Bestellschein beizulegen.

Wenn Sie mir den beigefügten Bestellschein vor dem 5. Mai zurücksenden, erhalten Sie 20 % Preisnachlaß.

111

Modèles de lettres

1 Vous offrez une garantie
Sie bieten eine Garantie an

Société Fontaine Frères & Cie
31, avenue Victor Hugo
F-17000 La Rochelle

Messieurs,

Vous avez reçu, le 10 octobre dernier, notre documentation concernant notre nouvelle machine à écrire électronique DAISY.
Après la démonstration qui vous en a été faite par M. Scholler, il est bien inutile, pensons-nous, de vous décrire longuement les qualités de la DAISY. Par sa performance notre DAISY sera, pour tous travaux de dactylographie, un auxiliaire sûr et efficace. Nous la garantissons 12 mois. Pendant cette période, les pièces et la main-d'œuvre sont gratuites dans tous nos points de vente en France. La notice ci-incluse vous documentera à ce sujet.
Par ailleurs, nous nous permettons de vous adresser, sous pli séparé, notre catalogue général ainsi que les tarifs actuellement en vigueur. Sachez que, chez nous, vous bénéficierez toujours de la garantie absolue : satisfaction, échange ou remboursement.
Espérant pouvoir enregistrer bientôt votre commande, nous vous prions d'agréer, Messieurs, nos salutations distinguées.

S.A.M. AG

---

2 Vous renouvelez votre offre
Sie erneuern Ihr Angebot

Monsieur Germain Fleckenstein
21 bis, rue de la Hardt
F-68630 Bennwihr

Cher abonné,

Votre abonnement à « Markt und Moneten » a pris fin il y a un mois et le dernier numéro ne vous a donc pas été expédié.
Pour vous permettre de bénéficier du service de notre magazine aux meilleures conditions, nous acceptons encore de renouveler votre abonnement au prix exceptionnel de 240,-- DM par an (frais de port compris) au lieu de 300,-- DM si vous voulez bien répondre à cette dernière offre par un prochain courrier : dans ce cas, nous vous adresserons aussitôt le numéro en cours.
Nous espérons que vous continuerez à faire partie de nos lecteurs et vous remercions par avance de votre fidélité.

Sincèrement à vous,
la rédactrice en chef adjointe

P.J. : un bulletin d'abonnement

Exercices

1. Remplacez les chiffres par les expressions qui conviennent.

(1) votre visite **(2)** nous, il y a quelques mois, vous avez examiné plusieurs armoires en pin massif **(3)** vous pensiez installer dans vos bureaux.

Nos offres étant restées sans **(4)**, nous avons choisi de nous rappeler à votre bon **(5)**, en vous remettant notre tarif spécial pour 1992. Vous y découvrirez nos plus belles **(6)** ainsi que leur étonnant rapport qualité-prix.

Permettez-nous de vous **(7)** que chaque pièce est couverte par une **(8)** minimum de 10 ans ; pouvez-vous exiger une meilleure preuve de la robustesse de nos meubles ?

(9) que les raisons pour lesquelles vous avez différé votre **(10)** n'existent plus, nous serions heureux de **(11)** notre créativité à votre service et vous prions de compter **(12)** notre savoir-faire.

Nous vous assurons de notre **(13)**.

(1) Par / Chez / Lors de

(2) avec / chez / à

(3) qui / que / parce que

(4) réponse / engagement / achat

(5) de commande / mémoire / souvenir

(6) créations / modèles / articles

(7) savoir / faire remarquer / offrir

(8) offre / garantie / validité

(9) Espérons / Espérant / Nous espérons

(10) délai / commande / paiement

(11) pouvoir mettre / faire appel / laisser faire

(12) avec / sur / pour

(13) dévouement / mécontentement / satisfaction

2. Reconstituez le rappel d'offre ci-dessous en complétant les demi-phrases par les suites qui conviennent.

1. N'ayant eu aucune réponse à notre offre du 10 juin,
2. Nous vous adressons en annexe
3. Ainsi que vous le constaterez,
4. Permettez-nous d'attirer particulièrement votre attention sur
5. Le succès de ces oursons est si surprenant
6. Bien que la hausse générale ait également influencé ce genre d'articles,
7. Désirant renouer nos amicales relations commerciales,
8. En ce qui concerne le mode de règlement,
9. Comme les fêtes de fin d'année sont déjà proches,
10. Avec nos remerciements anticipés,

a) une prompte réponse nous obligerait.

b) nous vous offrons de payer en six mensualités.

c) nous sommes prêts à vous accorder une remise de 5 % sur tout achat supérieur à 2 000,-- FF.

d) recevez, chers Messieurs, nos salutations distinguées.

e) un exemplaire de notre catalogue « Spécial Noël ».

f) que nombre de nos clients ont été conduits à renouveler leurs stocks.

g) nous nous permettons de nous rappeler à votre bon souvenir.

h) nos prix demeurent très avantageux.

i) les oursons « Bärchen » confectionnés en peluche de première qualité.

j) notre choix de jouets est fort complet.

3. Retrouvez dans la lettre ci-dessous la place des termes suivants :

alors, bientôt, comme, également, encore, en effet, en outre, exclusivement, peut-être, sans doute, souvent, tout à fait.

Monsieur et cher client,

..(1).. vous le demandiez, notre édition vous a envoyé, il y a un mois, plusieurs livres d'allemand en spécimen ; sont-ils à votre convenance ? Nous voudrions ..(2).. savoir si vous en avez ..(3).. besoin, car ils sont ..(4).. réclamés par les libraires.

Permettez-nous de profiter de cette occasion pour vous tenir au courant de nos nouvelles parutions. ..(5).., notre maison, qui éditait jusqu'..(6).. des ouvrages scolaires et universitaires, étend ses activités.

En consultant le catalogue ci-joint, vous remarquerez ..(7).. le choix très complet de guides proposés à des prix ..(8).. concurrentiels.

Nous sommes convaincus que notre offre est susceptible de vous intéresser. Nous serions heureux de vous faire profiter des conditions spéciales que nous réservons ..(9).. à nos meilleurs clients.

..(10).., nous vous signalons que Mme Rosenstrauch sera ..(11).. de passage à Paris. ..(12).. souhaiterez-vous avoir une entrevue avec elle ?

Restant à votre disposition, nous vous prions d'agréer, Monsieur et cher client, l'expression de nos sentiments dévoués.

Inscrivez maintenant les mots dans les cases du tableau ci-dessous. En ordonnant les lettres figurant dans les cases grises, vous trouverez une expression se rapportant au chapitre.

Solution :

114

4. Retrouvez les mots manquants.

Cher client,

..... deux mois, j'ai eu le ..... de vous présenter mes spécialités de Forêt-Noire.
Mon offre n'ayant pas ....., je me demande si vous n'avez pas ..... à votre goût les jambons
que je vous avais envoyés. Pourtant, ils sont d'excellente ...... Peut-être ne vous sont-ils pas
parvenus ? Ce silence inhabituel de votre ..... m'..... beaucoup.
L'approche du réveillon m'engage à vous ..... ma documentation « Spécial Saint-Sylvestre ».
Vous remarquerez que mon ..... est très complet : jambons, pain paysan, gâteaux, kirsch.
Mes prix, vous le ....., sont exceptionnellement ...... De plus, mes produits sont d'une
finesse qui sera certainement ..... par votre clientèle.
Qualité et prix étudiés : ces atouts me permettent de vous assurer dès à présent une totale
......

5. Traduisez en français.

a) – Vor einigen Monaten hatten wir das Vergnügen, uns mit Ihnen über den Kauf von
50 Gefriertruhen „Eskimo" zu unterhalten.
– Leider haben Sie auf unser Angebot nicht reagiert.
– Da wir seit drei Monaten keine Nachricht von Ihnen erhalten haben, möchten wir Sie
daran erinnern, daß unser Angebot nur bis zum 31.12. gültig ist.
– Da Sie sich auf der Frankfurter Messe sehr für unsere technischen Geräte interessiert
haben, überrascht es uns, daß wir noch keine Bestellung von Ihnen erhalten haben.
– Wir möchten uns Ihnen daher in Erinnerung bringen.

b) Leider haben wir auf unser letztes Angebot noch keine Antwort erhalten. Denken Sie
bitte daran, daß es nur bis zum 31. März gültig ist.
Bei dieser Gelegenheit möchten wir Ihnen unsere neue Zeitschrift EUROTEC vorstel-
len. Sie wendet sich an Fachleute und alle, die sich für Autos und Technik interessieren.
Zweimal pro Monat liefert EUROTEC exklusive Informationen von A bis Z, berichtet
über Tests und stellt neue Produkte vor.
Wir laden Sie dazu ein, EUROTEC für einen Jahresbeitrag von DM 520,-- (einschließlich
Portokosten) zu abonnieren. Wir sind überzeugt, daß unser Angebot Ihr Interesse fin-
det, und haben uns deshalb erlaubt, dem Heft eine Abonnement-Karte beizulegen.
Wir freuen uns, von Ihnen zu hören.

P. S.: Wenn Sie Informationen benötigen, rufen Sie einfach Frau Fink an, Telefon
19.49.89/42863-204.

6. Rédigez ce rappel d'offre d'après les données suivantes :

Le 5 mai, M. Schätzle, le représentant de votre entreprise (Möbelzentrum Wohnlich,
Betastr. 7, 8043 Unterföhring) a fait des offres aux Meubles Poirot, 29, montée des
Carmélites, 69001 Lyon, qui viennent d'ouvrir.
Maintenant (15 jours plus tard), vous leur adressez un rappel et leur recommandez
spécialement les meubles suivants : coins repas en sapin, buffets en pin massif, cuisines
nordiques. Vous insistez sur la fabrication soignée et la haute qualité de vos meubles.
Vous précisez que les prix vont monter, car le style rustique est fort demandé.
Finalement, vous informez la maison Poirot que vous serez présent(s) au Salon internatio-
nal du Meuble qui débutera à Lyon le 20 juin.

SUPERMARKT  IDEALKAUF

Karl-May-Straße 123
D-8000 München 40

Les Confiseries Pelletier
46, avenue Montaigne
F-37000 Tours

Objet :
Votre lettre du 24 juin

Munich, le 2 juillet 19..

Messieurs,

Nous avons bien reçu votre offre et vous en remercions.

Après l'avoir examinée, nous regrettons de vous informer que nous ne pouvons vous passer une commande aux conditions que vous nous proposez. Malheureusement vos « Surprises Niçoises » sont trop chères.

Certes, nous avons trouvé fort décoratifs les paniers que vous nous avez envoyés en spécimen ; excellents aussi, les fruits confits qu'ils contiennent.

Toutefois d'autres confiseurs nous ont soumis des offres bien plus avantageuses. Le panier surprise en particulier est sensiblement meilleur marché. Ne vous serait-il pas possible de baisser également vos prix ? Sinon, vous le comprendrez, nous ne pourrions que difficilement vendre vos produits.

Nous espérons que votre réponse sera favorable et vous présentons, Messieurs, l'expression de nos sentiments distingués.

Supermarkt IDEALKAUF

Anna Wächter

Supermarkt Idealkauf, München HRB 25441
Geschäftsführer: Rudolf Valentin

Telefon: (0 89) 66 18 35
Telefax: (0 89) 66 18 357
Telex: 384 741 ideka d

2 Der Käufer möchte das Angebot modifizieren –
L'acheteur désire modifier l'offre

Wenn der Kunde für das angebotene Produkt keine Verwendung hat oder wenn ihm der Preis oder die Liefer- und Zahlungsbedingungen nicht zusagen, so sollte er das Angebot höflich ablehnen.
Er kann dafür einen fertigen Vordruck verwenden oder einen individuellen Brief schreiben, in dem er neben den Gründen der Ablehnung sein Bedauern ausdrückt und dem Verkäufer beim nächsten Mal einen günstigeren Bescheid in Aussicht stellt.

Ist der Käufer im großen und ganzen mit dem Angebot einverstanden, stört sich aber an einer Bedingung, wird er Änderungsvorschläge machen. Er bittet z. B. den Verkäufer, ihm das gewünschte Produkt zu einem reduzierten Preis zu verkaufen, einen (größeren) Mengenrabatt zu gewähren oder günstigere Konditionen anzubieten.

Nimmt der Verkäufer die Bedingungen des Kunden ohne Zusätze, Einschränkungen oder sonstige Änderungen an, so führt dies zu einem Kaufvertrag.

Wenn der Verkäufer auf die Wünsche seines Kunden nicht oder nur zum Teil eingehen kann, wird er versuchen, ihm in irgendeiner Weise entgegenzukommen.
Kann er z. B. seine Preise nicht niedriger ansetzen, versucht er, eine andere Vergünstigung (einen Sonderrabatt, bessere Zahlungsbedingungen, …) oder ein preiswerteres Produkt anzubieten.
Wenn er nicht innerhalb der vom Kunden gewünschten Frist liefern kann, gibt er die Gründe an und nennt den frühestmöglichen Liefertermin. Er zeigt dem Kunden, daß er um ihn bemüht ist.
Um das Interesse des Kunden aufrechtzuerhalten, kann er besondere Konditionen wie z. B. Garantien oder Rückgaberecht anbieten.

Jetzt muß der Kunde entscheiden, ob er das neue Angebot annehmen kann oder nicht. Erklärt er sich mit den vorgeschlagenen Bedingungen einverstanden, kommt dadurch der Kaufvertrag zustande.

1. Le client n'accepte pas l'offre	**1. Der Kunde nimmt das Angebot nicht an**
a) Il décline l'offre	**a) Er lehnt das Angebot ab**
Nous avons reçu votre circulaire-réclame du 10 mars.	Ihren Werbebrief vom 10. März haben wir erhalten.
Nous avons examiné (= étudié) l'offre que vous nous avez faite (= soumise).	Wir haben das Angebot, das Sie uns gemacht haben, geprüft.

Nous regrettons de vous informer Nous avons le regret de vous faire savoir	que qu'	– nous ne pouvons faire usage de votre offre pour l'instant. – nous ne pouvons vous passer une commande à ces conditions. – il ne nous sera pas possible de vous remettre un ordre.

A regret, A notre (grand) regret, Malheureusement,	– il nous est impossible d'accepter votre offre du 12 avril. – nous ne pouvons prendre votre offre en considération. – nous ne sommes pas en mesure de vous confier une commande.

b) Le client donne les raisons de son refus

A notre regret, nous ne pouvons prendre votre offre en considération,
– car notre choix s'est porté sur un autre article.
– car un tel produit n'entre pas dans notre programme.
– car nous avons déjà fait nos achats.

– car un contrat nous lie à notre fournisseur habituel.
– car vos prix sont trop élevés.
– car le délai de livraison est trop long.

c) Le client demande des modifications

Certes les échantillons que vous m'avez adressés sont très jolis.

Malheureusement vos tapisseries sont beaucoup trop chères.

Etant donné (= Vu) vos nouveaux prix, nous ne pourrions que difficilement vendre vos produits.

Cependant, il me serait désagréable de devoir renoncer à vos produits.

Je continuerai à tenir vos articles à condition que le prix soit abaissé à 8 F pièce.

– Les prix de la concurrence étant nettement inférieurs,
– Comme les maisons concurrentes nous font de meilleures conditions,
… nous vous prions de bien vouloir examiner une nouvelle fois votre offre.

Compte tenu de l'importance de cette commande, nous voudrions savoir si vous pouvez nous accorder une remise supplémentaire de 10 %.

b) Der Kunde begründet seine Ablehnung

Zu unserem Bedauern können wir Ihr Angebot nicht berücksichtigen,
– weil unsere Wahl auf einen anderen Artikel gefallen ist.
– weil wir ein solches Produkt nicht führen.
– weil wir unseren Bedarf bereits gedeckt haben.
– weil uns ein Vertrag an unseren bisherigen Lieferanten bindet.
– weil Ihre Preise zu hoch sind.
– weil die Lieferfrist zu lang ist.

c) Der Käufer macht Änderungsvorschläge

Gewiß sind die Muster, die Sie mir geschickt haben, sehr schön.

Leider sind Ihre Tapeten viel zu teuer.

Aufgrund Ihrer neuen Preise könnten wir Ihre Produkte nur schwer verkaufen.

Ich würde jedoch ungern auf Ihre Produkte verzichten.

Ich werde Ihre Artikel weiterhin führen, unter der Bedingung, daß der Stückpreis auf 8 F gesenkt wird.

– Da die Preise der Konkurrenz deutlich niedriger liegen,
– Da Konkurrenzfirmen günstiger anbieten,
… bitten wir Sie, Ihr Angebot noch einmal zu prüfen.

Da es sich um einen größeren Auftrag handelt, bitten wir Sie, uns mitzuteilen, ob Sie uns zusätzlich einen Mengenrabatt von 10 % gewähren können.

d) Conclusion

Si vous pouvez livrer à ces conditions, nous sommes disposés à vous confier notre commande.

Nous espérons avoir votre accord à ce sujet.

Nous espérons qu'il vous sera possible de faire droit à notre demande.

Dans l'attente d'une réponse favorable, nous vous prions d'agréer, Madame, l'expression de nos sentiments distingués.

2. Le vendeur répond à la demande de modification(s)

a) Introduction

d) Briefschluß

Wenn Sie zu diesen Bedingungen liefern können, sind wir bereit, Ihnen unseren Auftrag zu erteilen.

Wir erhoffen in dieser Sache Ihre Zustimmung.

Wir hoffen, daß es Ihnen möglich sein wird, unserer Bitte zu entsprechen.

Wir erwarten einen günstigen Bescheid.

Mit freundlichen Grüßen

2. Der Verkäufer reagiert auf die Änderungsvorschläge

a) Einleitung

Pour vous être agréables, Vu nos anciennes et agréables relations commerciales, Comme nous tenons à entrer en relations avec vous,	nous nous déclarons prêts nous sommes prêts nous sommes disposés	à accepter vos propositions en partie. à réduire nos prix de 5 %. à vous céder l'article au prix de 10,-- DM. à vous accorder exceptionnellement la réduction demandée. à raccourcir le délai de livraison.
A notre vif regret, Malgré notre désir de vous être agréables,	il ne nous est pas possible il nous est impossible nous ne sommes pas en mesure	d'accepter toutes vos propositions. de baisser nos prix. de vous accorder la remise demandée. de prolonger le délai de paiement. d'avancer la date de livraison. d'effectuer la livraison à la mi-septembre.

Nous vous remercions de l'intérêt que vous portez à nos produits.

Nous sommes disposés à accepter vos propositions en partie.

J'ai examiné attentivement les conditions que vous me demandez de vous accorder. Malheureusement, il m'est impossible de les accepter toutes.

A mon vif regret, je ne suis pas en mesure d'accepter vos contre-propositions.

b) Prix et réductions

Nous avons revu nos prix sans toutefois pouvoir les modifier.

Compte tenu de la qualité de nos articles, nos prix sont déjà très compétitifs.

Wir danken Ihnen für Ihr Interesse an unseren Produkten.

Wir sind bereit, Ihre Vorschläge zum Teil zu akzeptieren.

Die von Ihnen erbetenen Bedingungen habe ich genau geprüft. Leider kann ich nicht alle berücksichtigen.

Zu meinem Bedauern kann ich Ihre Gegenvorschläge nicht annehmen.

b) Preise und Ermäßigungen

Wir haben unsere Preise überprüft, können sie jedoch nicht ändern.

In Anbetracht der Qualität unserer Artikel sind unsere Preise bereits sehr günstig.

Nos prix catalogue sont déjà calculés au plus juste, de sorte que nous ne pouvons les baisser davantage.

Unsere Katalogpreise sind schon äußerst knapp kalkuliert, so daß wir sie nicht mehr senken können.

Par contre, nous pouvons vous offrir des rideaux d'une qualité plus légère à des prix plus bas.

Wir können Ihnen dagegen Gardinen in einer leichteren Qualität zu niedrigeren Preisen anbieten.

Comme nous tenons à rester en relations d'affaires avec vous, nous serions prêts à vous accorder exceptionnellement la réduction de 15 % demandée.

Da wir mit Ihnen in Geschäftsverbindung bleiben möchten, wären wir bereit, Ihnen ausnahmsweise die gewünschte Ermäßigung von 15 % zu gewähren.

c) Délais de paiement et de livraison

c) Zahlungs- und Lieferfrist

A titre exceptionnel, nous pourrions vous accorder un délai de paiement de 90 jours.

Ausnahmsweise könnten wir Ihnen ein Zahlungsziel von 90 Tagen gewähren.

Nous ferons de notre mieux pour vous servir dans les meilleurs délais.

Wir werden unser bestes tun, um Sie unverzüglich zu bedienen.

Comme nous devons faire face à de nombreuses demandes, nous ne sommes pas en mesure de raccourcir le délai de livraison.

Aufgrund der großen Nachfrage sind wir nicht in der Lage, die Lieferfrist zu verkürzen.

Vous comprendrez qu'il ne nous est pas possible de livrer en un temps si court.

Sie werden verstehen, daß wir nicht in so kurzer Zeit liefern können.

d) Conclusion

d) Briefschluß

Nous espérons que cette proposition vous conviendra et vous adressons l'expression de nos sentiments dévoués.

Wir hoffen, daß Ihnen dieser Vorschlag zusagen wird.
Mit freundlichen Grüßen

Modèles de lettres : demandes de modification(s) ou refus

1 Vous sollicitez une remise
Sie bitten um einen Mengenrabatt

Maison de couture Joël Savarin
1, Place de la Bourse
F-75088 Paris

Madame, Monsieur,

Après avoir pris connaissance de votre catalogue, nous aurions l'intention de vous commander 60 manteaux en tweed, article 53040, modèle „Angleterre", tailles 38 à 46, qui paraissent correspondre aux besoins de notre clientèle.
Toutefois, compte tenu de l'importance de cet ordre, nous aimerions savoir si vous pouvez nous accorder une remise supplémentaire de 10 %.
Espérant qu'il vous sera possible d'accéder à notre désir, nous vous prions de croire, Madame, Monsieur, à nos sentiments les meilleurs.

Modehaus Schick

---

2 Vous refusez une offre
Sie lehnen ein Angebot ab

```
                                        Éts Rosier & Cie
                                        10, avenue des Iles d'Or
                                        F-83411 Hyères Cedex
Messieurs,
                     λ
Nous avons examiné votre offre du 18 janvier ; cependant, il ne nous est
pas possible de la prendre en considération pour le motif suivant :

            [ ] vos prix sont trop élevés ;
            [X] le délai de livraison proposé est trop long ;
            [ ] notre choix s'est porté sur un autre article ;
            [ ] l'article ne nous convient pas ;
            [ ] nous n'avons pas de besoin actuellement.

Tout en regrettant de ne pouvoir vous donner une réponse positive cette
fois, nous vous adressons, Messieurs, nos salutations distinguées.

                            p.o. Gustl Feierabend
```

Modèles de réponses aux demandes de modification(s)

1 Vous accordez une remise
Sie gewähren einen Mengenrabatt

> Rôtisserie de la Ferme
> 5, place de l'Ile-de-France
> F-67000 Strasbourg-Meinau
>
> Madame, Monsieur,
>
> Nous vous remercions de votre lettre du 15 éc. ainsi que de l'intérêt que vous avez marqué pour nos rôtissoires « Cuistot ».
> Nous avons revu nos prix sans toutefois pouvoir les modifier dans le sens que vous recherchez, car nous travaillerions à perte. A titre exceptionnel nous pourrions, en revanche, vous livrer ces rôtissoires avec une remise de 10 %, la plus importante que nous puissions accorder.
> Espérant que cette faveur vous engagera à nous remettre un ordre, nous vous prions d'agréer, Madame, Monsieur, l'assurance de nos sentiments distingués.
>
> Der Küchenspezialist

2 Vous faites votre possible pour livrer plus tôt
Sie tun Ihr möglichstes, um früher zu liefern

Madame Michelle Ladoucette
22, rue de Metz
F-54000 Nancy

Madame,

Dans votre lettre du 10 ct, vous avez demandé si la livraison des poupées pourrait être effectuée dès fin novembre.

L'afflux des commandes à l'approche des fêtes de Noël ne nous permet malheureusement pas de raccourcir le délai de livraison à ce point. Nous le regrettons et vous assurons que nous ferons le nécessaire pour que les poupées vous parviennent au plus tard le 6 décembre. Pourrez-vous patienter jusque-là ?

Dans l'attente d'une réponse favorable, nous vous prions de recevoir, Madame, l'expression de nos sentiments dévoués.

Spielwarenfabrik Kästle

3 Vous proposez de faire un achat à l'essai
Sie schlagen einen Kauf auf Probe vor

Monsieur Joël Rousset
22, rue Paul Verlaine
F-21000 Dijon

Monsieur

Nous recevons ce jour votre lettre du 2 septembre et vous en remercions.

La récente hausse sur les machines-outils ne nous permet pas de réduire le prix de la perceuse « Jumbo A ». Nous vous proposons donc de faire un essai de notre modèle « Jumbo B », disponible au prix indiqué sur le tarif que vous détenez.

Si l'essai ne vous satisfait pas, il vous suffira de nous retourner les invendus.

Nous espérons que vous accepterez notre proposition et vous prions de croire, Monsieur, à nos sentiments dévoués.

Schnörkel GmbH & Co.

Exercices

1. Retrouvez les mots manquants.

Votre lettre du 14 février a ..... ma meilleure attention. Je suis fort ..... que vous trouviez mon pâté de foie ..... cher ; malheureusement, il m'est ..... de vous ..... la ..... de 10 % désirée.

Dans mon offre, je vous ai ..... mes meilleures conditions, de sorte que je ne suis pas ..... de ..... encore davantage mes prix. En outre, je ne crois pas que d'autres ..... puissent offrir un produit de même ..... à des conditions plus ......

Pour vous être agréable, je suis toutefois ..... à vous accorder un ..... par traite à 90 jours.

J'espère que cette proposition vous ..... et que vous me réserverez la faveur de vos ......

Restant à votre ....., je vous ....., Monsieur, mes meilleures ......

2. Voici la réponse à une demande de modification(s) ; rétablissez-la.

1. Nous vous remercions de votre lettre du 14 mars et
2. A notre vif regret, nous ne pouvons pas
3. Mais, si vous le désirez,
4. Afin de faciliter votre commande,
5. Nous espérons que votre réponse sera favorable et

a) vous adresser un si grand nombre d'ouvrages à titre gracieux.
b) vous présentons, Mesdames, nos respectueuses salutations.
c) de l'intérêt que vous portez aux livres édités par nos établissements.
d) nous vous les ferons parvenir avec une remise exceptionnelle de 30 %.
e) nous joignons à cet envoi un bon à compléter.

3. Traduisez en français.

a) – Leider müssen wir feststellen, daß die angebotenen Waren zu teuer sind.
 – Mehrere Konkurrenzfirmen bieten uns dieselben Produkte zu günstigeren Preisen an.
 – Da uns Ihre Lieferungen jedoch immer zufriedengestellt haben, würden wir ungern auf Ihre Produkte verzichten.
 – Bitte prüfen Sie daher noch einmal Ihre Preise und teilen Sie uns mit, ob Sie sie um 10 % senken können.
 – Wir hoffen, daß Sie unserem Wunsch entsprechen werden.

 – Es ist uns leider nicht möglich, den Preis um 10,-- DM zu senken.
 – Unsere Katalogpreise sind bereits äußerst knapp kalkuliert.
 – Um Ihnen entgegenzukommen, sind wir jedoch bereit, Ihnen einen Mengenrabatt von 10 % zu gewähren.
 – Es würde uns freuen, wenn Sie unsere Vorschläge akzeptieren könnten.

b) Wir danken Ihnen für Ihr Schreiben vom 8. Oktober.
 Wir wären bereit, die uns angebotenen Schuhe zum Gesamtpreis von 40 000,-- F zu nehmen, wenn sie genau den Artikeln entsprechen, die wir im August erhalten haben. Außerdem müßten die Schuhe 14 Tage vor Weihnachten bei uns eintreffen. Da es sich um einen größeren Auftrag handelt, bitten wir Sie ferner, uns 10 % Mengenrabatt zu gewähren.
 Wenn Sie zu den genannten Bedingungen liefern können, bitten wir Sie, dies per Telex zu bestätigen.

4. Votre chef de service vous charge de préparer les lettres d'après les annotations qu'il/ elle a portées sur la fiche ci-dessous :

> * *Das Angebot von Melon & Fils (5, avenue de la Préfecture, F-91000 Évry) über Regenschirme ablehnen: im Augenblick kein Bedarf.*
>
> * *An Tricots Robinson: für Herbst-Winter-Katalog danken. Möchten 100 Kaschmirpullover bestellen. Preise leider zu hoch. Eine Schweizer Firma bietet günstiger an. Größere Aufträge in Aussicht stellen, sofern Preise um 10 % ermäßigt werden. Anschrift: 9, rue du Pas de la Mule, 75003 Paris.*
>
> * *Blanc & Brun (2, boulevard Royal, 2953 Luxemburg) für Angebot über Modeschmuck* (les bijoux fantaisie) *danken. Sind überrascht, daß die Preise seit der letzten Bestellung um 12 % erhöht wurden. Da Konkurrenzfirmen die gleichen Artikel günstiger anbieten, jedoch längere Lieferfristen benötigen, Blanc & Brun fragen, ob sie billiger liefern würden. Dringend. Um umgehende Nachricht bitten.*

5. Lisez attentivement cette conversation téléphonique :

Wurzel : Bonjour, M. Racine. Comment allez-vous ?

Racine : Merci, ça va.

Wurzel : Ecoutez, je viens de recevoir votre offre ; vous m'écrivez que vos imperméables ne sont disponibles qu'à la fin du mois d'octobre. Ne voyez-vous aucune possibilité de les livrer avant ?

Racine : Peut-être … il faut que je voie. Quand vous les faudrait-il exactement ?

Wurzel : Au plus tard à la mi-septembre.

Racine : Mmmh ! Ça ne va pas être facile. Je vais étudier la question, mais je ne vous promets rien.

Wurzel : Vraiment, ça m'ennuierait beaucoup si je ne pouvais les mettre en vente plus tôt.

Racine : Ecoutez, je vais voir ce que je peux faire. S'il y a moyen d'activer la livraison, je ne manquerai pas de vous le faire savoir.

Wurzel : C'est très aimable de votre part. Quand le saurez-vous au plus tôt ?

Racine : Vous aurez de mes nouvelles dans deux ou trois jours.

Wurzel : Bon d'accord, merci.

Racine : C'est à moi de vous remercier. Je suis vraiment désolé de ne pouvoir vous donner une réponse positive dans l'immédiat.

Wurzel : Je suis sûr que vous trouverez une solution.

Racine : Espérons-le. Au revoir, M. Wurzel, et encore merci !

Wurzel : De rien ! Bonne journée, M. Racine !

Deux jours plus tard, M. Racine confirme la livraison des imperméables pour le 17 septembre. Rédigez la lettre correspondante.

6. **Déclinez les offres reçues et rédigez des demandes de modification(s) d'après les données suivantes :**

a) Vous (Drogerie Riecher, Dotzheimer Straße 7, 6200 Wiesbaden) avez reçu de la parfumerie Sentbon, 124, bd du Jeu du Ballon, 06130 Grasse, une offre concernant ses eaux de toilette.

Dans votre réponse, vous demanderez au fournisseur de modifier ses prix, ceux de la concurrence étant nettement inférieurs. Vous accepteriez d'entrer en relations d'affaires ; condition : réduction de 10 %.

b) Sie arbeiten bei der Firma Nagelneu & Co., Hinter den Hecken 2, 5010 Bergheim, und danken den Gebrüdern Bourguignon, 5, rue du Pont Saint-Jean, 24104 Bergerac, für ihr Angebot von Pasteten.

Preise sind durchschnittlich 8 % höher als bei anderen Angeboten. Außerdem gewährt die Konkurrenz 3 % Skonto bei Zahlung innerhalb von 10 Tagen. Bedarf: 20 Dosen von jeder Sorte. Sie bitten, die Preise noch einmal zu überdenken.

c) Sie (Fritz und Hans Kugele, Albstadtweg 29, 7000 Stuttgart-Möhringen) haben von François Montfort & Fils, 33330 Saint-Emilion, eine Einladung zum Besuch ihrer Kellereien *(caves)* sowie eine Preisliste erhalten.

Sie bedauern, die Kellereien in nächster Zeit nicht besuchen zu können, weil Sie wichtige Termine haben.

Die Preisliste haben Sie geprüft. Sie wären bereit, 40 Kisten Château Boisé zu bestellen, wenn Montfort & Fils ihre Preise auf 30 F je Flasche ermäßigen. Ferner müßten sie die Frachtkosten von Saint-Emilion bis Stuttgart übernehmen.

Sie erwarten baldige Nachricht.

7. **Répondez à des demandes de modification(s) d'après les données suivantes :**

a) Sie (F. Tischmacher, Kolbegasse 32, A-1232 Wien) danken Herrn Vincent Courageux, 6, rue du Temple, F-51054 Reims, für sein Schreiben vom 2. August. Gewünschte Bedingungen werden teilweise angenommen. Bohrmaschine „Multireflex" kann bei einer Bestellung von 100 Stück zum Preis von 280 F geliefert werden. Es liegt Ihnen viel an diesem Auftrag. Ausnahmsweise gewähren Sie einen Preisnachlaß von 5 %. Sie erhalten Ihr Angebot bis zum 30. September aufrecht.

b) Sie (Großbäckerei Weckle, Heilbronner Str. 14, 7101 Abstatt) danken dem Hotel „Le Sélect", 117, avenue des Champs-Elysées, 75008 Paris, für seine Gegenvorschläge. Sie haben Ihre Preise überprüft. Sie möchten mit dem Hotel in Geschäftsverbindung treten und nehmen daher die Vorschläge an. Das Sechskornbrot *(le pain 6 céréales)* wird von 3 DM auf 2,80 DM ermäßigt. Aufgrund Ihres Entgegenkommens erhoffen Sie dauerhafte Beziehungen. Sie werden für pünktliche Lieferung sorgen.

8. **Répondez au modèle de lettre au début du chapitre (p. 116) et au modèle de demande de modification n⁰ 1 (p. 120).**

ROBI-LUXE

17, rue Pasteur - 69007 LYON
Tél. : 78.60.61.62

ROBINETTERIE INDUSTRIELLE

Société anonyme au capital de 1 050 000 F
RCS Lyon B 750 821 644
CCP Lyon 88.345.44 C

Société Colbert Frères & Cie

27, rue de Mulhouse

68300 Saint-Louis

Objet :
Votre commande du 21 mars

Lyon, le 5 avril 19..

Messieurs,

Nous avons le regret de vous faire savoir qu'il ne nous sera pas possible de vous fournir pour la date prévue les

400 pièces d'acier

faisant l'objet de votre commande nº 746.

En effet, il y a actuellement pénurie de matières premières, ce qui ralentit considérablement notre fabrication.

Cependant, nous serions en mesure d'effectuer votre livraison sur les bases suivantes : fin avril, la moitié, soit 200 pièces. Fin mai, le reste. Une réponse par retour du courrier nous arrangerait particulièrement.

Espérant avoir votre accord à ce sujet, nous vous en remercions à l'avance et vous assurons de notre entier dévouement.

Robin Dubois

Robin Dubois

3 Der Verkäufer lehnt die Bestellung ab –
Le vendeur refuse la commande

Der Verkäufer muß hin und wieder eine Bestellung ablehnen,

– wenn er den gewünschten Artikel nicht (mehr) führt,
– wenn der Artikel nicht lieferbar ist,
– wenn die Bestellung vom Angebot abweicht und er auf die Bedingungen des Kunden nicht eingehen kann oder will,
– wenn die Bestellung nach Ablauf der Gültigkeitsdauer des Angebots einging,
– wenn der Kunde nicht zahlungsfähig zu sein scheint.

In einer Empfangsbestätigung wird sich der Verkäufer für die Bestellung bedanken und sein Bedauern ausdrücken, diese nicht annehmen zu können.

Er wird sich oft bemühen, die Geschäftsverbindung trotzdem aufrechtzuerhalten, indem er teilweise auf Wünsche des Käufers eingeht (siehe vorhergehendes Kapitel, ab S. 116), ein Ersatzprodukt anbietet oder ihn auf später vertröstet.

1. Vous refusez la commande

a) Vous ne tenez pas/plus l'article demandé

Malheureusement nous ne faisons plus les produits demandés.

Nous regrettons de vous faire savoir que ces cuisines ne se fabriquent plus ; nous vous proposons de le remplacer par l'article n⁰ 20 du catalogue.

b) L'article n'est pas disponible

Les lave-vaisselle demandés sont en rupture de stock ; nous en avons pris note pour une livraison ultérieure.

Malheureusement,
– les articles désirés ne sont plus disponibles en ce moment.
– nous nous trouvons en rupture de stock pour ces produits.
– nous n'avons rien d'équivalent à vous proposer.
– notre stock de vestes est épuisé.

Dès que notre stock sera renouvelé, nous vous le ferons savoir.

1. Sie lehnen die Bestellung ab

a) Sie führen den gewünschten Artikel nicht (mehr)

Leider führen wir die verlangten Produkte nicht mehr.

Wir müssen Ihnen leider mitteilen, daß diese Küchen nicht mehr hergestellt werden; wir schlagen Ihnen vor, sie durch Artikel Nr. 20 des Katalogs zu ersetzen.

b) Der Artikel ist nicht lieferbar

Die gewünschten Spülmaschinen sind nicht auf Lager; wir haben Sie für eine spätere Lieferung vorgemerkt.

Leider
– sind die gewünschten Artikel momentan nicht mehr vorrätig.
– haben wir diese Produkte nicht mehr auf Lager.
– haben wir nichts Gleichwertiges anzubieten.
– ist unser Vorrat an Jacken erschöpft.

Sobald unser Lager aufgefüllt ist, geben wir Ihnen Bescheid.

127

c) Vous n'acceptez pas les conditions demandées par le client

Vous demandez que la livraison soit effectuée à la mi-mai, alors que le délai habituel est de quatre semaines.

Nous regrettons de ne pouvoir
– raccourcir le délai fixé.
– avancer la date de livraison.

Notre fournisseur vient de nous faire savoir que la fabrication des sacs exige 3 semaines au moins.

Une hausse importante sur le bois s'est produite depuis le début de l'année, de sorte que nous ne pouvons plus livrer aux anciennes conditions.

d) Votre offre n'est plus valable

Il ne nous est malheureusement pas possible d'accepter votre commande, car
– vous vous référez aux prix de notre catalogue automne-hiver.
– notre offre n'est plus valable depuis un mois.

e) Vous doutez de la solvabilité du client

Nous sommes malheureusement obligés de refuser votre commande, notre facture du 1er mars n'étant pas encore réglée.

Nous n'accordons de crédit qu'aux anciens clients ; nous souhaitons votre compréhension à ce sujet.

2. Vous invitez le client à réagir

Si vous pouvez patienter jusque-là, je retiendrai volontiers votre commande.

Vous voudrez bien nous préciser le plus rapidement possible si vous souhaitez un envoi partiel des produits actuellement disponibles.

En remplacement/Au lieu de l'article nº 10, je vous recommande l'article nº 11.

c) Sie gehen nicht auf die Bedingungen des Kunden ein

Sie bitten um eine Lieferung Mitte Mai, obwohl die übliche Frist 4 Wochen beträgt.

Leider können wir
– die festgesetzte Frist nicht verkürzen.
– das Lieferdatum nicht vorverlegen.

Unser Lieferant hat uns soeben mitgeteilt, daß die Anfertigung der Taschen mindestens 3 Wochen in Anspruch nimmt.

Seit Jahresbeginn ist eine starke Erhöhung der Holzpreise eingetreten, so daß wir nicht mehr zu den früheren Bedingungen liefern können.

d) Ihr Angebot ist nicht mehr gültig

Wir können Ihre Bestellung leider nicht annehmen, weil
– sich Ihre Preise auf unseren Herbst-Winter-Katalog beziehen.
– unser Angebot seit einem Monat ungültig ist.

e) Sie haben Zweifel an der Zahlungsfähigkeit des Kunden

Wir sind leider gezwungen, Ihre Bestellung abzulehnen, weil Sie unsere Rechnung vom 1. März noch nicht beglichen haben.

Wir gewähren nur langjährigen Kunden Kredit; wir bitten Sie hierfür um Verständnis.

2. Sie fordern den Kunden auf zu reagieren

Wenn Sie sich bis dahin gedulden können, bin ich gern bereit, Ihre Bestellung vorzumerken.

Teilen Sie uns bitte so schnell wie möglich mit, ob Sie eine Teillieferung der zur Zeit verfügbaren Produkte wünschen.

Als Ersatz/Anstelle des Artikels Nr. 10 empfehle ich Ihnen den Artikel Nr. 11.

Il s'agit là d'un produit un peu plus cher, mais aussi de qualité supérieure.

Avant d'exécuter votre ordre, il nous faudrait certaines précisions complémentaires.

3. Conclusion

Si ces délais vous conviennent, je vous prie de bien vouloir confirmer votre commande.

Nous espérons que vous voudrez bien confirmer votre commande sur la base des prix actuels.

Il va sans dire que nous restons volontiers à votre disposition pour toute nouvelle commande.

En regrettant de ne pouvoir vous servir comme vous l'auriez désiré, nous vous présentons nos sentiments les meilleurs.

Es handelt sich hierbei um ein etwas teureres, aber auch hochwertigeres Produkt.

Bevor wir Ihren Auftrag ausführen, benötigen wir noch einige zusätzliche Angaben.

3. Briefschluß

Wenn Sie mit diesen Fristen einverstanden sind, bitten wir Sie, Ihren Auftrag zu bestätigen.

Wir hoffen, daß Sie Ihren Auftrag zu den heutigen Preisen bestätigen werden.

Selbstverständlich stehen wir Ihnen für weitere Aufträge gerne zur Verfügung.

Wir bedauern, Sie nicht so bedienen zu können, wie Sie es gewünscht hätten.
Mit freundlichen Grüßen

Modèles de lettres

1 Le produit ne se fabrique plus
Das Produkt wird nicht mehr hergestellt

Madame Virginie Marceau
10, rue des Capucines
F-75001 Paris

Madame,

Par votre lettre du 20 août, vous nous passez commande de 40 services à thé « Friesland », en vous basant sur notre catalogue du printemps dernier. Nous vous remercions de l'intérêt que vous portez à nos produits. Nous devons cependant vous signaler que cette vaisselle ne se fabrique plus.
En remplacement, nous vous recommandons l'article « Ameland » du catalogue. Il s'agit d'un service un peu plus cher mais aussi plus richement décoré et de meilleure qualité. Nos stocks étant limités, nous vous saurions gré de faire votre choix sans tarder.
Nous espérons que votre réponse sera favorable et vous prions d'agréer, Madame, nos respectueuses salutations.

Tafel & Teller GmbH

---

2 Vous vous trouvez en rupture de stock
Ihr Lager ist erschöpft

AU PAYS DES MERVEILLES
122, avenue Louise
B-1050 Bruxelles

Madame, Monsieur,

Nous avons bien reçu votre ordre et vous en remercions. Vous demandez que la livraison soit effectuée fin octobre, alors que le délai habituel est de 5 semaines.
Il ne nous est malheureusement pas possible d'honorer votre commande en un temps si court.
Certains jouets connaissent un tel succès auprès du public que nous nous trouvons en rupture de stock pour ces articles. Nous serions en mesure de vous livrer les voitures télécommandées à la date prévue et les ours en peluche trois semaines plus tard, après réapprovisionnement de nos stocks.
Si ces délais sont à votre convenance, nous vous prions de bien vouloir confirmer votre commande par retour du courrier.
En vous exprimant nos regrets de ne pouvoir vous donner entière satisfaction, nous vous adressons, Madame, Monsieur, nos salutations empressées.

Spielwaren Königreich

---

3 Vous ne livrez plus aux anciens prix
Sie liefern nicht mehr zu den alten Preisen

La Maison du Meuble
A l'attention de M. Knöpfli
Grand-Rue 3
CH-1196 Gland

Monsieur,

Au reçu de votre ordre du 10 octobre, nous n'avons pas manqué d'examiner attentivement les propositions que vous nous avez faites. Cependant, nous regrettons de ne pouvoir les prendre en considération, car vous vous référez à notre tarif de l'an passé.
Les meubles en bois ont subi une hausse importante entre-temps, de sorte qu'il ne nous est malheureusement plus possible de livrer aux anciens prix. Il faut compter aujourd'hui avec une augmentation de 15 à 20 %.
Nous espérons que vous voudrez bien confirmer votre commande sur la base du tarif ci-joint.
Dans l'attente de votre réponse, que nous espérons positive, nous vous prions de recevoir, Monsieur, l'expression de nos sentiments les meilleurs.

Möbelfabrik Strumpf

Exercices

1. Complétez en choisissant le mot ou l'expression qui convient.

Messieurs,

Votre commande du 22 août a retenu toute notre **(1)**. Toutefois, nous avons le **(2)** de vous informer que notre offre était **(3)** du 15 mai au 30 juin seulement. Les machines à coudre « Quickstep » ont eu un tel succès auprès de nos **(4)** que notre stock est **(5)**. Comme nous n'avons rien **(6)** à vous **(7)**, nous sommes obligés de **(8)** votre ordre.

Bien entendu, nous restons à votre **(9)** pour le cas où vous auriez d'autres commandes à nous passer.

Agréez, Messieurs, l'expression de nos **(10)** distingués.

- **(1)** compréhension / attention / décision
- **(2)** plaisir / joie / regret
- **(3)** meilleure / valable / semblable
- **(4)** vendeurs / clients / représentants
- **(5)** épuisé / disponible / rempli
- **(6)** de bien / de cher / d'équivalent
- **(7)** proposer / dire / écrire
- **(8)** accepter / renoncer à / retourner
- **(9)** ordre / attente / disposition
- **(10)** sentiments / salutations / remerciements

2. Reliez les demi-phrases de gauche à celles de droite de façon à former des phrases complètes.

1. Par votre lettre du 2 mars,	a) vous pourrez vous décider pour cet article.
2. Nous vous en remercions et vous informons que	b) vous me passez commande de 100 paires de collants « Charme ».
3. Malheureusement, les collants que	c) vous désirez ne sont plus disponibles.
4. Je vous propose	d) vous vous êtes référé(s) au catalogue de l'automne dernier.
5. J'espère que	e) de les remplacer par l'article n⁰ 18 du catalogue.

3. Dans les phrases suivantes, remplacez les points de suspension par

à cause, car, c'est pourquoi, de sorte que, pour, pour que, que, si.

- Vous comprendrez qu'en période de fêtes, nous sommes trop sollicités ..... pouvoir exécuter votre ordre immédiatement.
- ..... vous pouvez patienter jusque-là, je vous accorderai un rabais de 10 %.
- Les ventes ont augmenté sensiblement ..... des fêtes.
- Le délai proposé est trop court ..... nous puissions livrer le tout à la date voulue.
- Une hausse importante s'est produite au début de l'année, ... je ne peux plus livrer aux anciennes conditions.
- Certains meubles ont un tel succès ..... nombre de nos clients ont été conduits à renouveler leur commande.
- Certains fers à repasser ont été proposés en solde, ... nous sommes conduits à renouveler nos stocks.
- Il nous est impossible de baisser davantage les prix, ... nous travaillerions à perte.

4. Traduisez en français.

a) – Wir möchten Sie darauf aufmerksam machen, daß Sie sich auf unsere alte Preisliste beziehen.

– Leider ist unser Vorrat an diesen Produkten durch die große Nachfrage schon erschöpft.

– Es ist uns nicht möglich, innerhalb von 14 Tagen zu liefern.

– Dagegen haben wir noch ein vergleichbares Produkt auf Lager.

– Wir hoffen, Sie können sich für dieses Produkt entscheiden.

b) Vielen Dank für Ihre Bestellung über 40 Waschmaschinen „Saubermann".
In Ihrem Schreiben bitten Sie um Lieferung bis zum 15. Oktober. Wir bedauern, daß wir neuen Aufträgen im Augenblick nicht nachkommen können. Auch eine Teilsendung ab Lager ist gegenwärtig nicht möglich.
Neue Bestellungen können wir nur noch für die erste Hälfte des nächsten Jahres annehmen. Wenn Sie sich bis dahin gedulden können, sind wir gerne bereit, Ihren Auftrag vorzumerken.
Wir bedauern sehr, Ihnen diesen Bescheid geben zu müssen.

c) Vielen Dank für Ihren Brief vom 7. Mai, in dem Sie 30 Staubsauger „Schluck" bestellen.
Wir weisen Sie darauf hin, daß Sie sich auf unseren letzten Sommerkatalog beziehen und wir dieses Modell nicht mehr führen. Wir haben uns bei unserem Lieferanten erkundigt, der uns soeben mitgeteilt hat, daß dieser Staubsauger nicht mehr hergestellt wird.
Wir empfehlen Ihnen daher das Modell „Kraft". Es handelt sich um ein etwas teureres, aber qualitativ besseres Gerät.
Wir hoffen, daß Sie sich dafür entscheiden können, und sehen Ihrer baldigen Antwort entgegen.

5. Mme Amsel, directrice du service commercial dans lequel vous travaillez, vous remet la fiche ci-dessous et vous charge de rédiger les lettres.

> – Gebr. Schenk, 14 rue du Bain aux Plantes, 67000 Straßburg. Können leider bestellte Bergschuhe nicht liefern, da wir sie nicht mehr führen; auf Wunsch können sie bei Mindestabn. v. 30 P. angefertigt werden. Preis aber 20% höher. Daher Modell „Alpin" empfehlen
>
> – Maroquinerie des Vosges, 22 place Stein, 88000 Epinal. Dank f. Best. Nr. 407 üb. 50 Reisetaschen „Fernweh". Gew. Zahlungsziel v. 4 Mon. ablehnen, höchstens 90 Tage. Bei Sofortzahlg. übliches Skonto 2%. Glauben nicht, daß andere Firma günstigeres Angebot machen kann. Hoffen auf Erteilung des Auftrags.

6. Complétez la conversation téléphonique suivante :

Klein : Bonjour, M. Petit, ça ..... ?
Petit : Merci, et ..... ?
Klein : On fait aller. Dites, M. Petit, j'ai ..... aujourd'hui votre bon de ..... n⁰ 23. Je .....
désolé de devoir vous ..... que nous ne pourrons ..... que la moitié des rideaux,
parce que les voilages de style vénitien sont presque épuisés et nous avons arrêté
la ......
Petit : ..... ?
Klein : Parce qu' ..... trop ..... demandés.
Petit : Avez-vous autre chose à ..... pour compléter l'envoi ?
Klein : Oui, en ....., je vous ..... l'article n⁰ 78 à 99 F le m. Il s'..... d'un voilage un peu plus
..... mais aussi ..... fin. Vous en ..... un échantillon ?
Petit : ...... Ça me permettra de me faire une idée. Ils sont ..... par la ..... française, vos
nouveaux voilages ?
Klein : Ecoutez, ils ont un tel ..... que nos stocks vont être ..... bientôt.
Petit : Alors, si je vous comprends bien, il faudra que je me ..... rapidement !
Klein : Oui, il vaudrait mieux. Je serais très heureux si vous pouviez vous ..... pour cet ......
Et comme vous êtes un bon client, je serais même ..... à vous accorder un rabais de
10 %. En ce qui ..... la livraison, nous vous ferions un ..... global à la ..... prévue.
Petit : D'accord. Pourrez-vous me/m'..... votre ..... sans tarder ?
Klein : Naturellement. Je vous le/l'..... dès ce jour.
Petit : ..... bien, M. Klein, et bonne ..... !
Klein : C'est à ..... de vous remercier. Au ....., M. Petit !

7. Rédigez des lettres d'après les données suivantes :

a) Sie (Hans Fischer, Obere Donaustraße 8, 1020 Wien) danken dem Hotel „Le Mouton",
11, rue de la Gare, 67210 Obernai, für seine Bestellung vom 18. Januar über 20 Betten.
(Bestellung aufgrund eines Sonderangebots, das nur bis zum 31.12. gültig war).
Sie müssen leider ablehnen. Auftrag zu spät eingetroffen.
Neue Modelle, regulärer Preis 1 000 F pro Bett.

b) Am 9. Dezember hat Frau Marlène Roussel, 9, Fᵇᵍ du Val d'Ajol, 88200 Remiremont, bei
Ihnen (Neue Galerien, Kirschenallee, 6100 Darmstadt) 40 Hosen aus Satin, Größe 38,
bestellt. Liefertermin: spätestens 15. Dezember. Sie haben die Hosen nicht mehr auf
Lager, könnten sie aber von der Textilfabrik bekommen, allerdings erst in 2 Wochen. Sie
fragen Frau Roussel, ob sie sich so lange gedulden kann.

Steinhaus + Lippold
RAUM und DESIGN
Schaumburg-Lippe-Str. 12
D-5300 Bonn

Éts Lebel & Buvard
3, place Paliquet

F-95420 Magny-en-Vexin

Bonn, le 20 janvier 19..

Chers Messieurs,

Nous venons de vous transmettre le message télex suivant :

« Annulons commande 200 porte-serviettes DAUPHIN
et 100 miroirs ovales MIMOSA. »

Par la présente, nous vous confirmons que cet ordre, passé par erreur, doit être considéré comme nul. En examinant nos réserves, nous n'avons pas remarqué qu'il nous reste de votre dernier envoi de quoi satisfaire nos clients pendant quelque temps encore.

Aussi, nous vous prions de bien vouloir excuser cette inadvertance de notre part. Dès que les circonstances nous le permettront, nous ne manquerons pas de renouveler notre commande.

Nous vous remercions par avance de votre obligeance et vous adressons, chers Messieurs, l'expression de nos sentiments distingués.

Mareike Knopf

p.o. Mareike Knopf.

4 Der Käufer widerruft seine Bestellung –
Le client annule sa commande

Es kommt gelegentlich vor, daß ein Kunde seine Bestellung widerruft. In seiner Mitteilung nennt er die Gründe dafür und entschuldigt sich.

Der Widerruf muß dem Verkäufer rechtzeitig zugehen. Ansonsten steht es diesem frei, ihn anzunehmen oder abzulehnen.

Oft wird der Verkäufer versuchen, den Kunden von seinem Entschluß abzubringen, und eventuell Zugeständnisse machen (Preisherabsetzung, Zahlungserleichterungen, Verschiebung des Liefertermins usw.) – vergleiche Kapitel 2, „Der Käufer möchte das Angebot modifizieren", S. 116.

1. Le client annule sa commande

a) Introduction

Vous venez de recevoir notre ordre pour 10 t de pommes de terre.

Par notre lettre du 8 ct, nous vous demandions de nous livrer 150 sacs à dos.

Nous regrettons d'être obligés de révoquer notre ordre du 13 mars.

Vous serait-il possible d'annuler notre commande du 24 écoulé ?

b) Estimation erronée des besoins

Notre ordre est dû à une erreur.

– En faisant l'inventaire, nous nous sommes aperçus
– En examinant nos réserves, nous ne nous sommes pas rendus compte
... que notre approvisionnement est encore intact.
... que nous avons encore un stock important de blousons.

Veuillez donc considérer notre commande comme nulle et non avenue.

Je vous prie de bien vouloir excuser cette erreur (= inadvertance).

c) Circonstances imprévues

La récente dévaluation du dollar nous oblige à annuler nos ordres des 3 et 9 mai.

1. Der Käufer widerruft seine Bestellung

a) Einleitung

Soeben erhielten Sie unseren Auftrag über 10 t Kartoffeln.

In unserem Brief vom 8. d. M. baten wir Sie, uns 150 Rucksäcke zu liefern.

Wir bedauern, unseren Auftrag vom 13. März widerrufen zu müssen.

Könnten Sie bitte unsere Bestellung vom 24. v. M. annullieren ?

b) Fehleinschätzung des Bedarfs

Unser Auftrag beruht auf einem Irrtum.

– Bei der Bestandsaufnahme haben wir festgestellt,
– Bei der Überprüfung unserer Bestände haben wir übersehen,
... daß unser Warenvorrat noch vollständig ist.
... daß wir noch einen größeren Posten Blousons vorrätig haben.

Wir bitten Sie daher, unseren Auftrag als gegenstandslos zu betrachten.

Ich bitte Sie, dieses Versehen zu entschuldigen.

c) Unvorhergesehene Umstände

Die kürzliche Abwertung des Dollars zwingt uns, unsere Aufträge vom 3. und 9. Mai zu stornieren.

Le client auquel ces pièces étaient destinées a fait faillite/a été victime d'un accident.

Ne voyant, pour l'instant, aucune autre possibilité d'écoulement, je dois, à mon vif regret, vous prier d'annuler ma commande.

d) Conditions défavorables

- Etant donné vos nouveaux prix,
- Vu la majoration de prix que vous nous avez annoncée,
- Ayant obtenu entre-temps des offres plus avantageuses,
- ... nous nous voyons dans l'obligation de retirer notre ordre.

e) Retard dans la livraison

Par ma lettre du 3 mai, je vous priais d'effectuer la livraison avant la fin du mois en cours.

- Ayant attendu en vain l'arrivée de la marchandise,
- Le délai de livraison étant écoulé/dépassé depuis longtemps,
- ... nous révoquons notre ordre n⁰ 247.

f) Difficultés financières

- Comme notre situation financière actuelle nous empêcherait de vous payer dans le délai prévu,
- La vente de ces produits s'étant fortement ralentie depuis le début de l'année,
- ... nous préférons renoncer à notre commande.

g) Conclusion

Nous souhaitons votre compréhension pour ce cas exceptionnel (=spécial).

Je répondrai à votre obligeance par de nouveaux ordres.

- Lors de futures commandes,
- Dès que les circonstances nous le permettront,
- ... nous ne manquerons pas de nous adresser encore à votre Maison.

Nous vous remercions à l'avance de votre obligeance.

Der Kunde, für den diese Teile bestimmt waren, hat Konkurs gemacht/ist verunglückt.

Da ich im Augenblick keine andere Absatzmöglichkeit sehe, muß ich Sie leider bitten, meinen Auftrag zu stornieren.

d) Ungünstige Bedingungen

- Aufgrund Ihrer neuen Preise
- In Anbetracht der Preiserhöhung, die Sie uns angekündigt haben,
- Da wir in der Zwischenzeit günstigere Angebote erhalten haben,
- ... sehen wir uns gezwungen, unseren Auftrag zurückzuziehen.

e) Verspätete Lieferung

In meinem Brief vom 3. Mai bat ich Sie, die Lieferung vor Ende dieses Monats vorzunehmen.

- Da wir vergebens auf den Eingang der Ware gewartet haben,
- Da die Lieferfrist seit langem abgelaufen/überschritten ist,
- ... widerrufen wir unseren Auftrag Nr. 247.

f) Finanzielle Schwierigkeiten

- Da wir aufgrund unserer jetzigen Finanzlage nicht binnen der vorgesehenen Frist bezahlen könnten,
- Da der Verkauf dieser Produkte seit Jahresbeginn stark zurückgegangen ist,
- ... ziehen wir es vor, auf unsere Bestellung zu verzichten.

g) Briefschluß

Wir bitten Sie um Verständnis für diesen Ausnahmefall.

Ich werde mich mit neuen Aufträgen erkenntlich zeigen.

- Bei künftigem Bedarf
- Sobald es die Umstände zulassen,
- ... werden wir uns wieder an Sie wenden.

Wir danken Ihnen im voraus für Ihr Entgegenkommen.

2. Réponse du vendeur

a) Vous acceptez l'annulation

Par votre télex d'hier, vous nous demandez
d'annuler
– l'ordre susmentionné.
– une partie de votre commande.

Vu ces circonstances particulières,
– nous acceptons l'annulation (= le retrait)
de votre commande.
– nous accédons volontiers à votre désir.

Nous regrettons vivement de ne pouvoir,
cette fois, vous servir.

b) Vous rejetez l'annulation

– Ces chaussures étant en cours de fabrication depuis lundi,
– Comme nous fabriquons ce tissu
exclusivement pour votre Maison,
– Etant donné qu'il s'agit d'une fabrication
spéciale peu demandée,
... nous regrettons de ne pouvoir accepter
votre dédit.

Les commandes doivent être annulées au
moins deux semaines avant la mise en fabrication.

c) Conclusion

Nous espérons que vous ne nous tiendrez
pas rigueur de ce refus.

Comptant sur votre compréhension, nous
vous prions de recevoir nos salutations distinguées.

2. Antwort des Verkäufers

a) Sie nehmen den Widerruf an

In Ihrem gestrigen Fernschreiben bitten Sie
uns,
– den obengenannten Auftrag
– einen Teil Ihrer Bestellung
zu streichen.

Aufgrund dieser besonderen Umstände
– sind wir mit der Annullierung Ihres Auftrages einverstanden.
– kommen wir Ihrem Wunsch gerne nach.

Wir bedauern sehr, Sie diesmal nicht bedienen zu können.

b) Sie weisen den Widerruf zurück

– Da diese Schuhe seit Montag in der Produktion sind,
– Da wir diesen Stoff ausschließlich für
Ihre Firma herstellen,
– Da es sich um eine Sonderanfertigung
handelt, die kaum verlangt wird,
... bedauern wir, Ihren Widerruf nicht annehmen zu können.

Bestellungen müssen mindestens zwei
Wochen vor Herstellungsbeginn widerrufen werden.

c) Briefschluß

Wir hoffen, daß Sie uns diese Ablehnung
nicht übelnehmen werden.

Wir rechnen mit Ihrem Verständnis und
verbleiben mit freundlichen Grüßen

Modèles de lettres d'annulation

1 Vous n'aurez plus usage de la marchandise
Sie benötigen die Ware nicht mehr

Tissages Henri Robineau
21, rue Gauthier 1er
F-77140 Nemours

Chers Messieurs,

Depuis fort longtemps, nous vous commandons chaque année un certain métrage de vos tissus d'ameublement. Ces tissus nous servent à confectionner rideaux, surnappes et jetés de lit pour un client particulièrement exigeant.
Vous venez de recevoir encore notre ordre du 14 novembre pour 200 m de chintz et 500 m de cretonne, livrables courant décembre.
Or, nous apprenons aujourd'hui que ce client va supprimer son rayon « Décoration », ce qui nous privera de ses commandes. Nos stocks étant encore importants, nous devons donc, à notre vif regret, vous prier d'annuler notre ordre.
Nous déplorons une conclusion si brusque de nos amicales relations commerciales et faisons appel à votre compréhension pour ces circonstances exceptionnelles. D'avance, nous vous en remercions.
Dans l'attente de votre confirmation, nous vous adressons, chers Messieurs, l'expression de notre meilleur souvenir.

p.p. Martin Römer

2 Votre approvisionnement est encore suffisant
Ihr Warenvorrat reicht noch

Éts France Gourmets
87, avenue de la Côte d'Azur
F-94638 Rungis Cedex

Chers Messieurs,

Des circonstances imprévues nous obligent à vous demander de ne pas nous livrer les 120 poulets de Bresse à la date convenue.
En effet, la saison d'hiver a été écourtée par la fonte prématurée des neiges. Nombre de nos clients ont donc annulé leur réservation en dernière minute, de sorte que notre approvisionnement de volaille suffira jusqu'à la fermeture annuelle de l'hôtel.
Considérant nos bonnes et anciennes relations, nous ne doutons pas que vous n'acceptiez notre dédit. Par avance, nous vous remercions de votre compréhension.
Veuillez croire, chers Messieurs, à l'expression de nos sentiments cordiaux.

Schwarzwaldhotel

Réponses aux lettres d'annulation

1 Vous admettez le retrait
Sie sind mit dem Widerruf einverstanden

Monsieur Guy Collin
11, rue Lebourgblanc
F-78590 Noisy-le-Roi

Monsieur,

Par votre lettre du 14 courant, vous nous informez que votre bureau sera transféré à Liège sous peu.
Vu ces circonstances particulières, nous acceptons d'annuler votre commande nº 106 concernant cinq armoires ALI BABA.
Nous regrettons de ne pouvoir, cette fois, vous servir et espérons que vous continuerez à nous honorer de votre confiance.
Veuillez croire, Monsieur, à l'assurance de nos sentiments dévoués.

Büroorganisation Kerler & Co.

2 L'article est en voie de fabrication
Der Artikel wird bereits hergestellt

Messieurs Pommier & Fils
3, rue du Bois-Joly
F-92000 Nanterre

Messieurs,

Malheureusement, il ne nous est pas possible d'accueillir favorablement votre demande d'annulation du 24 avril, car les ceintures sont en voie de fabrication depuis une semaine.
Comme nous les fabriquons spécialement pour vos ateliers, nous regrettons de ne pouvoir accepter le dédit.
Pour vous être agréables nous pourrions, en revanche, prolonger de trente jours le délai de paiement.
Tout en espérant que vous ne nous tiendrez pas rigueur de ce refus, nous vous adressons, Messieurs, nos salutations empressées.

Schnurtz + Moritz GmbH

Exercices

1. Remplacez les expressions soulignées par d'autres expressions que vous connaissez.

Messieurs,

La hausse de prix que vous nous annoncez dans votre télégramme d'hier nous oblige à révoquer notre ordre du 2 février concernant 50 miroirs « Venise ». Malheureusement, une hausse si forte ne nous permettrait pas d'écouler vos articles facilement.
Tout en regrettant cet état de choses, nous vous prions d'agréer, Messieurs, nos salutations les meilleures.

2. Remplacez chaque chiffre par le mot ou l'expression qui convient.

Madame,

A mon vif **(1)**, je dois **(2)** ma commande du 17 mars, en raison de difficultés financières qui **(3)** de vous payer dans le **(4)** prévu.
En effet, des travaux de voierie ont rendu **(5)** l'accès de mon magasin pendant près de deux mois, ce qui s'est traduit par un net **(6)** de mes **(7)**. **(8)**, je vous demande de bien vouloir **(9)** exceptionnellement mon dédit. Je **(10)** votre compréhension et vous en remercie.
Veuillez agréer, Madame, mes salutations les plus **(11)**.

      (1) plaisir / désir / regret
      (2) retirer / garder / rappeler
      (3) me permettraient / m'empêcheraient / m'obligeraient
      (4) date / jour / délai
      (5) difficile / facile / joli
      (6) retard / augmentation / ralentissement
      (7) paiements / ventes / commandes
      (8) En conséquence / En effet / En outre
      (9) accepter / recevoir / annuler
   (10) prie / compte sur / rappelle
   (11) dévoués / meilleures / distinguées

3. Retrouvez les mots manquants.

Monsieur,

J'..... de votre dédit du 4 ct. Permettez-..... d'attirer votre ..... sur le fait que la récolte des vins a été très faible cette année en Provence, de sorte qu'on prévoit une ..... générale des prix. Il serait donc de votre ..... de maintenir votre commande.
Pour vous être ....., je suis prêt, si vous le ....., à vous accorder un ..... par traite à 60 ..... au lieu d'un paiement comptant. De plus, si vous le ....., je pourrais garder les vins dans mes chais jusqu'à ce que vos ..... soient épuisées.
Vu ces nouvelles ....., j'ose espérer que vous ..... ma proposition.
Certain que nous aboutirons à un accord intéressant, je vous ....., Monsieur, mes ..... les meilleures.

4. Traduisez en français.

a) In Ihrem Telefax vom 2. Juli teilen Sie uns mit, daß Sie wegen des schlechten Wetters auf einen Teil Ihrer Bestellung von Sonnenschirmen verzichten möchten.
Aufgrund unserer langjährigen Geschäftsbeziehungen kommen wir Ihrem Wunsch gerne nach und erklären uns mit dem Widerruf einverstanden. Wir rechnen damit, daß Sie uns bei künftigem Bedarf weitere Aufträge erteilen werden.

b) Wir bestätigen den Eingang Ihres Schreibens vom 8. September, in dem Sie uns bitten, Ihren Auftrag Nr. 397/B zu annullieren.
Leider haben Sie uns zu spät geschrieben. Die Koffer befinden sich seit einigen Tagen in der Herstellung. Da wir sie ausschließlich für Ihre Firma herstellen, können wir den Widerruf nicht annehmen.
Um Ihnen entgegenzukommen, könnten wir, falls Sie es wünschen, die Taschen bei uns einlagern, bis Ihr Vorrat erschöpft ist.

5. Rédigez des demandes d'annulation d'après les données suivantes. Répondez également à la lettre b).

a) Le Goff & Cie, 5, faubourg St-Nicolas, 77100 Meaux, a commandé chez Softprofi AG, Goethestr. 36, 5200 Siegburg, 40 ordinateurs personnels RAPID. Livraison dans cinq semaines. Un mois après avoir passé cette commande, les Ets Le Goff entrevoient des difficultés financières en raison de la défaillance de deux clients importants. Ils prient Softprofi de considérer leur ordre comme nul.

b) – Le 17 août, M. Lemanger, le Chef de Cuisine du Parkhotel, Clarastr. 3, 4058 Bâle, a commandé chez France Viandes, 94, rue de Belgique, 94638 Rungis, 100 gigots d'agneau livrables le 10 septembre.
Le 31 août, M. Lemanger écrit une lettre à France Viandes, dans laquelle il leur confirme son appel téléphonique du même jour, relatif à l'annulation de son ordre. Raison : plusieurs repas d'affaires ont été décommandés *(abbestellt)* à cause de la grève des compagnies d'aviation.
– France Viandes accepte le dédit de l'hôtel, qui est un bon client.

c) Am 24. Februar hat Frau Wolf von der Firma Interflora, Gutenbergstr. 9, 6457 Maintal 52, bei Pépinières Noyer, 33, rue du Pré au Roi, 77120 Coulommiers, 100 Apfelbäume zur sofortigen Lieferung bestellt. Da sie am 10. März noch immer keine Lieferung erhalten hat, bittet sie die Baumschule, ihren Auftrag zu stornieren.

ADRIANA VERSAND
Kirschgartenweg 3 D-6520 Worms
Tel. 06241 / 43750

Éts Le Goff & Forestier
63, boulevard Saint-Germain

F-75006 Paris

Objet :
Réclamation pour retard de livraison

Worms, le 15 juillet 19..

Pièce jointe :
Une photocopie

Recommandé

Madame, Monsieur,

Il nous est désagréable d'avoir à vous rappeler notre commande n⁰ 1361 du 28 juin, dont vous trouverez ci-joint une photocopie.

Vos services prévoyaient la livraison des articles **sous dix jours**. Or, nous voici au 15 juillet et votre envoi ne nous est pas encore parvenu.

Comme nous avons un besoin urgent de cette lingerie, vous nous mettez, par ce retard, dans le plus grand embarras. Nous vous prions donc de faire le nécessaire afin que nous soyons en possession, à la fin du mois, au plus tard, des articles commandés.

Nous tenons à vous préciser que si votre envoi ne devait pas arriver d'ici là, nous serions amenés à vous demander une indemnisation pour compenser le préjudice subi du fait du retard ; un délai plus important nous autoriserait, en outre, à refuser la livraison.

Nous attendons votre réponse par retour du courrier.

Veuillez agréer, Madame, Monsieur, nos salutations distinguées.

ADRIANA VERSAND

H.-J. Nietnagel

H.-J. Nietnagel

5 Der Lieferverzug – *Le retard de livraison*

Wenn der Verkäufer nicht termingerecht liefert, erinnert ihn der Kunde an die fällige Lieferung. Er kann eine angemessene Nachfrist setzen. Falls diese Nachfrist verstreicht, kann er androhen, die Lieferung nicht mehr anzunehmen und Schaden(s)ersatz zu verlangen. Er hat aber auch die Möglichkeit, als Entschädigung für die verspätete Lieferung Zugeständnisse des Verkäufers zu fordern, z. B. eine Preisermäßigung oder ein längeres Zahlungsziel. Sein Mahnschreiben sollte bestimmt, aber höflich verfaßt sein.

Der Verkäufer andererseits nennt seinem Kunden umgehend die Gründe für die Verzögerung, entschuldigt sich bei ihm und teilt ihm einen annehmbaren Liefertermin mit.
Im Hinblick auf spätere Geschäftsabschlüsse wird er sich bemühen, den entstandenen Schaden weitgehend auszugleichen.
Für Lieferungsverzögerungen aufgrund höherer Gewalt kann er jedoch meist nicht haftbar gemacht werden.

1. Réclamation du client pour livraison tardive

a) Rappel des faits

Nous vous rappelons notre commande du 10 mars dont vous trouverez ci-joint une photocopie.

Depuis quinze jours, nous attendons l'avis d'expédition des blazers que nous vous avons commandés le 2 mai.

Vous nous aviez promis la livraison sous huitaine.

Vous nous avez fait entrevoir la livraison pour le 6 courant.

Vos conditions prévoyaient la livraison dans les huit jours.

– Malgré votre promesse expresse
– Bien que le terme de livraison convenu soit échu depuis 4 jours,
… vous n'avez toujours pas livré.

La livraison est maintenant en retard de deux semaines.

– Nous voici au 31 janvier,
– Le délai de livraison fixé est dépassé depuis dix jours,
… et votre envoi ne nous est pas encore parvenu.

1. Der Kunde mahnt die Lieferung an

a) Erinnerung an den Sachverhalt

Wir erinnern Sie an unseren Auftrag vom 10. März, von dem Sie anbei eine Fotokopie erhalten.

Seit 14 Tagen warten wir auf die Versandanzeige der am 2. Mai bei Ihnen bestellten Blazer.

Sie hatten uns die Lieferung binnen acht Tagen versprochen.

Sie haben uns die Lieferung für den 6. d. M. in Aussicht gestellt.

Ihre Bedingungen sahen die Lieferung innerhalb von 8 Tagen vor.

– Trotz Ihres ausdrücklichen Versprechens
– Obwohl der vereinbarte Liefertermin um 4 Tage überschritten ist,
… haben Sie noch immer nicht geliefert.

Die Lieferung ist jetzt seit zwei Wochen überfällig.

– Wir haben den 31. Januar,
– Die vereinbarte Lieferfrist ist bereits um zehn Tage überschritten,
… und Ihre Sendung ist noch nicht bei uns eingetroffen.

Comme nous avons un besoin urgent de ces marchandises, vous nous mettez, par ce retard, dans le plus grand embarras.

Le retard de votre livraison nous est extrêmement désagréable, car notre client attend déjà la marchandise avec impatience.

b) Nouveau délai

Nous vous prions donc
– de faire le nécessaire afin que nous recevions, à la fin du mois, au plus tard, une partie des articles commandés.
– d'accélérer au possible l'exécution de notre commande.
– de considérer notre commande comme prioritaire.

En conséquence,
– nous insistons pour recevoir la marchandise sans délai.
– nous comptons fermement sur l'arrivée des articles avant le 10 mai.

c) Réserves et menaces

Dès maintenant, nous formulons toutes réserves pour le cas où la machine ne nous parviendrait pas sous 48 heures.

– Passé cette date,
– Si, à l'expiration de ce nouveau délai, nous ne sommes pas en possession de la marchandise,
… nous ferons appel à un concurrent.

… il nous faudra envisager, à notre vif regret, de nous approvisionner ailleurs.
… nous résilierons le contrat de vente qui nous liait.
… nous serons en droit d'exiger la réparation du dommage.

Le dépassement de ce délai aurait pour nous des conséquences fort désagréables ; c'est pourquoi nous refuserons toute livraison postérieure au 15 février.

– Si votre envoi nous parvenait après le 20 courant,
– Si les marchandises nous étaient délivrées trop tardivement,

Da wir diese Waren dringend benötigen, bringt uns diese Verzögerung in größte Verlegenheit.

Ihr Lieferverzug ist uns äußerst unangenehm, weil unser Kunde schon ungeduldig auf die Ware wartet.

b) Neue Frist

Wir bitten Sie daher,
– das Nötige zu veranlassen, damit wir spätestens Ende des Monats einen Teil der bestellten Artikel erhalten.
– die Ausführung unseres Auftrages so sehr wie möglich zu beschleunigen.
– unsere Bestellung vorrangig zu behandeln.

Infolgedessen
– bestehen wir auf sofortiger Lieferung.

– rechnen wir fest damit, daß die Waren vor dem 10. 5. eintreffen.

c) Vorbehalte und Androhungen

Wir behalten uns jetzt schon alle Rechte vor, falls die Maschine nicht binnen 48 Std. geliefert werden sollte.

– Nach diesem Termin
– Falls wir nach Ablauf dieser neuen Frist nicht im Besitz der Ware sind,

… werden wir uns an einen Mitbewerber wenden.
… werden wir uns, zu unserem großen Bedauern, woanders eindecken müssen.
… werden wir vom Kaufvertrag zurücktreten.
… sind wir berechtigt, Schaden(s)ersatz zu verlangen.

Eine Überschreitung dieser Frist könnte für uns sehr unangenehme Folgen haben; deshalb lehnen wir jede Lieferung nach dem 15. Februar ab.

– Falls Ihre Sendung nach dem 20. d. M. bei uns eingeht,
– Falls die Waren zu spät eintreffen,

... nous vous rendrions responsable(s) du préjudice subi.

... nous nous verrions dans l'obligation de vous demander une indemnité (= indemnisation).

... nous serions amenés à exiger le versement de dommages et intérêts.

... machen wir Sie für den uns entstandenen Schaden verantwortlich.

... sehen wir uns gezwungen, von Ihnen eine Entschädigung zu verlangen.

... werden wir Schaden(s)ersatz verlangen.

d) Conclusion

Veuillez faire votre possible pour nous donner rapidement satisfaction.

Nous comptons sur un règlement rapide de cette affaire.

Nous attendons votre réponse par retour du courrier.

d) Briefschluß

Bitte tun Sie Ihr möglichstes, um unseren Auftrag schnell zu unserer Zufriedenheit auszuführen.

Wir zählen auf eine umgehende Erledigung dieser Angelegenheit.

Wir erwarten umgehend Ihren Bescheid.

2. La réponse du fournisseur

a) Raisons du retard

Nous avons pris connaissance de vos courriers des 4 et 8 courant.

Votre réclamation d'hier s'est croisée avec mon avis d'expédition.

Nous vous prions d'excuser ce retard (qui est) dû à
– une pénurie de matières premières.
– des difficultés d'approvisionnement auprès de nos propres fournisseurs.
– une panne de machine sur la chaîne de fabrication.
– une perturbation dans nos usines.

Votre ordre ne fut enregistré que le 10 avril, nos usines ayant été fermées durant les fêtes de Pâques.

Malgré notre bonne volonté, nous avons dû retarder/différer l'exécution de vos ordres à cause d'un surcroît de travail.

– Divers incidents techniques
– Des difficultés imprévues
... ont entravé/ralenti notre fabrication ces derniers temps.
... ont immobilisé notre production pendant quelque temps.

2. Antwort des Lieferanten

a) Grund der Verzögerung

Ihre Mitteilungen vom 4. und 8. d. M. haben wir zur Kenntnis genommen.

Ihre gestrige Reklamation hat sich mit meiner Versandanzeige gekreuzt.

Bitte entschuldigen Sie diese Verzögerung, die auf
– einen Rohstoffmangel
– Versorgungsschwierigkeiten bei unseren eigenen Lieferanten
– einen Maschinendefekt am Fließband

– eine Betriebsstörung
zurückzuführen ist.

Da unser Werk über Ostern geschlossen war, konnten wir Ihren Auftrag erst am 10. April vormerken.

Trotz aller Bemühungen mußten wir die Ausführung Ihrer Aufträge wegen Arbeitsüberlastung zurückstellen/verschieben.

– Verschiedene technische Defekte
– Unvorhergesehene Schwierigkeiten
... haben unsere Herstellung in letzter Zeit behindert/verlangsamt.
... haben unsere Produktion einige Zeit stillgelegt.

Le porte-conteneurs « Pirate » n'a pu quitter le port du Havre à cause d'une forte tempête.

Das Containerschiff „Pirate" konnte den Hafen von Le Havre wegen eines starken Sturms nicht verlassen.

Nous ne saurions donc être rendus responsables du retard.

Sie können uns daher für die Verzögerung nicht haftbar machen.

b) Nouvelle date de livraison

b) Neuer Liefertermin

– La fabrication ayant repris normalement,

– Da die Herstellung wieder ihren normalen Gang genommen hat,

– Ces difficultés étant désormais aplanies,

– Da diese Schwierigkeiten nun behoben sind,

… nous procédons aujourd'hui même à l'expédition des rasoirs.

… sorgen wir heute noch für den Versand der Rasierapparate.

… nous ferons notre possible pour faire une livraison, au moins partielle, avant les fêtes.

… werden wir unser möglichstes tun, um wenigstens einen Teil vor den Feiertagen zu liefern.

Je serai donc en mesure d'en effectuer l'expédition vers le 30 juin.

Den Versand kann ich daher etwa um den 30. Juni vornehmen.

La machine en question a été expédiée il y a deux jours par P.V. et devrait être arrivée à destination.

Die betreffende Maschine wurde vor 2 Tagen als Frachtgut versandt und müßte bereits eingetroffen sein.

La livraison ne pourra se faire qu'en août.

Die Lieferung kann erst im August erfolgen.

Il faut compter avec un léger retard.

Es muß mit einer geringfügigen Verzögerung gerechnet werden.

Seriez-vous en mesure de patienter jusquelà/jusqu'au 30 avril ?

Könnten Sie sich bis dahin/bis zum 30. April gedulden?

c) Compensation

c) Ausgleich

Pour compenser ce retard de livraison, nous sommes prêts
– à vous accorder un rabais de 20 %.

Um diese Lieferungsverzögerung auszugleichen, sind wir bereit,
– Ihnen einen Rabatt von 20 % zu gewähren.

– à vous faire les concessions suivantes : …

– Ihnen folgende Zugeständnisse zu machen: …

d) Conclusion

d) Briefschluß

Nous regrettons, ce faisant, de vous créer des difficultés (= ennuis) et faisons appel à votre compréhension.

Wir bedauern, Ihnen dadurch Schwierigkeiten zu bereiten, und bitten um Ihr Verständnis.

Nous espérons que le dépassement de ce délai ne gênera pas trop vos activités.

Wir hoffen, daß die Überschreitung dieser Frist Ihre Aktivitäten nicht zu sehr beeinträchtigen wird.

Nous sommes désolés de vous avoir causé des désagréments et vous prions d'agréer l'expression de nos sentiments dévoués.

Es tut uns leid, Ihnen Unannehmlichkeiten bereitet zu haben.
Mit freundlichen Grüßen

146

Modèles de lettres : réclamation du client

1 Vous demandez qu'on vous fasse une livraison partielle
Sie bitten um eine Teillieferung

EVE BOUTIQUE S.A.R.L.
21, rue Réaumur
F-75002 Paris

Madame, Monsieur,

Le délai fixé dans notre commande du 1er septembre est écoulé déjà depuis huit jours. Nous sommes fort surpris de n'avoir reçu jusqu'ici aucune nouvelle de votre part.
Comme nos clients attendent les trench-coats avec impatience, vous nous mettez, par ce retard, dans le plus grand embarras.
Nous vous prions donc de faire votre possible afin que nous soyons en possession le 10 novembre, au plus tard, d'une partie des articles commandés. Si votre envoi devait nous parvenir après cette date, nous serons contraints d'exiger la réparation du dommage subi.
Une réponse par retour, nous fixant sur vos intentions, nous arrangerait particulièrement.
Veuillez croire, Madame, Monsieur, à nos sentiments distingués.

Versandhaus SCHICK

---

2 Vous résiliez le contrat de vente
Sie treten vom Kaufvertrag zurück

Les Porcelainiers de la Loire
13 bis, rue Lavoisier
F-37303 Joue-les-Tours Cedex

Objet : Notre commande n° 557 du 16 octobre

Recommandé

Messieurs,

Conformément aux conditions de vente qui ont été arrêtées d'un commun accord, vous auriez dû effectuer la livraison pour le 31 octobre.
Les services de table n'étant pas arrivés le 9 novembre, j'ai téléphoné à Mme Montgentil qui m'a promis de suivre cette affaire de près. N'ayant toujours rien reçu le 14, je vous ai invités, par ma lettre de rappel du même jour, à faire une livraison, au moins partielle, avant le 30 novembre. Nous voici au 5 décembre et je n'ai reçu ni votre envoi ni une explication.
Votre inertie et votre silence ne peuvent être que l'expression de votre mauvaise volonté.
J'estime donc qu'il s'agit d'un retard abusif et suis au regret de devoir résilier le contrat de vente qui nous liait.
Recevez, Messieurs, mes salutations.

Ingolf Scheu

Modèles de lettres : réponses du fournisseur

1 Panne de machine
Maschinendefekt

Grands Magasins Eyskens
178, avenue Louise
B-1050 Bruxelles

Messieurs,

Par votre lettre du 14 ct, vous nous signalez ne pas avoir reçu la livraison correspondant à votre ordre référencé ci-dessus.

Nous vous prions d'excuser ce retard qui est dû à une panne de machine sur la chaîne de fabrication. Plusieurs commandes n'ont donc pu être exécutées comme nous l'aurions souhaité.

La fabrication ayant repris normalement, nous nous engageons à vous expédier sous huitaine les sweat-shirts commandés.

Nous espérons que ce contretemps ne gênera pas trop vos activités.

Veuillez recevoir, Messieurs, nos salutations distinguées.

Sprecher & Schweitzer GmbH

2 Vous rejetez la réclamation
Sie weisen die Reklamation zurück

Monsieur Aimé Dumoulin
Négociant
3, place de l'Hôtel de Ville
F-16000 Angoulême

Monsieur,

Malgré toute notre bonne volonté, nous ne pouvons admettre votre réclamation du 23 décembre.

En effet, votre commande n'a été enregistrée que le 27 décembre, nos établissements ayant été fermés durant les fêtes. Ce même jour, nous avons dû vous demander des informations complémentaires qui ne nous sont parvenues que le vendredi 30 par le courrier de 16 heures. Or, le lundi 2 janvier à 9 heures, les 25 colis en question ont été expédiés par P.V. et ils devraient être arrivés à destination.

Nous ne saurions donc être rendus responsables du retard.

Agréez, Monsieur, nos salutations empressées.

Lebensmittelfabrik SCHLECKER

Exercices

1. Remplacez les expressions soulignées par d'autres expressions que vous connaissez.

Messieurs,

Par votre <u>lettre</u> du 2 courant, vous nous <u>signalez</u> ne pas avoir reçu <u>la</u> <u>livraison</u> correspondant à votre <u>commande</u> <u>citée</u> <u>sous rubrique</u>.
Nous regrettons <u>vivement</u> de ne pouvoir <u>observer</u> <u>le</u> <u>délai</u> de livraison. Vous <u>n'ignorez pas</u> que les grèves survenues au cours des derniers mois ont considérablement <u>entravé</u> nos activités ; c'est pourquoi nous avons <u>dû</u> <u>différer</u> l'exécution de votre <u>ordre</u>. <u>Toutefois</u>, nous ferons notre possible afin que la marchandise vous <u>parvienne</u> avant les fêtes.
Nous espérons que ce contretemps ne vous <u>causera</u> <u>aucun</u> <u>désagrément</u> et nous vous remercions par avance de votre compréhension.
<u>Veuillez</u> agréer, Messieurs, <u>l'expression</u> de nos sentiments <u>dévoués</u>.

2. Remplacez chaque chiffre par le mot ou l'expression qui convient.

Messieurs,

Nous vous rappelons notre **(1)** n⁰ 34. Vous nous avez fait entrevoir la **(2)** pour le 21 août. Les mocassins devraient donc être en notre **(3)** depuis dix jours. Nous sommes **(4)** de n'avoir reçu jusqu'à **(5)** aucune nouvelle de **(6)**. Ce retard nous est très **(7)** car nos clients **(8)** déjà la marchandise avec **(9)**.
Nous comptons fermement sur **(10)** des chaussures avant le 15 septembre. Si votre **(11)** ne nous **(12)** pas d'ici là, nous vous rendrions **(13)** du **(14)** subi du fait de ce retard.
Espérant cependant qu'il vous sera possible de **(15)** ces prochains jours, nous vous prions **(16)**, Messieurs, à nos sentiments distingués.

(1) confirmation / commande / facture	**(10)** l'arrivée / l'accueil / l'importance
(2) marchandise / date / livraison	**(11)** réponse / envoi / réclamation
(3) usine / possession / dépôt	**(12)** parvenait / arriverait / parviendrait
(4) désolés / heureux / surpris	**(13)** la responsabilité / responsables /
(5) présent / hier / cette date	la marchandise
(6) vous / chez vous / votre part	**(14)** préjudice / embarras / ennui
(7) désagréable / malheureux / bienvenu	**(15)** réclamer / livrer / expédier
(8) patientent / attendent sur / attendent	**(16)** d'agréer / de recevoir / de croire
(9) nous / impatience / patience	

3. Vous avez reçu le télex suivant :

```
att m paillard

n'avons pas reçu n/commande d'oursons peluche du 9.10. avez
promis livraison sous 15 jours. besoin urgent a cause Noel
(stock epuise).
demandons envoi 8.12. dernier delai sinon exigerons indemni-
sation.
svp reponse immediate.
```

Présentez cette réclamation sous forme de lettre.

4. a) Prenez connaissance de la confirmation de commande adressée à Gil Boutique ainsi que de la fiche téléphonique ci-dessous. Au téléphone, la Sté Flèche a promis la livraison sous quelques jours.
Le 21 février, Gil Boutique envoie une lettre de réclamation à la Sté Flèche. Rédigez-la.

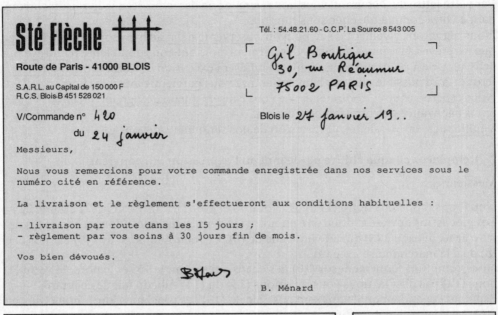

b) Répondez à Gil Boutique d'après les directives données par le chef des ventes de la Société Flèche.

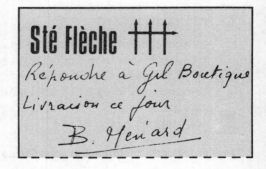

5. Traduisez en français.

a) – Die für Anfang März bestellten Hähnchen sind bis heute noch nicht eingetroffen.
   – Da unsere Kunden bereits ungeduldig auf die Ware warten, bitten wir Sie um umgehende Lieferung.
   – Weihnachten naht, und die Nachfrage nach diesen Produkten hat stark zugenommen.
   – Um den Wünschen unserer Kunden nachkommen zu können, fordern wir Sie auf, uns wenigstens einen Teil der Ware sofort als Expreßgut zu senden.
   – Außerdem erwarten wir, daß Sie den ganzen Auftrag bis spätestens Ende nächster Woche ausführen.
   – Eine weitere Verzögerung würde uns große Schwierigkeiten verursachen.
   – Wir erwarten Ihre umgehende Nachricht.

b) Ihre Reklamation

Ihr Schreiben vom 23. August hat sich mit unserer Versandanzeige desselben Tages gekreuzt. In der Tat konnten wir Ihren Auftrag Nr. 208 erst heute ausführen. Aufgrund eines Maschinendefekts war es uns leider nicht möglich, früher zu liefern.
Inzwischen läuft die Herstellung wieder problemlos, und wir haben Ihre Bestellung sofort ausgeführt. Es gehen Ihnen 8 Kisten B. G. 202 – 209 als Frachtgut ab Mainz zu. Die Rechnung fügen wir bei.
Wir hoffen, daß die Ware wohlbehalten bei Ihnen eintrifft und Sie sich bei künftigem Bedarf wieder an uns wenden.

6. Rédigez des lettres de réclamation et les réponses à celles-ci d'après les données suivantes :

a) – Le 30 juin, le magasin pour enfants « Pomme d'Api », 43 boulevard Carnot, 31000 Toulouse, passe une forte commande à la fabrique de vêtements Gockel & Hahn, Maximilianstraße 56, D-8130 Starnberg. Livraison 25 juillet au plus tard. Le 3 août, le magasin n'a encore rien reçu. Il fait savoir au fournisseur qu'il attend avec impatience les 100 maillots de bain commandés. A partir du 15 août, la commande devra être considérée comme non avenue. Le magasin demande une réponse par retour du courrier.
   – La fabrique Gockel & Hahn accuse réception du rappel. Excuses. L'expédition sera faite entre le 15 et le 31 août. Le retard est dû à une panne de machine sur la chaîne de fabrication. La fabrication a repris normalement.

b) – Das Modehaus Schick, Antoniusstr. 78, 7314 Wernau, wartet für das Frühjahrsgeschäft auf 80 Damenkostüme, die die Textilfabrik Ségal, 12, rue Toufaire, F-17300 Rochefort, bis zum 20. Januar liefern sollte. Am 30. Januar setzt das Modehaus eine Nachfrist bis zum 7. Februar. Es wird von der Textilfabrik Schaden(s)ersatz verlangen, wenn die Artikel bis zu diesem Termin nicht eintreffen. Es bittet um sofortigen Bescheid.
   – Am 2. Februar zeigt die Textilfabrik den Versand für den 4. an. Entschuldigung. Grund: Rückstand infolge großer Nachfrage.

LA BOUTIQUE DES JEUNES
25, rue de France — 06000 NICE

BOOLING

5 boulevard des Arènes

30000 NIMES

Objet :
Pantalon NEOJEAN'S

Nice,
le 20 octobre 19 ..

Messieurs,

Une de mes fidèles clientes qui a acheté début septembre un pantalon NEOJEAN'S référence 433, taille 42, coloris bleu, vient de me le rapporter pour me faire constater l'usure anormale du vêtement à tous les points de frottement : entrejambes, entrée des poches et bas du pantalon.

Pour que vous puissiez vous-mêmes en juger, je vous retourne ce jour cet article Connaissant très bien ma cliente et la sachant très soigneuse, je suis persuadée qu'il ne peut s'agir que d'un défaut de fabrication, lequel est inacceptable pour un article de ce prix.

En conséquence, j'espère qu'il vous sera possible d'échanger ce pantalon et vous en remercie.

Veuillez agréer, Messieurs, mes salutations distinguées.

J. Bellon

Janine BELLON

Tél. 93.85.47.33 - CCP Nice 2843-93 - RCS Nice A 320.004.528

6 Die Reklamation – *La réclamation*

Stellt der Käufer nach Prüfung der eingegangenen Ware fest, daß die Lieferung beschädigt oder verdorben ist oder sonstige Mängel aufweist oder daß sie in der Qualität bzw. Menge nicht der Bestellung entspricht, so wird er unverzüglich reklamieren.

In der Reklamation beschreibt er die festgestellten Mängel genau, macht seine Ansprüche geltend und bittet den Verkäufer um Stellungnahme.

Als Ausgleich kann der Käufer z. B.
- einen Preisnachlaß verlangen, wenn er sich bereit erklärt, die reklamierten Waren zu behalten;
- unbrauchbare oder unverkäufliche Waren dem Verkäufer wieder zur Verfügung stellen und die Rückerstattung des Kaufpreises fordern;
- Umtausch oder Ersatz verlangen;
- innerhalb der Garantiezeit die Reparatur oder den Austausch von defekten Teilen verlangen;
- Schaden(s)ersatz verlangen.

Es empfiehlt sich, die Mängel schriftlich anzuzeigen.
Um dem Verkäufer zu beweisen, daß die Beschwerde gerechtfertigt ist, kann ihm der Käufer Muster der gelieferten Waren schicken.

Neben der Kontrolle der eingegangenen Waren wird er auch prüfen, ob die auf der Rechnung vermerkten Preise, Ermäßigungen, Transportkosten, Zahlungsbedingungen usw. den Vereinbarungen entsprechen. Enthält die Rechnung Fehler, so bittet er den Verkäufer, die nötige Berichtigung vorzunehmen.

Der Verkäufer prüft die Reklamation.
Ist sie berechtigt, entschuldigt er sich und schlägt eine akzeptable Lösung vor, etwa die gewünschte Preisermäßigung, Ersatzlieferung oder Rückerstattung des Kaufpreises.

Ist eine Beschwerde nicht berechtigt, so lehnt der Verkäufer sie höflich, aber unmißverständlich ab und bemüht sich dennoch um eine gütliche Einigung mit dem Kunden. Wenn er einen guten Kunden nicht verlieren will, wird er seiner Reklamation aus Kulanz stattgeben, ohne wirklich dazu verpflichtet zu sein.

Es werden hin und wieder Sachverständige eingeschaltet, die die Angelegenheit prüfen. Sollten die Vertragspartner zu keiner gütlichen Einigung gelangen, so können sie die Differenzen vor Gericht austragen.

1. La livraison est sujette à réclamation

a) Introduction

Nous nous voyons au regret de vous adresser une réclamation au sujet de votre dernier envoi.

Nous vous confirmons les réserves formulées sur le bon de réception.

1. Der Kunde reklamiert die Lieferung

a) Einleitung

Leider müssen wir Ihre letzte Sendung beanstanden.

Wir bestätigen die Mängel, die wir auf dem Empfangsschein vermerkt haben.

b) Marchandise endommagée

– Lors du (= Au) déballage,
– En procédant à la vérification de l'envoi,
... nous avons constaté une avarie survenue probablement en cours de transport.

L'examen a montré
– que dix cartons ont été enfoncés.
– que vingt sacs de pommes de terre sont déchirés.
– que cinquante camemberts sont écrasés.
– que la plupart des verres que vous m'avez expédiés sont brisés.

Les articles que vous nous avez livrés
– sont inacceptables/inutilisables/invendables.
– sont arrivés cassés/rayés/mouillés/altérés.
– ont été sérieusement endommagés.
– présentent tous un défaut de fabrication/ vice de matière qui les rend impropres à la vente.

Selon toute probabilité, les détériorations sont dues/les dégâts sont dus à un conditionnement insuffisant.

c) Livraison non conforme

Les écrous n'ont pas la dimension fixée dans notre commande.

– Les caractéristiques du papier
– Les couleurs de la laine livrée
... ne sont pas tout à fait celles de l'échantillon.
... ne correspondent pas aux offres que vous m'avez faites.

La jupe que je vous envoie en retour prouve bien que la livraison ne correspond pas à la commande.

La qualité est nettement inférieure à celle des échantillons soumis.

La tapisserie n'est pas de la même qualité que celle livrée dernièrement/précédemment.

b) Beschädigte Ware

– Beim Auspacken
– Bei der Prüfung der Sendung
... haben wir einen Schaden festgestellt, der vermutlich auf dem Transportweg entstanden ist.

Die Prüfung hat ergeben,
– daß zehn Kartons eingedrückt wurden.
– daß zwanzig Kartoffelsäcke zerrissen sind.
– daß fünfzig Camemberts zerdrückt sind.
– daß die Gläser, die Sie mir geschickt haben, größtenteils zerbrochen sind.

Die Waren, die Sie uns geliefert haben,
– sind unannehmbar/unbrauchbar/unverkäuflich.
– sind zerbrochen/zerkratzt/naß/ verdorben eingetroffen.
– wurden stark beschädigt.
– weisen alle einen Fabrikationsfehler/ Materialfehler auf, der sie für den Verkauf untauglich macht.

Höchstwahrscheinlich sind die Beschädigungen/Schäden auf unzureichende Verpackung zurückzuführen.

c) Falsche Lieferung

Die Muttern weichen von der bestellten Größe ab.

– Die Eigenschaften des Papiers
– Die Farben der gelieferten Wolle
... entsprechen nicht genau dem Muster.

... entsprechen nicht den Angeboten, die Sie mir gemacht haben.

Der Rock, den ich Ihnen zurücksende, beweist, daß die Lieferung nicht dem Auftrag entspricht.

Die Qualität ist erheblich schlechter als die der vorgelegten Muster.

Die Tapete hat nicht dieselbe Qualität wie die, die zuletzt/zuvor geliefert wurde.

Notre ordre n'a pas été exécuté intégralement ; il manque 10 colis de chaussettes.

Nous supposons
– qu'il y a eu confusion.
– qu'il y a là une erreur de votre part.

Unser Auftrag wurde nicht vollständig ausgeführt; es fehlen 10 Pakete Socken.

Wir vermuten,
– daß eine Verwechslung vorliegt.
– daß Sie sich geirrt haben.

d) Exigences du client

Veuillez nous envoyer immédiatement les articles manquants.

Nous acceptons de garder ces foulards
– si vous nous accordez un rabais de 30 %.

– si vous nous les cédez à 100 F pièce.

d) Forderungen des Kunden

Schicken Sie uns bitte sofort die fehlenden Artikel.

Wir sind bereit, diese Tücher zu behalten,
– wenn Sie uns einen Rabatt von 30 % gewähren.
– wenn Sie sie uns zu 100 F das Stück überlassen.

Je ne peux en aucun cas accepter la marchandise.

Conformément aux termes de la garantie, nous vous demandons de faire réparer la machine dans les plus brefs délais.

Vous voudrez bien
– procéder au remboursement immédiat des pièces défectueuses.
– nous indemniser de façon équitable.

Nous demandons réparation du préjudice subi.

Nous évaluons (= estimons) le préjudice à 10 000 F conformément au décompte suivant : ...

En conséquence,
– nous vous prions de reprendre/remplacer la marchandise sans délai.
– nous mettons l'envoi à votre disposition.

Les échantillons ci-joints/prélevés vous convaincront du bien-fondé de notre réclamation.

Vous trouverez ci-joint, pour justification, une copie du bon de garantie.

Ich kann die Ware unter keinen Umständen annehmen.

Gemäß den Garantievereinbarungen bitten wir Sie, die Maschine unverzüglich reparieren zu lassen.

Bitte
– vergüten Sie uns unverzüglich die beschädigten Stücke.
– entschädigen Sie uns angemessen.

Wir bitten um Regulierung des entstandenen Schadens.

Wir schätzen den Schaden auf 10 000 F gemäß folgender Aufstellung: ...

Infolgedessen
– bitten wir Sie, die Ware sofort zurückzunehmen/zu ersetzen.
– stellen wir Ihnen die Sendung zur Verfügung.

Die beiliegenden/entnommenen Proben werden Sie von der Richtigkeit unserer Beanstandung überzeugen.

Als Nachweis erhalten Sie anbei eine Kopie des Garantiescheins.

e) Menaces

Si vous vous refusiez à effectuer gratuitement cette réparation, nous serions contraints de saisir le tribunal compétent.

e) Androhungen

Sollten Sie sich weigern, die Reparatur kostenlos durchzuführen, sehen wir uns gezwungen, gerichtliche Schritte einzuleiten.

Nous réclamerons des dommages-intérêts.

Nous ferons valoir nos droits.

Au cas où ma proposition serait rejetée, je ferai prescrire une expertise.

f) Conclusion

Nous espérons, en conséquence,
- que vous examinerez cette affaire avec la bienveillance habituelle.
- que vous trouverez une solution à l'amiable.

2. Le client se plaint d'une erreur dans la facture

a) Il attire l'attention du vendeur sur une erreur

En vérifiant votre facture n⁰ 608, nous avons remarqué que vous avez compté deux fois l'article n⁰ 17.

Une erreur s'est glissée dans votre facture/vos calculs.

Vous avez facturé l'article n⁰ 179 à 30 F au lieu de 20 F pièce.

Vous ne tenez pas compte de la remise de 5 % promise.

Vous avez omis de déduire 2 % d'escompte.

Contrairement à ce qui a été convenu, vous avez facturé les frais de transport.

Les conditions de paiement ne correspondent pas à celles préalablement établies.

Vous indiquez l'échéance au 30 mai, tandis que votre confirmation de commande du 20 avril portait la mention « payable à 60 jours », ce qui reporterait l'échéance de votre facture à fin juin.

b) Le client demande de rectifier l'erreur

Nous comptons sur une rectification rapide de cette erreur.

Wir werden Schaden(s)ersatz verlangen.

Wir werden unsere Ansprüche geltend machen.

Sollten Sie meinen Vorschlag zurückweisen, werde ich eine Expertise erstellen lassen.

f) Briefschluß

Demnach hoffen wir,
- daß Sie die Angelegenheit mit dem gewohnten Wohlwollen prüfen werden.
- daß Sie eine gütliche Lösung finden werden.

2. Der Kunde beanstandet eine fehlerhafte Rechnung

a) Er weist den Verkäufer auf einen Fehler hin

Bei Prüfung Ihrer Rechnung Nr. 608 ist uns aufgefallen, daß Sie den Posten Nr. 17 doppelt berechnet haben.

In Ihre Rechnung/Ihre Kalkulation hat sich ein Fehler eingeschlichen.

Sie haben den Artikel Nr. 179 zu 30 F statt zu 20 F das Stück berechnet.

Der zugesagte Mengenrabatt von 5 % wurde nicht berücksichtigt.

Sie haben vergessen, 2 % Skonto abzuziehen.

Entgegen unserer Vereinbarung haben Sie die Frachtkosten in Rechnung gestellt.

Die Zahlungsbedingungen entsprechen nicht denen, die Sie zuvor festgelegt haben.

Als Fälligkeit geben Sie den 30. Mai an, während Ihre Auftragsbestätigung vom 20. April mit dem Vermerk „zahlbar in 60 Tagen" versehen war; Ihre Rechnung ist somit erst Ende Juni fällig.

b) Der Kunde bittet um Berichtigung des Fehlers

Wir rechnen mit einer umgehenden Berichtigung dieses Fehlers.

Nous vous demandons en conséquence
- d'annuler la facture erronée.
- de nous envoyer une nouvelle facture.
- de nous adresser un avoir correspondant à l'augmentation appliquée.

c) Conclusion

Il s'agit probablement d'un malentendu/ d'une erreur.

Persuadés qu'il s'agit d'un simple oubli de votre part, nous comptons sur votre prochain remboursement.

3. Le vendeur accepte la réclamation

a) Introduction

Par votre lettre du 10 ct, vous nous adressez une réclamation au sujet de notre dernière livraison.

Nous regrettons vivement
- que notre envoi ait donné lieu à une réclamation de votre part.
- que nos caméras vous soient parvenues endommagées.

b) La réclamation est justifiée

Les échantillons que vous nous avez envoyés en retour (= renvoyés) montrent en effet que votre plainte est fondée (= justifiée).

Nous reconnaissons le bien-fondé de votre réclamation.

- Par mégarde,
- Par suite d'une erreur,
nous vous avons envoyé du papier d'une qualité un peu plus mince.

Cette erreur est due
- à une faute de frappe sur le bon de livraison.
- à une confusion d'emballages/entre des références d'articles.

Les dix colis ont probablement échappé au contrôle précédant l'expédition.

Wir bitten Sie daher,
- die fehlerhafte Rechnung zu stornieren.
- uns eine neue Rechnung zu schicken.
- uns eine Gutschrift in Höhe des Mehrpreises zu senden.

c) Briefschluß

Es handelt sich wahrscheinlich um ein Mißverständnis/ein Versehen.

Wir sind sicher, daß es sich nur um eine Unachtsamkeit handelt, und rechnen mit einer baldigen Erstattung.

3. Der Verkäufer nimmt die Reklamation an

a) Einleitung

In Ihrem Schreiben vom 10. d. M. beschweren Sie sich über unsere letzte Lieferung.

Wir bedauern sehr,
- daß unsere Sendung zur Beschwerde Anlaß gab.
- daß unsere Kameras bei Ihnen beschädigt eingegangen sind.

b) Die Reklamation ist berechtigt

Die Muster, die Sie uns zurückgeschickt haben, zeigen in der Tat, daß Ihre Beschwerde berechtigt ist.

Wir erkennen Ihre Beanstandung als begründet an.

- Aus Versehen
- Infolge eines Irrtums
haben wir Ihnen Papier einer etwas dünneren Qualität geschickt.

Dieses Versehen ist
- auf einen Tippfehler auf dem Lieferschein
- auf eine Verwechslung der Verpackungen/zwischen Bestellnummern
zurückzuführen.

Höchstwahrscheinlich wurden die 10 Pakete bei der Kontrolle übersehen.

c) Le vendeur fait une proposition

Après avoir reçu votre lettre, nous avons procédé immédiatement à une nouvelle expédition par express.

Nous acceptons l'échange proposé.

Il va de soi que nous sommes prêts
– à reprendre toutes les pièces défectueuses.
– à supporter tous les frais résultant de cette panne.

Veuillez nous retourner à nos frais les caisses faisant l'objet de votre réclamation.

Nous remplacerons la marchandise dès que possible/sans délai.

– En revanche,
– Pour régler l'incident à l'amiable,
... nous vous accordons sur notre livraison un rabais de 30 %.
... nous vous proposons une indemnité de 20 F par 100 kg.

d) Erreur dans la facture

Votre réclamation concernant notre facture est justifiée.

Il s'agit bien d'une erreur d'addition de 480 F.

Nous annulons donc notre facture du 10 mars.

Nous prenons les frais d'expédition à notre charge et vous créditons de de ce montant.

Vous trouverez ci-joint une facture d'avoir de 2000 F.

La facture a été rectifiée.

e) Le vendeur présente ses excuses

Nous regrettons infiniment cet incident.

Nous vous prions d'excuser cette erreur.

Vous voudrez bien excuser cet oubli (= cette omission).

c) Der Verkäufer macht einen Vorschlag

Sofort nach Erhalt Ihres Briefes haben wir eine neue Sendung per Expreß veranlaßt.

Wir sind mit dem vorgeschlagenen Umtausch einverstanden.

Wir sind selbstverständlich bereit,
– alle defekten (= fehlerhaften) Teile zurückzunehmen.
– alle Kosten zu tragen, die aufgrund dieser Panne entstanden sind.

Bitte senden Sie die beanstandeten Kisten auf unsere Kosten zurück.

Wir werden die Ware so bald wie möglich/sofort ersetzen.

– Als Gegenleistung
– Um den Zwischenfall in Güte zu regeln,
... gewähren wir Ihnen 30 % Rabatt auf unsere Lieferung.
... bieten wir Ihnen eine Entschädigung von 20 F je 100 kg an.

d) Fehlerhafte Rechnung

Ihre Beschwerde bezüglich unserer Rechnung ist berechtigt.

Es handelt sich in der Tat um einen Rechenfehler in Höhe von 480 F.

Wir stornieren daher unsere Rechnung vom 10. März.

Wir übernehmen die Versandkosten und schreiben Ihnen diesen Betrag gut.

Anbei finden Sie eine Gutschrift über 2000 F.

Die Rechnung wurde berichtigt.

e) Der Verkäufer entschuldigt sich

Wir bedauern diesen Vorfall sehr.

Wir bitten Sie, dieses Versehen zu entschuldigen.

Bitte entschuldigen Sie diese Unachtsamkeit.

f) Conclusion

Nous espérons, par cette proposition, régler l'affaire à votre satisfaction.

Nous espérons
- que notre proposition permettra de régler ce fâcheux incident.
- que cet incident n'altérera pas nos relations commerciales.

Nous veillerons à l'avenir à ce qu'un tel incident ne se reproduise pas.

4. Le vendeur rejette la réclamation

a) Introduction

Vous affirmez
- qu'une partie de la marchandise reçue serait inutilisable.
- que ces vis n'auraient pas la dimension fixée dans la commande.
- que les carrés de soie présentent tous un défaut de coloration/de tissage.
- que la qualité livrée laisse beaucoup à désirer.

b) Refus

- Cela nous surprend,
- Votre plainte n'est que partiellement fondée,
- ... car nous sommes persuadés de vous avoir livré les articles que vous aviez commandés.

Nous admettons que ce tissu diffère quelque peu du précédent, mais c'est là une caractéristique tout à fait normale.

Nous ne pouvons nous expliquer comment des meubles aussi robustes aient pu être endommagés à ce point.

A notre avis, votre plainte est sans fondement.

Il ne peut être question de négligence,
- car nos envois sont soumis à un contrôle rigoureux avant le départ.
- car, au départ, la marchandise était parfaitement conditionnée.

f) Briefschluß

Wir hoffen, die Angelegenheit damit zu Ihrer Zufriedenheit erledigt zu haben.

Wir hoffen,
- dadurch diesen unangenehmen Zwischenfall erledigt zu haben.
- daß dieser Vorfall unsere Geschäftsbeziehungen nicht beeinträchtigen wird.

Wir werden dafür sorgen, daß so etwas nicht wieder vorkommt.

4. Der Verkäufer weist die Beschwerde zurück

a) Einleitung

Sie behaupten,
- daß ein Teil der erhaltenen Ware unbrauchbar sei.
- daß diese Schrauben von der bestellten Größe abweichen.
- daß sämtliche Seidentücher einen Farbfehler/Webfehler aufweisen.
- daß die gelieferte Qualität sehr zu wünschen übrig läßt.

b) Weigerung

- Das überrascht uns,
- Ihre Beschwerde ist nur teilweise gerechtfertigt,
- ... denn wir sind überzeugt, daß wir die von Ihnen bestellten Artikel geliefert haben.

Wir geben zu, daß dieser Stoff etwas vom vorhergehenden abweicht, aber das ist eine ganz normale Eigenschaft.

Es ist uns unerklärlich, wie so robuste Möbel derart beschädigt werden konnten.

Unserer Meinung nach ist Ihre Beschwerde unberechtigt.

Von Nachlässigkeit kann keine Rede sein,
- denn unsere Sendungen sind vor Abgang einer strengen Kontrolle unterworfen.
- denn die Ware ist sehr sorgfältig verpackt abgegangen.

– Vu qu'au départ de l'usine l'envoi était en bon état,
– Le dommage étant imputable au commissionnaire de transport,
– L'altération de la marchandise n'ayant été constatée que quinze jours après sa livraison,
… nous nous voyons dans l'obligation de rejeter votre plainte.
… nous ne pouvons pas admettre l'échange proposé.

Nous ne saurions en aucun cas être rendus responsables de l'incident survenu dans vos ateliers.

Nous ne croyons pas devoir vous verser des dommages-intérêts.

L'indemnité exigée nous paraît excessive.

Il ne saurait être question
– de reprendre la marchandise.
– de réduire le montant de la facture.
– de rembourser la somme payée.

Contrairement à vos affirmations,
– le prix facturé est normal.
– les prix correspondent aux conditions préalablement établies.

Notre garantie porte sur les vices de construction ou de matériel constatés dans les six premiers mois de la mise en service.

Vous comprendrez qu'après ce délai, il n'est plus possible de déterminer si la panne provient
– d'une usure excessive.
– d'un usage anormal.
– d'un défaut de fabrication.

c) **Contre-propositions**

– Pour trouver une solution à l'amiable,
– Pour vous prouver notre bonne volonté,
… nous vous proposons l'accommodement suivant : …

– Da die Sendung das Werk in gutem Zustand verlassen hat,
– Da der Schaden dem Spediteur zur Last fällt,
– Da die Beschädigung der Ware erst 14 Tage nach der Lieferung festgestellt wurde,
… sehen wir uns gezwungen, Ihre Beschwerde zurückzuweisen.
… können wir dem vorgeschlagenen Umtausch nicht stattgeben.

Wir können auf keinen Fall für die Störung in Ihren Werkstätten verantwortlich gemacht werden.

Wir fühlen uns nicht verpflichtet, Schaden(s)ersatz zu leisten.

Die verlangte Entschädigung erscheint uns übertrieben.

– Eine Rücknahme der Ware
– Eine Rechnungskürzung
– Eine Erstattung des bezahlten Betrages kommt für uns nicht in Frage.

Im Gegensatz zu Ihren Behauptungen
– ist der berechnete Preis korrekt.
– entsprechen die Preise den zuvor vereinbarten Bedingungen.

Unsere Garantie erstreckt sich auf Bau- oder Materialfehler, die innerhalb der ersten sechs Monate nach Inbetriebnahme entdeckt werden.

Sie werden verstehen, daß sich nach Ablauf dieser Frist nicht mehr feststellen läßt, ob die Panne
– auf einen übermäßigen Verschleiß
– auf einen ungewöhnlichen Gebrauch
– auf einen Fabrikationsfehler
zurückzuführen ist.

c) **Gegenvorschläge**

– Um eine gütliche Lösung zu finden,
– Um Ihnen entgegenzukommen,
… bieten wir Ihnen folgenden Ausgleich an: …

... nous vous accordons la moitié de la réduction demandée.

... nous signalerons le dommage à la compagnie d'assurance(s).

... nous effectuerons gracieusement la réparation, bien que la machine ne soit plus sous garantie.

Nous restons pourtant à votre disposition
- pour faire effectuer une expertise/une analyse industrielle.
- pour soumettre le cas à l'appréciation d'un expert.

d) Conclusion

Nous aimons à croire qu'après cette mise au point, vous ne maintiendrez pas vos exigences.

Nous espérons
- que vous partagerez notre point de vue.
- que nos relations ne souffriront pas de ce regrettable incident.

Nous regrettons beaucoup de ne pouvoir vous donner une réponse plus favorable.

... gewähren wir Ihnen die Hälfte der gewünschten Ermäßigung.

... werden wir den Schaden der Versicherungsgesellschaft melden.

... werden wir die Reparatur kostenlos durchführen, obwohl die Garantie für die Maschine abgelaufen ist.

Wir stehen Ihnen jedoch zur Verfügung,
- um eine Expertise/ein Industriegutachten erstellen zu lassen.
- um den Fall einem Sachverständigen zur Begutachtung vorzulegen.

d) Briefschluß

Wir gehen davon aus, daß Sie nach dieser Richtigstellung nicht auf Ihren Forderungen bestehen werden.

Wir hoffen,
- daß Sie unsere Ansicht teilen werden.
- daß dieser bedauerliche Zwischenfall unsere Beziehungen nicht gefährden wird.

Wir bedauern sehr, Ihnen keinen günstigeren Bescheid geben zu können.

Modèles de lettres de réclamation

1 La marchandise est arrivée endommagée
Die Ware ist beschädigt eingetroffen

Fabrique de conserves CUITVITE
123, rue Maréchal Foch
F-69160 Tassin-la-Demi-Lune

Messieurs,

Les marchandises correspondant à notre commande n° 61 du 23 avril nous ont été livrées hier.

Lors du déballage, nous avons constaté une avarie survenue probablement en cours de transport : 100 boîtes de petits pois ont été fortement endommagées et 40 bocaux de cerises sont arrivés dans un état déplorable. Selon toute probabilité, l'emballage n'était pas de nature à protéger efficacement les conserves.

Cela étant, nous vous prions de bien vouloir reprendre ces marchandises et de procéder, dès que possible, à une nouvelle expédition.

Nous espérons avoir très rapidement satisfaction et vous prions de recevoir, Messieurs, nos salutations distinguées.

Einkaufszentrum Minipreis

2 Vous avez reçu un envoi non conforme
Sie haben eine falsche Sendung erhalten

Ést FLORALIE S.A.
204, promenade des Anglais
F-06200 Nice

Objet : Votre livraison du 2 juin

Madame, Monsieur,

Intéressée par les tarifs spéciaux que vous m'avez fait connaître par voie publicitaire, je vous ai passé commande de 80 douzaines de roses, bon accompagné d'un chèque de 5 760 F correspondant au prix indiqué.

Or, j'ai été fort surprise de recevoir au lieu des fleurs commandées 40 lauriers-roses dont le prix sur votre offre est de 90 F pièce, et qui étaient probablement destinés à un autre client. Désireuse d'éviter tout ennui supplémentaire, je me propose de garder ces arbustes au prix de 60 F pièce. Par conséquent, je vous prie de bien vouloir me créditer du montant de la différence, à savoir :

Somme versée	5 760 F
./. 40 lauriers-roses à 60 F pièce	2 400 F
Montant à rembourser	3 360 F

Si vous ne pouvez accepter ma proposition, je vous prie de disposer de la marchandise dans le meilleur délai.
Recevez, Madame, Monsieur, mes salutations distinguées.

Cornelia Habicht

3 Un colis a disparu
Ein Frachtstück ist verlorengegangen

Transports Éclair S.A.
41, rue des Cordeliers
F-40000 Mont-de-Marsan

Madame, Monsieur,

Le 20 janvier dernier, nous vous avons informé de la disparition d'une caisse qui nous a été envoyée par la SOGEFIX, 33, rue de la Fraternité à Villeneuve sur Lot. Elle faisait partie d'une expédition remise le 9 décembre à votre agence de cette ville. Par votre lettre du 4 ct, vous nous avez fait savoir que vos recherches n'avaient pas abouti.

En conséquence, nous vous demandons de nous indemniser de la perte subie, soit 5 240 F, conformément au décompte suivant :

– Montant des outils perdus	4 845 F
– Montant des frais de transport	395 F
Total	5 240 F

Nous vous adressons ci-joint, pour justification, un exemplaire de la facture établie par la SOGEFIX.
Dans l'espoir d'un règlement à l'amiable, nous vous prions d'agréer, Madame, Monsieur, l'expression de nos sentiments distingués.

MILUFLAX AG

4 Mise en demeure concernant l'observation des termes de la garantie
Letztmalige Aufforderung, die Garantievereinbarungen einzuhalten

---

Zanoletti & Zuccatti S.A.R.L.
Machines à café
Route de Lausanne 298
CH-1290 Versoix

Messieurs,

Il y a deux mois, nous avons acheté chez vous une machine à expresso « Dolomites ». Cet appareil est couvert par une garantie commerciale d'un an : pièces, main-d'œuvre et déplacements du mécanicien.

Or, cette machine est déjà tombée en panne par trois fois. Lors de sa dernière intervention, le dépanneur nous a signalé que la seule solution pour éviter une nouvelle panne était le changement du fusible, réparation qu'il se refusait à effectuer gratuitement.

Dans ces conditions, nous vous mettons en demeure de procéder, dans les délais les meilleurs, à la mise au point de l'appareil.

Pour vous convaincre du bien-fondé de notre réclamation, nous joignons à cette lettre la copie du certificat de garantie ainsi que les copies des factures du service après-vente.

Dans l'intérêt de nos relations, nous espérons qu'un accord pourra intervenir sans devoir faire appel à la justice, ce qui est souvent lent et coûteux.

Avec nos sincères salutations.

Hotel Graf Zeppelin

Réponses aux lettres de réclamation

1 La plainte n'est que partiellement fondée
Die Beschwerde ist nur zum Teil berechtigt

Le Grand Passage du Faubourg
203, rue du Fg-Saint-Antoine
F-75012 Paris

Chers Messieurs,

Votre lettre de réclamation du 6 mars nous a surpris ; nous regrettons vivement que vous ne soyez pas satisfaits de nos articles.

Nous admettons que la soie livrée diffère quelque peu des précédentes. La qualité est certes très fine au toucher. Cela ne signifie pas pour autant qu'elle soit inférieure. Au contraire, c'est là une caractéristique appréciée par de nombreux clients.

Par contre, nous remplacerons sans tarder toutes les pièces présentant des défauts de tissage. Il est possible en effet que ceux-ci proviennent d'une machine qu'il a fallu réviser.

Eu égard à nos amicales relations commerciales, nous sommes prêts à vous accorder la réduction de 20 % demandée.

Espérant vous avoir donné satisfaction, nous vous prions de croire, chers Messieurs, à nos sentiments dévoués.

NEWMOTEX
Textilvertrieb GmbH & Co. KG

---

2 Vous rectifiez votre facture
Sie berichtigen Ihre Rechnung

Monsieur Cristobal Leforestier
78 bis, rue Léonce Vieljeux
F-17000 La Rochelle

Monsieur,

Nous reconnaissons la justesse de votre réclamation du 9 septembre.
Il s'agit bien d'une erreur de calcul. En effet, nous avons compté deux fois l'article n° 23.
Nous vous prions de nous en excuser.
La facture ci-jointe a été rectifiée dans ce sens.
Nous vous remercions de votre versement et demeurons dans l'attente de nouvelles commandes.
Recevez, Monsieur, nos salutations les meilleures.

Alfred Geier
Bettwaren + Haustextilien

3 L'entreprise de transport est responsable du dommage
Das Transportunternehmen ist für den Schaden verantwortlich

Grands Magasins du Mont-Blanc
216, allée des Cimes
F-73000 Bissy-Chambéry

Messieurs,

Répondant à votre courrier du 6 décembre, nous vous informons que nous devons rejeter votre plainte pour les raisons suivantes :

1° Au départ, les vases de porcelaine étaient en bon état et parfaitement conditionnés.
2° Nous avions choisi un emballage résistant, de nature à protéger efficacement ce genre d'articles.

Nous en concluons que l'état défectueux de la marchandise est dû à des manipulations brusques lors du chargement ou du déchargement. La faute est de ce fait imputable à l'entreprise de transport. En conséquence, nous vous demandons instamment de vous adresser à la Société INTER-CONTI qui, nous n'en doutons pas, vous indemnisera de façon équitable.
Espérant que nos relations d'affaires ne souffriront pas de ce regrettable incident, nous vous prions de croire, Messieurs, à l'assurance de notre considération distinguée.

Porzellan-Vertrieb Karoline Glotz

Exercices

1. Reconstituez les phrases suivantes :

1. En vérifiant votre facture,
2. La facture jointe à votre envoi
3. Je ne puis accepter
4. Vous ne tenez pas compte de
5. C'est par erreur
6. Les prix des escarpins sont majorés de 10 %,
7. Vous m'avez proposé de conserver les articles livrés par erreur,
8. Nous comptons sur

a) que vous avez compté deux fois cet article.
b) alors que ceux des mocassins sont bien conformes au tarif.
c) l'escompte de 3 %.
d) moyennant un rabais de 20 %.
e) une telle majoration de prix.
f) une rectification rapide de cette erreur.
g) je relève une petite erreur d'addition.
h) appelle une rectification.

2. Remplacez les chiffres par les mots ou expressions qui conviennent.

Maître,

Le 12 juin, j'ai fait **(1)** d'une machine à laver. Au **(2)** des trois derniers **(3)**, j'ai recouru par six fois au service **(4)** des Éts Rosier. Après de **(5)** tentatives, les **(6)** avouent maintenant leur impuissance à remettre en état le système d'ouverture ; la machine à laver est de ce fait **(7)**. J'ai envoyé deux lettres recommandées au **(8)** pour lui expliquer la situation. Malheureusement, elles sont restées sans **(9)**.

Par **(10)**, je suis résolu à faire valoir mes droits et à engager, s'il le faut, une procédure pour obtenir **(11)**. Mais, avant de recourir à cette extrémité, je m'**(12)** à vous dans l'espoir d'un règlement **(13)** de ce litige.

Avec mes **(14)** anticipés, je vous prie de **(15)**, Maître, l'assurance de ma considération distinguée.

(1) réparer / l'achat / livrer
(2) cours / courant / pendant
(3) semaines / années / mois
(4) juridique / après-vente / des achats
(5) infructueuses / plusieurs / nombreuses
(6) acheteurs / livreurs / mécaniciens
(7) invendable / détériorée / inutilisable
(8) fabricant / fabriquant / fabrique

(9) nouvelles / réponse / délai
(10) conséquent / conséquence / déception
(11) justice / satisfaction / réparation
(12) envoie / adresse / expédie
(13) à la fin du mois / au comptant / à l'amiable
(14) remerciements / salutations / sentiments
(15) agréer / recevoir / accepter

3. Remplacez les expressions soulignées par d'autres expressions que vous connaissez.

Par votre lettre du 10 avril, vous nous <u>faites savoir</u> que vous avez reçu, parmi les 40 robes d'été <u>reçues</u>, 15 pièces <u>présentant</u> un défaut de couture dans le dos.

Cela nous <u>étonne</u>, car nous étions <u>convaincus</u> de vous avoir <u>adressé</u> des articles irréprochables et de <u>premier choix</u>. <u>De plus</u>, tous nos articles sont soumis à un contrôle <u>rigoureux</u> avant l'expédition. <u>C'est pourquoi</u> le pourcentage des retours est <u>minime</u> et les demandes <u>d'échange</u> que nous recevons <u>ne se justifient pas</u> en général.

Nous ne procéderons au remplacement des pièces que s'il s'agit d'un défaut de fabrication évident. Notre représentante, Mme Petersen, <u>vous rendra visite</u> prochainement afin d'examiner cette affaire ; nous vous prions donc de <u>conserver</u> les articles jusqu'à nouvel avis.

Veuillez <u>recevoir</u>, Messieurs, nos salutations <u>empressées</u>.

4. Après avoir contrôlé la livraison, M. René Faure, magasinier à La Halle aux Fleurs, vous remet le bon de livraison ci-dessous. Rédigez la lettre de réclamation.

Semper Virens

Route de Bourg - 01100 OYONNAX - Tél. : 16 (50) 43-22-51

Plantes et arbres de décoration en plastique

Société Anonyme
au Capital de 950 000 F
R.C.S. Bourg-en-Bresse
C.C.P. Lyon 6 891 482

V/Commande n° :	106	du : 2 mars 198.
Expédiée par :	Transports M P	
Nombre de colis :	3	Poids : 33 kg

La Halle aux Fleurs
" Tout pour le fleuriste "
103 av de la Côte d'Azur
94638 RUNGIS Cédex

BON DE LIVRAISON	N° : 421
	Date : 10 mars 198.

Référence	Désignation	Unité	Quantité
48 230	Saule pleureur 1,90 m	1	5
50 211	Palmier 1, 60 m	2	4
24 043	Philodendron 1, 80 m	2	3

livré au lieu de : 50 241. Palmier coco 1,15 m (u=2) → 4. RF

Reçu ce jour à **15** h — les marchandises détaillées ci-dessus.
A **Rungis** — le **12 mars 19..** *R. Faure*

5. M. Albert Miran, directeur commercial chez Vermont, vous remet la fiche ci-dessous reçue de M. Delsol, chef magasinier chez Vermont. M. Miran vous prie d'écrire la réclamation destinée aux Transports Normands, 3 rue Lepic, 50000 Saint-Lô.

VERMONT

Le **20 mai** à **17** heures **15**

MESSAGE TÉLÉPHONIQUE

destiné à *M. A. MIRAN*
Directeur du S. Commercial

de la part de *M. Delsol*

Objet : *Reçu livraison de 100 caisses expédiées ce matin (bon 403). 8 caisses enfoncées 175 fromages plus ou moins écrasés. A déclasser - Réserves formulées sur la feuille d'émargement du transporteur*

Suite donnée : *Adresser au transporteur, dans les 3 jours, une lettre recommandée pour confirmer les réserves et demander réparation du préjudice. (Les fromages, vendus habituellement 7 F l'un, seront écoulés sans marque et en deuxième choix au prix de 2 F.) A. Miran*

6. Prenez connaissance de la facture ci-dessous.

L'Oie blanche **COUETTES ET ÉDREDONS**

L. AUQUE

20, place Plumancy
24000 PÉRIGUEUX *Tél. :*   **53 - 28 - 13 - 05**

VERCORS LITERIE
5, rue du Vercors

38000 GRENOBLE

Commande n° : 36   du : 15 mars 19..

Livraison :   SERNAM
               FRANCO DE PORT

Paiement :   chèque, à réception

FACTURE

N° :   4 010
Date :   3 avril 19..

Réf.	Désignation	U.	Prix unitaire	Quantité	Montant H.T.	
912 B	Couette Duvet oie blanche neuf 140 x 200	1	900,00	3	2 700,00	
924 C	Couette 3/4 Duvet oie blanche neuf 240 x 220	1	870,00	5	4 350,00	
804 L	Couette 1/2 Duvet canard neuf 200 x 200	1	450,00	2	900,00	
452 G	Couette Dacron 240 x 220	2	650,00	2	(2 600,00)	erreur SH

Total H.T................	10 550,00
T.V.A. 18,60 %..........	1 962,30
Net à payer	12 512,30

Préparez la lettre de réclamation adressée à L. Auque concernant l'erreur d'addition.

7. Vous travaillez au service Exportations des Papeteries Poulain à Biarritz. Vous trouvez sur votre bureau la fiche téléphonique ci-dessous.

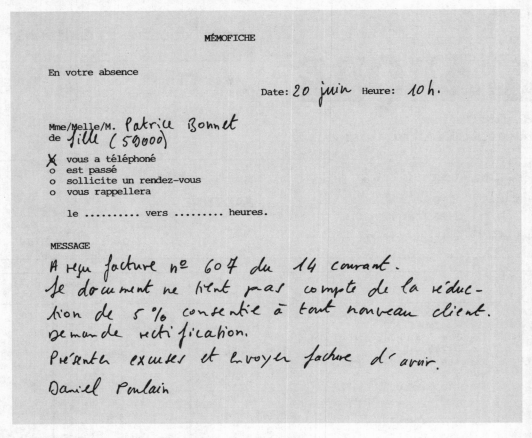

MÉMOFICHE

En votre absence

Date: *20 juin* Heure: *10 h.*

Mme/Melle/M. *Patrice Bonnet*
de *Lille (59000)*

X vous a téléphoné
o est passé
o sollicite un rendez-vous
o vous rappellera

le .... vers .... heures.

MESSAGE

*A reçu facture n° 607 du 14 courant.
Le document ne tient pas compte de la réduction de 5% consentie à tout nouveau client.
Demande rectification.
Présenter excuses et envoyer facture d'avoir.
Daniel Poulain*

Rédigez la lettre demandée par votre employeur.

8. Jouez avec un/e partenaire les rôles ci-dessous :

Joueur A	Joueur B
Sie haben gestern eine Hose gekauft. Bei Tageslicht haben Sie festgestellt, daß die Hose einige Flecken hat. Sie gehen zum Bekleidungsgeschäft zurück und verlangen Ihr Geld zurück.	Ein Kunde bringt eine fleckige Hose und fordert sein Geld zurück. Sie können nicht nachprüfen, ob die Flecken schon beim Kauf vorhanden waren. Sie bieten dem Kunden dennoch Umtausch an.

9. Lisez cette conversation téléphonique :

Obelisk : Bonjour, M. Poupard.

Poupard : Ah, M. Obelisk ! C'est de la transmission de pensée, car je voulais justement vous appeler au sujet de votre réclamation. Dites, dans votre lettre, vous nous écrivez que les langoustines sont invendables, pis encore : inacceptables. C'est vraiment si grave que ça ?

Obelisk : C'est simple, j'ai reçu la marchandise dans un état lamentable. De plus, le chargement complet dégage une odeur insupportable.

Poupard : Ça ne m'étonne pas vraiment : après avoir reçu votre lettre, j'ai téléphoné aux Transports Bretons pour leur exposer l'affaire. Ils m'ont dit que le circuit électrique du camion frigorifique est tombé en panne pendant le voyage.

Obelisk : C'est l'unique raison qu'ils ont invoquée ?

Poupard : Non. Ils pensent que les langoustines seraient arrivées en bon état s'il n'y avait pas eu autant d'embouteillages sur l'autoroute. Les départs en vacances n'ont pas arrangé les choses.

Obelisk : En tout cas, cette situation est inadmissible. Il faudra qu'ils m'indemnisent de la perte subie.

Poupard : D'après ce qu'ils m'ont dit, je suis sûr qu'ils ne s'y opposeront pas.

Obelisk : Je l'espère. De toute façon, je leur ai fait constater le dommage sur place.

Poupard : Alors, ils vous rembourseront équitablement. Moi, de mon côté, je leur ai envoyé une copie de votre lettre.

Obelisk : Merci à vous, M. Poupard.

Poupard : Il n'y a pas de quoi. Sachez que je regrette sincèrement ce qui est arrivé. J'espère que vous continuerez à nous accorder votre confiance.

Obelisk : Je ne vois aucune raison d'interrompre nos bonnes relations d'affaires.

Poupard : Merci, M. Obelisk, et bonne journée quand même.

Obelisk : Pareillement. Au revoir, M. Poupard.

Vous travaillez aux Transports Bretons et vous êtes chargé/e de la réclamation de M. Obelisk. Ecrivez-lui une lettre, dans laquelle vous lui présentez vos excuses et vous déclarez prêt/e à réparer le dommage subi.

10. Traduisez en français.

a) – Leider müssen wir Ihre Lieferung beanstanden.

– Beim Versand muß Ihnen ein Fehler unterlaufen sein.

– Die zugesandten Servietten entsprechen nicht dem Muster; die Qualität ist dünner und leichter.

– Diese Porzellantassen wurden auf dem Transportweg stark beschädigt.

– Um Sie davon zu überzeugen, daß unsere Reklamation begründet ist, schicken wir Ihnen ein Sweatshirt aus dieser Sendung zurück.

– Wir bitten Sie, die Teeservice umzutauschen.

– Wir stellen Ihnen die Ware zur Verfügung.

– Es handelt sich wahrscheinlich um ein Mißverständnis.

– Senden Sie uns bitte eine berichtigte Rechnung zu.

– In Ihrem Schreiben vom 23. März teilen Sie uns mit, daß unsere letzte Sendung beschädigt ankam.
– Wir bedauern dieses Vorkommnis sehr.
– Wir haben die Angelegenheit geprüft.
– Die Prüfung der eingesandten Muster hat ergeben, daß Ihre Reklamation berechtigt ist.
– Leider hat eine Verwechslung stattgefunden.
– Wir sind bereit, Ihnen den Wein zu 10 F je Liter zu überlassen.
– Auf Wunsch werden wir diese Hemden unverzüglich ersetzen.
– Wir bitten Sie, dieses Versehen zu entschuldigen.
– Sie können versichert sein, daß sich dieses Vorkommnis nicht wiederholen wird.

b) Die am 22. März bestellten Weine haben wir erst gestern erhalten.
Beim Ausladen haben wir festgestellt, daß 40 Flaschen Muscadet zerbrochen waren.
Wir haben uns bei der Güterabfertigung des Basler Bahnhofs beschwert. Unsere Reklamation wurde jedoch abgewiesen mit der Begründung, daß der Schaden auf mangelhafte Verpackung zurückzuführen sei.
Da wir den Wein dringend benötigen, bitten wir Sie um sofortigen Ersatz. Falls er nicht vorrätig ist, erwarten wir Ihre telefonische Nachricht.

c) Unsere Sendung vom 17. Dezember, 250 Sektgläser aus Kristall

Wir bestätigen den Erhalt Ihres Briefes vom 18. d. M. und bedauern, daß die o.g. Lieferung Anlaß zur Beschwerde gab.
Wir können jedoch kein Verschulden unsererseits feststellen, da die Sektgläser in gutem Zustand hier abgegangen sind und sorgfältig verpackt waren. Die Beschädigung kann nur durch unvorsichtige Behandlung während des Transports verursacht worden sein.
Wir werden den Fall deshalb unserer Versicherung übergeben.
Noch heute lassen wir Ihnen 50 Sektgläser kostenlos zukommen.
Wir hoffen, bald weitere Aufträge von Ihnen zu erhalten.

d) Wir bedauern sehr, daß Sie sich über unsere Gardinen-Lieferung beschweren mußten.
Wir haben die Angelegenheit geprüft und festgestellt, daß der Farbton in der Tat von der letzten Lieferung abweicht. Die Qualität des Stoffes hat darunter jedoch nicht gelitten.
Wir können uns leider nicht mit einem Umtausch einverstanden erklären. Im Interesse einer umgehenden Lösung des Problems sind wir aber bereit, Ihnen einen Rabatt von 30 % einzuräumen.
Wir hoffen, daß Sie unsere Regelung zufriedenstellen wird, und verbleiben mit freundlichen Grüßen.

11. Rédigez des lettres de réclamations d'après les donnés suivantes :

a) Vous (Bureau technique Poussin & Vollrath, 7, boulevard Joseph II, 2016 Luxembourg) avez récemment acheté 4 ordinateurs personnels « Superhirn » par l'entremise de René Pfleiderer, représentant chez Idefix Computersysteme GmbH, Postfach 7519, D-4700 Hamm. Vous n'en êtes pas satisfait(s). Vous réclamez auprès de Pfleiderer et lui demandez qu'un technicien spécialisé mette les appareils au point. Vous envisagez dès maintenant d'essayer une autre marque. A noter que les ordinateurs en question ne sont pas encore payés.

b) Die Druckerei Propopulos & Co. KG, Mergenthaler Allee 6 – 9, D-6236 Eschborn, an Papierfabrik Renard & Fils, 29, avenue du 8 mai, 84150 Joncquières.
Sie bestätigt den Empfang der letzten Sendung und stellt fest, daß ihr 8000 statt 6000 Bogen Papier Nr. G313 zu 380 F je tausend Stück in Rechnung gestellt worden sind.
Sie bittet die Papierfabrik um eine entsprechende Gutschrift.

12. Répondez aux réclamations d'après les données ci-dessous :

a) Vous (La Halle aux Fleurs, 103, avenue de la Côte d'Azur, F-94638 Rungis) écrivez au client Klaus Duckwitz (architecte d'intérieur, Räffelstr. 56, CH-8045 Zurich) qui, en raison d'une confusion d'emballages, a reçu des géraniums au lieu des 10 palmiers commandés. Ces plantes étant destinées à la décoration d'un hall d'entreprise, vous devez proposer le renvoi en port dû et annoncer l'expédition des articles demandés.

b) Mme Marie Dubois (lingerie fine, 178, rue Émile Zola, F-05100 Briançon) a reçu 60 chemises de nuit (Réf. 10 237, prix : 78 DM l'unité) au lieu de 40 chemisettes en dentelle (Réf. 10 327, prix : 54 DM l'unité).
Dans la réponse, vous (H. Schmetterling, Novesiastr. 88, D-4044 Kaarst) expliquez qu'une confusion entre les références est à l'origine de cette erreur. S'agissant d'articles d'écoulement facile, vous proposez à la cliente de conserver les chemises de nuit, celles-ci étant alors facturées au prix des chemisettes. L'échange est cependant possible si la cliente le souhaite. Vous espérez toutefois que la cliente renoncera à un envoi onéreux.

c) Die Firma PRIMA, Hellersbergstr. 17, 4040 Neuss, hat vom Kaufhaus LE MÉTROPOLITAIN, avenue De Lattre de Tassigny, 83000 Toulon, eine Beschwerde bezüglich der letzten Lieferung erhalten: 10 Fotoapparate sind leicht beschädigt angekommen; alle Apparate in Kiste Nr. 5 waren unzulänglich verpackt. LE MÉTROPOLITAIN behauptet, die Fotoapparate selbst zu herabgesetzten Preisen nicht verkaufen zu können; das Kaufhaus stellt die Ware zur Verfügung und bittet um entsprechende Kürzung der Rechnung.
PRIMA bedauert, daß die Apparate unterwegs beschädigt wurden. Der entstandene Schaden ist nicht auf mangelhafte Verpackung zurückzuführen, sondern dem Transportunternehmen zuzuschreiben. Die Apparate werden nicht zurückgenommen. PRIMA ist gerne bereit, eine Expertise erstellen zu lassen.

13. Répondez aux lettres de réclamation des pages 161 à 163.

LES CHARCUTIERS DE LYON

5, rue Fantasques - 69001 LYON   Tél.: 78.21.83.51   C.C.P. Lyon 18 521 44

Le Porcelet du Port
10 Quai du Port

13000 Marseille

N/facture n° F503   Lyon, le 16 mai 19..

Messieurs,

Le 20 mars nous avons adressé la facture n° F503 ; suivant
nos conditions de vente, vous auriez dû en effectuer le
règlement pour le 30 avril.

Or à ce jour, sauf erreur de notre part, votre paiement n'a pas
été enregistré ; nous pensons qu'il s'agit d'un oubli que nous
vous serions obligés de réparer.

Si entre-temps vous avez fait le nécessaire, veuillez ne pas
tenir compte de cette lettre.

Nous vous prions d'agréer, Messieurs, l'expression de nos
sentiments dévoués.

Le Chef Comptable ,

Julien Paquet

J. PAQUET

7 Das Mahnschreiben – *La lettre de rappel*

Zahlt ein Kunde nicht pünktlich am Fälligkeitstag, gerät er in Zahlungsverzug. War aber kein bestimmter Zahlungstermin vereinbart, so setzt der Verkäufer eine Frist und fordert ihn zur Zahlung auf. Begleicht der Kunde seine Schuld nicht innerhalb der gesetzten Frist, so wird ihn der Verkäufer zunächst höflich an seine Verpflichtungen erinnern.

Je nach Zahlungsbereitschaft des Kunden erfolgen Mahnungen in mehreren Stufen:

Erste Mahnung (Zahlungserinnerung):
Mit Hilfe einer Rechnungskopie oder eines Kontoauszuges erinnert der Verkäufer den Kunden höflich daran, die fällige Zahlung zu leisten. Um den Mahnungscharakter nicht so stark hervortreten zu lassen, kann der Verkäufer sein Schreiben mit einem neuen Angebot verbinden oder sich erkundigen, welche Zahlungsform der Kunde gewählt hat. Möglicherweise handelt es sich nur um ein Versehen des Kunden, der nach dieser Erinnerung die Zahlung vornimmt.
In vielen Firmen werden für die Zahlungserinnerung vorgedruckte Mahnbriefe verwendet.

Zweite Mahnung:
In ihr weist der Verkäufer nachdrücklicher auf die Fälligkeit des geschuldeten Betrages hin und setzt eine letzte Zahlungsfrist. Bei einem langjährigen Kunden, der sich momentan in finanziellen Schwierigkeiten befindet, besteht die Möglichkeit, Zahlungserleichterungen anzubieten (Zahlungsaufschub, Ratenzahlung).

Dritte Mahnung:
In der dritten und oft letzten Mahnung setzt der Gläubiger dem Kunden, unter Hinweis auf die ihm entstehenden zusätzlichen Kosten, eine letzte Frist. Er kündigt an, die geschuldete Summe durch Postnachnahme oder ein Inkassobüro einziehen zu lassen und Verzugszinsen in Rechnung zu stellen, falls auch diese Frist verstreicht. Schließlich droht er an, gerichtliche Schritte einzuleiten und gegebenenfalls die Industrie- und Handelskammer, die Botschaft oder das Konsulat zu informieren.

Trotz aller Härte in der Sache sollten Mahnschreiben stets höflich abgefaßt sein und der Hoffnung Ausdruck geben, die Angelegenheit gütlich zu regeln. Um sicherzugehen, daß die Zahlungsaufforderung den Kunden erreicht, empfiehlt es sich, wiederholte Mahnungen als Einschreiben zu verschicken.

Meist ist der Zahlungsverzug des Kunden auf ein Versehen zurückzuführen. In diesem Fall teilt der Kunde dem Verkäufer mit, daß er die Zahlung veranlaßt hat, und bittet ihn, die Unachtsamkeit zu entschuldigen.

Befindet sich der Kunde im Augenblick in Zahlungsschwierigkeiten, so bittet er den Gläubiger frühzeitig um Zahlungsaufschub und legt seine Gründe dar. Um seinen guten Willen zu zeigen, kann er eine Abschlagszahlung leisten und versprechen, den Restbetrag bald zu begleichen.
Wenn er mit Wechsel zahlt und einen Teil der Wechselsumme aufbringen kann, so bittet er um Teilprolongation, indem er einen neuen Wechsel über die niedrigere Summe akzeptiert.

Auch wenn der Kunde die Zahlung vorgenommen hat, kann noch ein weiterer Briefwechsel erforderlich sein, so z. B. wenn ein Scheck/Wechsel unvollständig oder falsch ausgefüllt wurde oder die gezahlte Summe nicht der Rechnung entspricht. In diesem Fall bittet der Verkäufer den Kunden um Berichtigung oder Zusendung eines neuen Schecks/Wechsels.

1. La lettre de rappel

a) Le premier rappel

– Lors de la vérification (= révision) de nos comptes,
– En examinant nos livres,
… nous avons remarqué que notre facture n⁰ 777 s'élevant à 1 000 DM est échue depuis un mois.

Nous nous permettons de vous rappeler
– que notre facture du 3 avril est restée jusqu'à ce jour impayée.
– que votre compte présente un solde de 500 DM en notre faveur.

Vous trouverez ci-joint un relevé de compte/ une copie de la facture.

Votre versement n'a pas encore été enregistré.

Ce montant a certainement échappé à votre attention.

S'il s'agissait d'un oubli de votre part, vous nous obligeriez en nous versant ce montant dès que possible.

Si entre-temps vous avez fait le nécessaire, veuillez ne pas tenir compte de cette lettre.

b) Le deuxième rappel

Par notre rappel du 6 août, nous vous avons invité(s) à faire honneur à vos engagements.

A notre grande surprise, notre courrier est resté (= demeuré) sans réponse.

Suivant nos conditions de paiement, vous deviez régler la somme à réception de la facture.

1. Das Mahnschreiben

a) Zahlungserinnerung

– Bei Durchsicht unserer Bücher
… ist uns aufgefallen, daß unsere Rechnung Nr. 777 über 1 000 DM seit einem Monat fällig ist.

Wir möchten Sie daran erinnern,
– daß unsere Rechnung vom 3. April bis heute nicht beglichen wurde.
– daß Ihr Konto einen Saldo von 500 DM zu unseren Gunsten aufweist.

Anbei erhalten Sie einen Kontoauszug/eine Kopie der Rechnung.

Ihre Zahlung ist noch nicht gebucht worden.

Dieser Betrag ist sicherlich Ihrer Aufmerksamkeit entgangen.

Sollte es sich um ein Versehen handeln, so wären wir Ihnen dankbar, wenn Sie diesen Betrag möglichst bald begleichen würden.

Falls Sie inzwischen die Zahlung veranlaßt haben, bitten wir Sie, diesen Brief als gegenstandslos zu betrachten.

b) Zweite Mahnung

In unserer Mahnung vom 6. August baten wir Sie, Ihren Verpflichtungen nachzukommen.

Zu unserem großen Erstaunen ist unser Schreiben unbeantwortet geblieben.

Gemäß unseren Zahlungsbedingungen hätten Sie den Betrag sofort nach Rechnungserhalt begleichen müssen.

Or à ce jour, le montant ne nous est pas encore parvenu ; nous en sommes fort surpris.

Doch bis heute ist der Betrag noch nicht bei uns eingegangen; wir sind darüber sehr erstaunt.

Nous sommes le 7 juin et je m'étonne de ne pas avoir encore reçu le solde de ma facture n⁰ 66.

Wir haben bereits den 7. Juni, und ich bin erstaunt, den Betrag meiner Rechnung Nr. 66 noch nicht erhalten zu haben.

Divers engagements nous obligent à faire rentrer ponctuellement les créances échues/ fonds.

Verschiedene Verpflichtungen zwingen uns, die fälligen Forderungen/Außenstände pünktlich einzuziehen.

– Notre délai de paiement usuel étant largement dépassé,
– Notre facture étant en souffrance depuis des semaines,
– Comme nous ne pouvons pas laisser plus longtemps cet arriéré en suspens,
… vous voudrez nous faire parvenir la somme par retour du courrier.

– Da unsere übliche Zahlungsfrist weit überschritten ist,
– Da die Zahlung unserer Rechnung seit Wochen aussteht,
– Da wir diese Außenstände nicht länger offen lassen können,
… bitten wir Sie um umgehende Zahlung des Betrages.

Vous comprendrez que cette situation ne peut durer.

Sie werden verstehen, daß das nicht so weitergehen kann.

Nous renonçons, pour le moment, aux intérêts de retard.

Wir verzichten vorläufig auf Verzugszinsen.

Si toutefois vous avez des difficultés financières momentanées,
– nous sommes prêts à échelonner les paiements.
– nous acceptons de proroger l'échéance jusqu'au 30 septembre.

Sollten Sie jedoch vorübergehend finanzielle Schwierigkeiten haben,
– sind wir bereit, die Zahlungen zu staffeln.
– sind wir mit einer Stundung bis zum 30. September einverstanden.

Nous comptons sur un prompt règlement/ amortissement de votre dette.

Wir rechnen mit einer umgehenden Zahlung/Tilgung Ihrer Schuld.

c) Le troisième et dernier rappel

c) Dritte und letzte Mahnung

Dix jours se sont écoulés depuis notre dernier rappel, et votre versement ne nous est toujours pas parvenu.

Zehn Tage sind seit unserer letzten Mahnung verstrichen, und Ihre Zahlung ist immer noch nicht eingegangen.

Vous aviez promis
– de verser un acompte.
– de payer vos dettes par acomptes.

Sie hatten versprochen,
– eine Abschlagszahlung zu leisten.
– Ihre Schulden in Raten zu tilgen.

Nous avions pourtant trouvé une solution à votre convenance.

Wir hatten doch eine Lösung gefunden, die Ihnen zusagte.

Je vous ai proposé le délai de paiement le plus long qu'il m'est possible de vous garantir.

Ich habe Ihnen die längste Zahlungsfrist vorgeschlagen, die ich gewähren kann.

– Ayant à faire face à nos propres échéances,
– Comme nous avons nous-mêmes d'importants paiements à faire,
… il ne nous est pas possible d'attendre plus longtemps le règlement de ce compte.
… nous vous invitons pour la dernière fois à vous acquitter de cette dette.

Nous avons
– négocié la traite auprès de notre banque.
– présenté l'effet à l'escompte.

Veuillez me préciser par retour du courrier comment vous comptez assurer le règlement de l'effet augmenté des frais, soit 9 694 F.

– Si entre-temps le paiement n'intervient pas,
– Passé ce délai,
… nous réclamerons des intérêts de retard.
… nous suspendrons toutes les livraisons ultérieures vous étant destinées.
… nous ferons percevoir le montant par recouvrement postal.
… nous informerons l'Ambassade d'Allemagne, à Paris, de votre paiement tardif.

… nous chargerons un office de recouvrement de récupérer la dette.
… nous remettrons le dossier à notre service du contentieux et ferons dresser protêt.

– Dans le cas contraire,
– Sans réponse de votre part,
– Si vous laissez passer cet ultime délai,

… je ferai appel (= j'aurai recours) à un avocat.
… nous serions obligés d'intenter une action en justice.
… nous adresserons une requête en injonction de payer au tribunal compétent.

Il nous serait pénible de devoir poursuivre une action juridique contre vous afin de sauvegarder nos intérêts.

– Da wir unsere eigenen Zahlungsverpflichtungen erfüllen müssen,
– Da wir selbst bedeutende Zahlungen zu leisten haben,
… ist es uns nicht möglich, Ihnen diesen Betrag länger zu stunden.
… fordern wir Sie zum letztenmal auf, diese Schuld zu begleichen.

Wir haben
– den Wechsel an unsere Bank verkauft.
– den Wechsel diskontieren lassen.

Teilen Sie mir bitte umgehend mit, wie Sie die Zahlung der Wechselsumme zuzüglich Kosten, nämlich 9 694 F, zu leisten gedenken.

– Falls in der Zwischenzeit keine Zahlung eingeht,
– Nach Ablauf dieser Frist
… werden wir Verzugszinsen verlangen.
… werden wir alle weiteren Lieferungen an Sie einstellen.
… werden wir den Betrag durch Postnachnahme erheben lassen.
… werden wir die deutsche Botschaft in Paris von Ihrem Zahlungsverzug in Kenntnis setzen.
… werden wir ein Inkassobüro mit der Einziehung der Schuld beauftragen.
… werden wir die Angelegenheit unserer Rechtsabteilung übergeben und Protest erheben.

– Andernfalls
– Falls Sie nicht antworten,
– Falls Sie diese letzte Frist verstreichen lassen,
… werde ich einen Anwalt einschalten.

… werden wir ein Gerichtsverfahren einleiten müssen.
… werden wir beim zuständigen Gericht einen Antrag auf Erlaß eines Mahnbescheids stellen.

Es wäre uns sehr unangenehm, wenn wir zur Wahrung unserer Interessen gerichtlich gegen Sie vorgehen müßten.

Nous aimons à croire que vous ne nous obligerez pas à prendre de telles dispositions.

Sachez que nous souhaitons éviter des mesures plus rigoureuses (= sévères).

2. Le vendeur conteste un règlement

Nous venons de recevoir votre chèque n⁰ 1234567 que nous ne pouvons cependant pas accepter.

Le chèque transmis
– est mal rédigé.
– n'est pas correctement établi.

La somme écrite en toutes lettres est illisible/erronée.

Le montant en chiffres ne correspond pas au montant en lettres.

La date (d'échéance) est incorrecte/omise.

Cette traite n'a pas été acceptée pour la raison suivante : …

La lettre de change
– est raturée.
– n'est pas signée.

Le motif indiqué pour le refus de la lettre de change est :
– provision insuffisante.
– pas d'avis de domiciliation.

Nous vous prions d'établir un nouveau chèque et de nous le retourner le plus rapidement possible.

3. Le client répond à la lettre de rappel

Veuillez excuser ce retard pour répondre à votre lettre de rappel du 4 juillet.

Ce poste a effectivement échappé à notre attention.

Wir hoffen, daß Sie es nicht dazu kommen lassen werden.

Sie sollten wissen, daß wir strengere Maßnahmen vermeiden möchten.

2. Der Verkäufer beanstandet eine Zahlung

Soeben erhalten wir Ihren Scheck Nr. 1234567, den wir jedoch nicht annehmen können.

Der übersandte Scheck
– wurde falsch ausgefüllt.
– ist nicht richtig ausgestellt.

Die in Buchstaben geschriebene Summe ist unleserlich/falsch.

Der Betrag in Ziffern entspricht nicht dem Betrag in Buchstaben.

Das (Fälligkeits-)Datum ist nicht korrekt/wurde übersehen.

Diese Tratte wurde aus folgendem Grund nicht akzeptiert: …

Der Wechsel
– wurde verbessert.
– ist nicht unterschrieben worden.

Als Grund für die Ablehnung des Wechsels wird genannt:
– unzureichende Deckung.
– keine Domizilierungsanzeige.

Wir bitten Sie, einen neuen Scheck auszustellen und uns diesen möglichst bald zuzusenden.

3. Der Kunde antwortet auf das Mahnschreiben

Bitte entschuldigen Sie die Verzögerung, mit der wir auf Ihren Mahnbrief vom 4. Juli antworten.

Diesen Posten haben wir in der Tat übersehen.

- La défaillance d'un client important
- Un net ralentissement de nos ventes
- … ne nous permet pas de faire face à notre échéance de fin juin.
- … nous empêche de régler le montant global en une fois.

- En raison de difficultés de trésorerie momentanées,
- Ayant eu de grosses échéances ces temps derniers,
- La faillite inattendue d'un débiteur venant de nous faire perdre une somme élevée,
- … nous vous serions obligés de bien vouloir nous accorder un délai supplémentaire d'un mois.

Nous vous prions instamment
- de reporter exceptionnellement l'échéance à (la) fin mars.
- de proroger l'échéance de la lettre de change jusqu'au 30 juin.

La certitude de pouvoir très vite tenir à nouveau nos engagements nous incite à solliciter de vous cette faveur exceptionnelle.

Pour vous prouver notre bonne volonté, nous joignons à notre courrier un chèque de 5 000 F, soit la moitié de la somme due.

Le solde vous sera versé, si vous êtes d'accord, en 2 fois : 4 000 F en fin de mois et 4 000 F le 15 juillet.

Nous espérons que, vu nos difficultés présentes, vous ferez droit à notre requête.

Par avance, nous vous remercions de votre compréhension.

- Das Ausfallen eines Großkunden
- Ein plötzlicher Absatzrückgang
- … macht es uns unmöglich, der Ende Juni fälligen Zahlung nachzukommen.
- … macht es uns leider unmöglich, den Gesamtbetrag auf einmal zu begleichen.

- Da wir im Augenblick Zahlungsschwierigkeiten haben,
- Da wir in letzter Zeit große Verbindlichkeiten erfüllen mußten,
- Da wir durch den unerwarteten Konkurs eines Schuldners eine größere Summe verloren haben,
- … wären wir Ihnen dankbar, wenn Sie uns eine Nachfrist von einem Monat gewähren könnten.

Wir bitten Sie inständig,
- die Fälligkeit ausnahmsweise auf Ende März zu verschieben.
- den Wechsel bis zum 30. Juni zu prolongieren.

Die Gewißheit, sehr bald wieder unsere Verbindlichkeiten erfüllen zu können, veranlaßt uns, Sie ausnahmsweise um diesen Gefallen zu bitten.

Um Ihnen unseren guten Willen zu zeigen, legen wir Ihnen einen Scheck über 5 000 F, d. h. über die Hälfte des fälligen Betrages bei.

Falls Sie damit einverstanden sind, wird Ihnen der Restbetrag in zwei Teilen gezahlt: 4 000 F am Ende des Monats und 4 000 F am 15. Juli.

In Anbetracht unserer gegenwärtigen Schwierigkeiten hoffen wir, daß Sie unserem Ersuchen entsprechen werden.

Wir danken Ihnen im voraus für Ihr Verständnis.

Modèles de lettres de rappel

1 La banque a retourné un effet impayé
Die Bank hat einen nicht eingelösten Wechsel zurückgeschickt

JARDINLAND
18, bd Carnot
F-10000 Troyes

Madame, Monsieur,

Notre banque nous retourne la lettre de change n⁰ 247 au 30 avril que nous avons tirée sur vous en paiement de notre facture C 56, le motif indiqué pour le refus étant : provision insuffisante.

En conséquence, vous voudrez bien nous préciser par un prochain courrier comment vous comptez assurer le règlement du montant de l'effet augmenté des frais de retour, soit 76 498,25 DM. Nous attendons votre proposition et vous en remercions par avance.

Veuillez recevoir, Madame, Monsieur, nos salutations distinguées.

Gartengeräte Fäßle & Co. KG

---

2 Mise en demeure
Zahlungsaufforderung

Menuiserie Aebi & Cie
Avenue du Nord 23
1950 Sion

Messieurs,

Malgré nos rappels des 14 et 28 août, le règlement de notre facture F 123 s'élevant à 49 147,-- FS n'a pas encore été enregistré.

Nous ne pouvons nous expliquer votre silence étant donné que nous vous avions fait des propositions précises concernant l'amortissement de votre dette.

Nous vous mettons donc en demeure de nous faire parvenir ce montant d'ici au 30 septembre, dernier délai.

A défaut de régularisation, nous nous verrions contraints, à notre grand regret, d'entamer la procédure habituelle de recouvrement. Veuillez croire que la présente menace sera suivie d'effet à la date fixée.

Tout en espérant que vous ne nous obligerez pas à prendre de telles dispositions, nous vous adressons, Messieurs, nos sincères salutations.

Holzhandel Schittle

Réponses aux lettres de rappel

1 La facture a échappé à votre attention
Sie haben die Rechnung übersehen

Corderie Bosquet
Cordes et câbles métalliques
Quai Amiral Hamelin
F-14300 Caen

Chers Messieurs,

Nous avons reçu votre relevé de compte du 16 écoulé.
Depuis notre dernière correspondance avec vous, nous avons transféré notre service
Comptabilité dans notre nouveau bâtiment administratif situé : Solmsstrasse 57 à
D-6000 Francfort 90. Par suite des travaux de déménagement, votre facture a échappé à
notre attention. En règlement de cette créance, nous avons fait virer aujourd'hui à votre
compte courant nº 2345699 auprès du Crédit Lyonnais la somme de 18974,-- F. Veuillez
nous créditer de ce montant et nous en aviser.
Tout en vous priant d'excuser ce retard, nous vous adressons, chers Messieurs, nos salutations cordiales.

Albert Bohnacker GmbH & Co. KG

2 Vous sollicitez une prolongation du délai de paiement
Sie bitten um eine Verlängerung der Zahlungsfrist

C L E O – L U X E
Accessoires de salles de bains
27, rue de l'URSS
F-63000 Clermont-Ferrand

Mesdames, Messieurs,

J'accuse réception de votre lettre du 9 octobre ainsi que de votre nouvelle collection de
porte-serviettes. Divers modèles correspondent exactement à ce que j'attendais ; je vous
remettrai donc sous peu une commande d'une certaine importance.
En ce qui concerne votre facture du 10 août, je regrette de ne pouvoir la régler avant la fin
du mois de novembre. Il ne s'agit là pour moi que d'une difficulté passagère. J'ai eu de
grosses échéances ces temps derniers, aussi vous serais-je obligée de prendre patience
et de m'accorder un dernier délai jusqu'au 30 novembre.
L'ancienneté de nos relations, ma certitude de pouvoir très vite, dans l'avenir, tenir à nouveau mes engagements, m'incitent à solliciter de vous cette faveur exceptionnelle.
J'espère qu'elle ne me sera point refusée et je vous en remercie par avance.
Veuillez croire, Mesdames, Messieurs, à mes sentiments distingués.

Karin Nüßle

Exercices

1. Complétez les formules ci-dessous :

– Contre toute attente, _____ à mon rappel du 4 mars.

– A cette occasion, _____ n'a pas encore été réglée.

– Vous avez promis _____ par acomptes mensuels.

– Malgré votre promesse expresse, _____ à vos engagements.

– Exceptionnellement, et pour vous être agréables, _____ un délai supplémentaire.

– Nous comptons _____ jusqu'à cette date.

– Si, entre-temps, le paiement n'a pas lieu, _____ aux moyens juridiques.

– J'espère _____ de telles dispositions.

2. Remplacez les termes soulignés par d'autres mots ou expressions que vous connaissez.

Monsieur,

Vous n'avez pas répondu à mes rappels des 6 et 17 octobre, par lesquels je vous ai prié de payer ma facture s'élevant à 4 895,-- DM.

Comme je vous l'ai déjà fait savoir, il m'est impossible de laisser plus longtemps cet arriéré en suspens. Divers engagements m'obligent à faire rentrer les fonds à la date prévue.

Je vous invite donc pour la dernière fois à vous acquitter de votre dette d'ici au 15 décembre. Passé ce délai, je serai contraint de percevoir ce montant par recouvrement postal.

J'aime à croire que vous ne m'obligerez pas à prendre des mesures plus rigoureuses.

Veuillez recevoir, Monsieur, mes salutations distinguées.

3. Remplacez les chiffres par les mots ou expressions qui conviennent.

Monsieur,

Sur le relevé de (1) au 30 juin, que nous vous avons adressé le 16 ct, (2) une facture n⁰ 42 de 9847,-- F, (3) depuis le 15 mai dernier. Or à ce jour, votre versement n'a pas été (4).

Notre délai de paiement usuel étant largement (5) en la circonstance, nous vous prions de nous (6) tout prochainement (7) en question.

Si toutefois vous aviez des (8) passagères, vous voudrez bien nous faire des (9) précises concernant (10) de votre dette. Nous attendons votre (11) par retour du courrier.

Recevez, Monsieur, l'expression de nos (12).

    (1) factures / compte / commandes

    (2) montrait / indiquait / figurait

    (3) échue / échéant / échus

    (4) arrivé / parvenu / enregistré

    (5) écoulé / dépassé / tardif

    (6) virer / rembourser / retourner

    (7) le chèque / la somme / les frais

    (8) créances / difficultés / dettes

    (9) conditions / propositions / offres

   (10) l'amortissement / l'échéance / la somme

   (11) compréhension / argent / réponse

   (12) sincères remerciements / sentiments dévoués

4. Reconstituez la réponse suivante :

Messieurs,

1. Nous nous empressons de répondre
2. Nous avons effectivement
3. Toutefois, pour vous prouver notre bonne volonté, nous joignons
4. Le solde vous sera versé,
5. Nous souhaitons que vous soyez favorables à un tel arrangement
6. Recevez, Messieurs, l'expression

a) si vous êtes d'accord, le 15 du mois prochain.
b) quelques problèmes financiers en ce moment.
c) et vous remercions par avance de votre compréhension.
d) de nos sentiments distingués.
e) à votre lettre recommandée du 2 ct.
f) à notre courrier un chèque de 10 000 F, soit la moitié de la somme due.

5. Ecrivez les sommes en lettres.

80, 100, 121, 500, 1000, 2000, 3127, 20485

6. Vous (AB Quartz) venez de recevoir ce chèque du client L'Or et l'Heure :

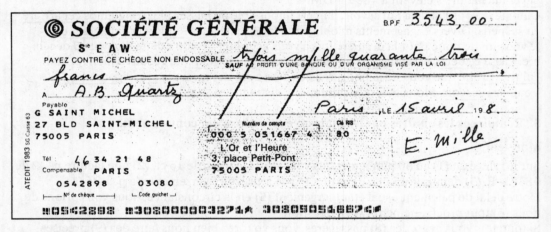

M. Carrat, comptable chez AB Quartz, vous demande d'écrire une lettre d'après l'annotation qu'il a portée sur le papillon à côté.

7. Traduisez en français.

a) Am 9. Oktober haben wir Sie an die Fälligkeit unserer Rechnung vom 3. September über
2 500 DM erinnert. Da der Betrag noch nicht eingegangen ist, müssen wir heute unsere
Bitte wiederholen. Wir haben selbst größere Zahlungen zu leisten. Daher wären wir für
Ihre baldige Überweisung sehr dankbar. Sollte Ihnen jedoch die Begleichung der gesam-
ten Schuld im Augenblick Schwierigkeiten bereiten, schlagen wir Ihnen vor, diese in
Teilzahlungen zu tilgen.

b) Bis heute haben wir noch keine Antwort auf unsere Zahlungsaufforderungen vom
10. und 28. v. M. erhalten. Ihr Verhalten befremdet uns sehr. Wir fragen uns, warum wir
so lange auf Ihre Zahlung warten müssen. Wir bestehen darauf, daß Sie Ihren Verpflichtungen nachkommen, und fordern Sie zum letztenmal auf, uns den Rechnungsbetrag bis
zum 31. März zu überweisen. Sollte die Zahlung bis dahin nicht eingehen, werden wir
unseren Rechtsanwalt in Frankreich mit der Einziehung der Forderung beauftragen.
Außerdem werden wir die deutsche Botschaft in Paris über Ihren Zahlungsverzug informieren. Wir hoffen, daß Sie uns solche Maßnahmen ersparen *(épargner)* werden.

c) Wir haben Ihren Brief vom 4. Mai sowie Ihren Kontoauszug erhalten. Leider war es uns
nicht möglich, Ihre Rechnung am Fälligkeitstag zu bezahlen. Wir bitten Sie, die Verzögerung zu entschuldigen. Wir hatten mit dem Eingang einer fälligen Zahlung gerechnet,
die jedoch nicht erfolgte. Wir bitten deshalb um Stundung bis Ende Juli. Bis dahin werden wir in der Lage sein, die Zahlung zu leisten. Wir hoffen, daß Sie aufgrund unserer
langjährigen Geschäftsverbindung unserem Ersuchen stattgeben werden. Wir danken
Ihnen im voraus für Ihr Entgegenkommen.

8. Rédigez les lettres de rappel et les réponses à celles-ci d'après les données suivantes :

a) Die Möbelfabrik Switzerland AG, Gewerbestraße 156, CH-8132 Egg-Zürich, hat dem
Geschäft „Au Meuble Sélect", 3, Chemin Haut, F-67200 Straßburg, 10 Schlafzimmer-
schränke zu 5 370 SF das Stück geliefert. Ziel 90 Tage. Der Kunde ist mit seiner Zahlung
seit 2 Monaten im Rückstand.
Die erste Mahnung der Möbelfabrik bleibt ohne Antwort.
In einer zweiten Mahnung bittet ihn die Möbelfabrik, präzise Vorschläge für die Tilgung
seiner Schuld zu machen. Der Kunde zahlt jedoch nicht und läßt auch nichts von sich
hören.
In einem dritten Brief setzt ihm die Möbelfabrik eine letzte kurze Frist und droht an,
ihre Rechtsabteilung einzuschalten, falls er auch diese Mahnung stillschweigend verstreichen läßt.

b) Die Kumpele GmbH, Sauna- und Solarientechnik, Königsknollstr. 41, 7032 Sindelfin-
gen, erinnert Mme Françoise Guérin, Institut „Beauté finlandaise", 6, bd du Grand-Cerf,
F-86000 Poitiers, am 21. August daran, daß ihre Lieferung vom 7. Juni (Ziel 2 Monate)
über 10 250 F noch nicht beglichen ist. Es handelt sich um ein erstes Geschäft mit dieser
Kundin.
Die Kundin entschuldigt sich am 14. September für ihr Verhalten. Sie war fast vier
Wochen auf einer Geschäftsreise im Ausland. Um ihren guten Willen zu beweisen, legt
sie ihrem Brief einen Scheck über 2 000 F bei. Für den Rest bittet sie um Stundung bis
zum 15. Oktober.

20, route de Caen - 14500 VIRE

Société anonyme au capital de 1 280 00 0F.
R.C.S. Caen B 341 228 674
C.C.P. Rouen 8287 90
Tél. : 31.22.20.78

Monsieur Léon Secret
Agent d'affaires
31, avenue Pierre Berthelot

14066 Caen

N/réf. Conf. 183

Vire, le 4 mars 1991

Objet : Demande de renseignements

Monsieur,

La maison dont vous trouverez le nom et l'adresse sur la fiche ci-jointe, et avec laquelle nous n'avons encore traité aucune affaire, vient de nous passer une forte commande.

Avant de l'exécuter, nous aimerions obtenir des renseignements aussi précis que possible concernant :

— sa réputation,
— sa situation financière,
— les moyens financiers dont elle dispose,
— la marche de ses affaires,
— sa façon de remplir ses engagements,
— ses dirigeants.

Nous souhaiterions savoir en particulier si nous serions couverts en lui accordant un crédit de 100 000 F pour trois mois.

Soyez assuré que nous ferons de vos communications un usage des plus discrets. Nous serions heureux, le cas échéant, de pouvoir vous rendre un service semblable.

Avec nos remerciements anticipés, nous vous prions d'agréer, Monsieur, l'expression de nos sentiments distingués.

Simone Buisson

p.pon Simone Buisson

Pièce jointe :
Une fiche confidentielle

1 Einholen einer Auskunft –
La demande de renseignements

Die Erkundigung

Erhalten Sie eine Bestellung von einem Kunden, den Sie nicht kennen oder dessen Bonität Ihnen zweifelhaft erscheint, sollten Sie sich zuerst über ihn erkundigen. Dies empfiehlt sich vor allem, wenn es sich um einen Großauftrag handelt und der Betreffende um Zahlungserleichterungen bittet.
Sie haben auch die Möglichkeit, Erkundigungen über Konkurrenzfirmen einzuholen sowie über Firmen, die Ihre Produkte vertreiben möchten.

Ein neuer Kunde, der um einen Kredit bittet, wird in seiner Anfrage Referenzen angeben. Dies können Firmen, Personen oder Banken sein.
Zuverlässigere Auskünfte als durch seine Geschäftspartner erhalten Sie bei Banken, diplomatischen Vertretungen oder Außenhandelseinrichtungen. Sehr genaue Informationen liefern internationale Auskunfteien.

Wenn Sie sich über eine Firma erkundigen, bitten Sie um Auskunft über ihren Geschäftsgang, ihre finanzielle Lage, ihren Umsatz, ihre Bonität und die Höhe des Kredits, den Sie ihr gewähren können.
Wenn Sie sich über eine Person erkundigen, bitten Sie um Auskunft über ihre Geschäftserfahrung, ihre Vertrauenswürdigkeit, ihre Geschäftsgepflogenheiten und evtl. ihren Charakter.

Zum Schutz gegen Indiskretionen sollten Sie den Namen und die Anschrift der Firma oder Person, nach der Sie sich erkundigen, auf ein beigefügtes Blatt und nicht in den Brief selbst schreiben.

Erkundigung und Auskunft sind eine delikate Angelegenheit. Deshalb sichert man sich gegenseitig Verschwiegenheit zu und wickelt sie oft in einem persönlichen Gespräch oder telefonisch ab.

Die Auskunft

Wer eine Auskunft erteilt, muß darauf achten, daß er anderen damit nicht schadet, denn er kann zur Verantwortung gezogen werden, wenn die Informationen für den Betreffenden in irgendeiner Weise geschäftsschädigend sind. Mit Vorbehalten wie „Diese Auskunft ist unverbindlich", „Für diese Auskunft übernehmen wir keine Verantwortung" und „Wir erteilen Ihnen die Auskunft unter dem üblichen Vorbehalt" kann man sich nicht unbedingt vor Schaden(s)ersatzforderungen schützen.

1. La demande de renseignements

L'entreprise Pépin vous a désigné comme référence.

La maison figurant sur la fiche ci-jointe vient de nous passer une forte commande.

Elle sollicite un crédit de 100 000 F pour quatre mois.

Comme nous n'avons encore traité aucune affaire avec elle, vous nous obligeriez en nous fournissant des renseignements aussi précis/détaillés que possible.

Avant de prendre une décision, nous aimerions obtenir tous renseignements utiles sur cette maison.

Cette entreprise jouit-elle d'une bonne réputation commerciale ?

Nous souhaitons être renseignés sur
- sa solvabilité.
- sa situation financière.
- son chiffre d'affaires annuel.
- la marche de ses affaires.
- sa façon de remplir ses engagements.
- sa fiabilité (= solidité).
- ses dirigeants.

Pouvez-vous nous renseigner sur
- l'honorabilité
- la manière d'être en affaires
- le caractère
du directeur/du chef d'entreprise ?

Estimez-vous que nous puissions sans hésitation leur accorder ces facilités ?

Par avance, nous vous remercions de vos renseignements.

Nous joignons à cette lettre une enveloppe affranchie/un coupon-réponse international.

Veuillez compter sur notre entière discrétion.

Vos informations seront considérées comme strictement confidentielles.

1. Die Erkundigung

Die Firma Pépin hat Sie als Referenz genannt.

Die auf beiliegendem Blatt genannte Firma hat uns soeben einen Großauftrag erteilt.

Sie bittet um ein Zahlungsziel von 4 Monaten über 100 000 F.

Da wir noch nicht mit ihr in Geschäftsverbindung stehen, wären wir Ihnen verbunden, wenn Sie uns so präzise/ausführlich wie möglich informieren würden.

Bevor wir eine Entscheidung treffen, möchten wir jede zweckdienliche Auskunft über diese Firma erhalten.

Genießt diese Firma einen guten geschäftlichen Ruf?

Wir bitten um Auskunft über
- ihre Bonität (= Zahlungsfähigkeit).
- ihre finanzielle Lage.
- ihren Jahresumsatz.
- ihren Geschäftsgang.
- ihre Zahlungsmoral.
- ihre Zuverlässigkeit.
- ihre Geschäftsführer.

Können Sie uns über
- die Vertrauenswürdigkeit
- die Geschäftsgepflogenheiten
- den Charakter
des Leiters/des Unternehmers Auskunft erteilen?

Denken Sie, daß wir ihnen ohne weiteres diese Erleichterungen gewähren können?

Wir danken Ihnen im voraus für Ihre Auskunft.

Wir legen diesem Schreiben einen Freiumschlag/einen internationalen Antwortschein bei.

Sie können sich voll und ganz auf unsere Diskretion verlassen.

Wir werden Ihre Informationen streng vertraulich behandeln.

Nous vous remercions de vos diligences.

Wir danken Ihnen für Ihre Bemühungen.

Nous serions heureux de vous rendre le même service (= un service semblable).

Zu Gegendiensten sind wir gerne bereit.

2. a) Renseignements favorables

2. a) Positive Auskunft

Nous répondons volontiers à votre demande de renseignements concernant …

Gern beantworten wir Ihre Bitte um Auskunft über …

Nous pouvons vous communiquer les informations suivantes : …

Wir können Ihnen mit folgenden Informationen dienen: …

La firme dont il s'agit
– existe depuis environ vingt ans.
– jouit d'une confiance absolue.
– possède une solide clientèle.
– bénéficie chez nous d'un crédit illimité.
– dispose de capitaux importants (= fonds considérables).

Die genannte Firma
– besteht seit etwa zwanzig Jahren.
– genießt volles Vertrauen.
– hat einen festen Kundenstamm.
– genießt bei uns unbegrenzten Kredit.
– ist kapitalkräftig.

C'est un commerce très ancien et prospère.

Es handelt sich um ein alteingesessenes und gutgehendes Geschäft.

Cette nouvelle entreprise
– s'est constamment développée au cours des derniers mois.
– jouit d'une excellente réputation.
– a toujours fait honneur à ses engagements.
– réalise un chiffre d'affaires très important.
– est bien introduite sur le marché allemand.
– est de moyenne importance.
– occupe 1000 employés.

Dieses neue Unternehmen
– hat sich in den letzten Monaten kontinuierlich entwickelt.
– erfreut sich eines ausgezeichneten Rufes.
– ist seinen Verpflichtungen stets nachgekommen.
– erzielt einen sehr großen Umsatz.
– ist auf dem deutschen Markt gut eingeführt.
– ist von mittlerer Größe.
– beschäftigt 1000 Mitarbeiter.

Ils possèdent des terres/des biens immobiliers.

Sie besitzen Grund und Boden/Immobilien.

Nous n'avons fait que de bonnes expériences avec cette maison.

Wir haben mit dieser Firma nur gute Erfahrungen gemacht.

Le propriétaire est des plus honorables.

Der Inhaber genießt hohes Vertrauen.

Le chef d'entreprise passe pour un homme d'affaires
– avisé/sérieux.
– actif/dynamique.
– capable/habile.
– consciencieux/prudent.
– digne de confiance.

Der Leiter des Unternehmens gilt als
– erfahrener/seriöser
– aktiver/dynamischer
– tüchtiger/gewandter
– gewissenhafter/vorsichtiger
– vertrauenswürdiger
Geschäftsmann.

Les dirigeants jouissent de l'estime générale.

Die Geschäftsführer genießen allgemeines Ansehen.

Nous avons entière confiance en eux.

Wir haben volles Vertrauen in sie.

Les derniers exercices ont été satisfaisants.

Die letzten Jahresabschlüsse waren zufriedenstellend.

Selon nous, les facilités demandées peuvent être accordées sans hésitation.

Unseres Erachtens können die gewünschten Erleichterungen ohne Bedenken gewährt werden.

A notre avis, il n'y a pas lieu de leur refuser le crédit sollicité.

Unserer Meinung nach gibt es keinen Grund, ihnen den gewünschten Kredit zu verweigern.

Nous déclinons cependant toute responsabilité quant à ces renseignements.

Für diese Auskunft lehnen wir jedoch jede Verantwortung ab.

Espérant avoir pu vous rendre service, je vous présente mes cordiales salutations.

Ich hoffe, Ihnen weitergeholfen zu haben. Mit freundlichen Grüßen

b) Renseignements évasifs

b) Unbestimmte Auskunft

Nous regrettons de ne pouvoir vous fournir des renseignements précis.

Wir bedauern, Ihnen keine genauen Auskünfte erteilen zu können.

Nous ne nous sentons pas autorisés à vous renseigner sur cette affaire.

Wir fühlen uns nicht berechtigt, Ihnen in dieser Sache Auskunft zu erteilen.

Nous ne connaissons pas de très près cet établissement.

Dieses Unternehmen ist uns nicht näher bekannt.

Nous n'avons jamais été en relations d'affaires avec elle.

Wir hatten noch nie Geschäftsbeziehungen zu ihr.

Je n'ai conclu qu'une affaire au comptant avec eux.

Ich habe nur ein Barzahlungsgeschäft mit ihnen getätigt.

Nous ne savons pas dans quelle mesure on peut lui faire confiance.

Wir wissen nicht, inwieweit man ihm/ihr vertrauen kann.

Nous savons cependant que cette entreprise
– n'existe que depuis peu de temps.
– a eu des débuts difficiles.
– s'est passablement développée.

Wir wissen jedoch, daß dieses Unternehmen
– erst seit kurzem besteht.
– einen schweren Einstieg hatte.
– sich mäßig entwickelt hat.

Les capitaux dont dispose cet établissement semblent être limités.

Das Unternehmen scheint nur über bescheidene Mittel zu verfügen.

Nous ne pouvons pas nous prononcer avec certitude sur sa solvabilité.

Wir können seine Zahlungsfähigkeit nicht mit Gewißheit beurteilen.

Je ne peux pas vous dire s'il convient de faire droit à la demande en question.

Ich kann Ihnen nicht sagen, ob es angebracht ist, dem betreffenden Antrag stattzugeben.

Ces renseignements sont donnés de bonne foi/sans garantie.

Diese Auskünfte wurden in gutem Glauben/ohne Gewähr erteilt.

c) Renseignements défavorables

c) Ungünstige Auskunft

De source bien informée, nous avons appris que cette maison
- a des difficultés de trésorerie.
- ne remplit pas régulièrement ses obligations.
- est insolvable/endettée.
- a déposé le bilan.

Aus zuverlässiger Quelle haben wir erfahren, daß diese Firma
- Zahlungsschwierigkeiten hat.
- Ihre Verpflichtungen nicht regelmäßig erfüllt.
- zahlungsunfähig/verschuldet ist.
- Konkurs angemeldet hat.

A notre connaissance, leur solvabilité est ébranlée/douteuse.

Soweit wir wissen, ist ihre Bonität erschüttert/zweifelhaft.

Ils sont lents à régler leurs factures.

Ihre Zahlungen gehen schleppend ein.

Leur situation financière s'est aggravée ces derniers mois.

Ihre finanzielle Lage hat sich in den letzten Monaten verschlechtert.

Plusieurs traites ont déjà été protestées.

Mehrere Wechsel sind bereits zu Protest gegangen.

On raconte que le propriétaire vit au-dessus de ses moyens.

Man sagt, daß der Eigentümer über seine Verhältnisse lebt.

Il a dû solliciter des prorogations d'échéance à plusieurs reprises.

Er mußte wiederholt um Fristverlängerung bitten.

Il semble que cette maison ne prospère pas.

Dieser Firma geht es anscheinend nicht gut.

Considérant les expériences que nous avons faites,
- nous ne serions guère disposés à leur accorder un crédit.
- nous vous conseillons de demander des garanties suffisantes.

In Anbetracht der Erfahrungen, die wir gemacht haben,
- wären wir kaum bereit, ihnen einen Kredit zu gewähren.
- raten wir Ihnen, ausreichende Garantien zu verlangen.

De toute façon une extrême prudence s'impose.

Jedenfalls ist äußerste Vorsicht geboten.

Nous n'assumons aucune responsabilité quant à ces renseignements.

Für diese Auskunft übernehmen wir keinerlei Verantwortung.

Nous vous prions d'en faire un usage (tout à fait) confidentiel (= discret).

Wir bitten Sie, diese (streng) vertraulich zu behandeln.

Modèles de lettres

1 Demande de renseignements
Erkundigung

Confidentiel
Uniclan Commodity Services S.A.
Agence de renseignements
41, avenue d'Iéna
F-75783 Paris Cedex

Madame, Monsieur,

La société dont vous trouverez les coordonnées sur la fiche ci-jointe nous a proposé de lui confier la représentation exclusive de nos produits pour la Région Parisienne.

Avant de prendre une décision, nous tenons à obtenir des informations détaillées concernant les activités, l'importance, le chiffre d'affaires, la solvabilité et la réputation de cette maison ainsi que les garanties qu'elle est à même d'offrir.

Il s'agit surtout pour nous de savoir si cette firme mérite toute confiance. En lui accordant l'exclusivité de nos ventes, nous serions appelés à lui remettre en consignation des valeurs substantielles.

Par avance, nous vous remercions de vos renseignements et vous assurons de notre entière discrétion.

Dans l'attente de votre réponse, nous vous prions de recevoir, Madame, Monsieur, nos salutations distinguées.

AMBASSADOR
Uhren und Schmuck

2 Renseignements favorables
Günstige Auskunft

Monsieur le Directeur
des Etablissements Hürlimann S.A.
7, rue du 1er Juin
CH-1207 Genève

Monsieur le Directeur,

En réponse à votre lettre du 26 mars dernier, il nous est agréable de pouvoir vous recommander la maison qui vient de vous passer une forte commande.

Etablie depuis quinze ans, elle jouit en notre ville d'une excellente réputation et possède une solide clientèle. Le père est maintenant secondé par son fils Pierre qui passe pour un homme d'affaires avisé et digne de confiance. On le dit sérieux et dynamique, et son esprit novateur fait de lui un entrepreneur hors pair.

Rien de défavorable non plus ne peut être relevé en ce qui concerne la solvabilité de l'entreprise. Jusqu'à présent, elle a toujours fait honneur à ses engagements.

Dans ces conditions, nous pensons qu'il n'y a pas lieu de lui refuser le crédit sollicité. Nous déclinons cependant toute responsabilité quant à ces renseignements.

Heureux d'avoir pu vous rendre service dans cette affaire, nous vous prions d'agréer, Monsieur le Directeur, nos salutations cordiales.

Berchtesgadener Holzwerke

3 Renseignements évasifs
Unbestimmte Auskunft

Jacques Casanova & Fils
Mécanique de précision
24, avenue de Lyon
F-31500 Toulouse

Objet : Demande de renseignements

Chers Messieurs,

Nous avons bien reçu votre courrier du 20 avril nous demandant des précisions sur une maison de notre place.

Malheureusement, nous ne pouvons nous prononcer avec certitude sur la solvabilité de cette firme qui n'existe que depuis peu de temps et avec laquelle nous n'avons jamais été en relations d'affaires.

Les renseignements que nous avons recueillis auprès de nos correspondants sont à la fois incertains et contradictoires. Tandis que les uns vantent les qualités commerciales du directeur, les autres insistent sur l'inexpérience de ses assistants.

Nous savons cependant que cette entreprise a eu des débuts très difficiles.

Nous regrettons de ne pouvoir vous donner un conseil précis et espérons vous être plus utiles lors d'une prochaine occasion.

Très sincèrement,
Hans Krug

---

4 Renseignements défavorables
Ungünstige Auskunft

Etablissements Aigrelet & Cie
Constructions mécaniques
6, place R. Poincaré
F-78000 Versailles

Strictement confidentiel

Messieurs,

En ce qui concerne les différentes questions contenues dans votre lettre du 3 courant, nous allons nous efforcer d'y répondre aussi complètement que possible.

Malheureusement, les informations que nous avons recueillies sur le compte de la maison en question ne sont pas des plus favorables.

Actuellement, elle ne jouit plus de son excellente réputation d'autrefois. Ses affaires, jadis prospères, accusent un ralentissement sensible.

Depuis quelque temps, elle a perdu bon nombre d'anciens clients et ne remplirait plus régulièrement ses engagements. A plusieurs reprises, elle a dû solliciter des prorogations d'échéance.

Nous estimons donc que vous ne pouvez pas sans aucune garantie lui accorder les facilités de paiement demandées. De toute façon une extrême prudence s'impose.

Il va sans dire que nous vous communiquons ces renseignements sous les réserves d'usage. En outre, nous vous saurions gré d'en faire un emploi des plus discrets.

Nous restons vos sincèrement dévoués.

R. Fuchs et Associés
Conseil juridique et fiscal international

Exercices

1. Retrouvez les mots manquants.

Nous sommes sur le point de ..... une assez grosse affaire avec la maison ..... sur le bulletin ci-joint. Avant ..... en relations avec elle, nous aimerions être ..... sur son compte.
Vous nous obligeriez en nous faisant ..... si cette entreprise est saine. En outre, nous souhaitons recevoir tous ..... utiles concernant la moralité du ....., le chiffre ..... approximatif, les moyens dont elle ..... et l'estimation totale de son actif.
Par avance nous vous ..... de vos communications et vous ..... de notre ..... absolue.
Tout en ..... avoir l'occasion de vous rendre le même ....., nous vous prions d'agréer, Messieurs, ... de nos sentiments cordiaux et dévoués.

2. Remplacez les chiffres par les termes qui conviennent:

En réponse à votre demande du 12 novembre, nous vous informons que la maison (1) dans votre lettre nous est (2) de longue date.
La directrice de l'entreprise est (3) de 50 ans. Elle est (4) et mère de deux enfants. Elle (5) une femme d'affaires sérieuse et active. Rien de (6) ne peut être relevé en ce qui concerne son (7).
Cette entreprise, qui s'est beaucoup (8) ces dernières années, est (9) moyenne et (10) cent employés. Selon nous, les (11) de paiement demandées peuvent être accordées sans hésitation.
Il va de soi que nous n'assumons aucune (12) quant à ces renseignements.
Avec nos sincères salutations.

(1) inscrite / mentionnée / donnée	(7) réputation / solvabilité / caractère
(2) connue / sympathique / antipathique	(8) endettée / développée / ralentie
(3) vieille / âgée / ancienne	(9) d'importance / d'un genre / d'une taille
(4) célibataire / fiancée / mariée	(10) recrute / occupe / a licencié
(5) passe pour / prétend être / se considère comme	(11) crédits / offres / facilités
(6) favorable / défavorable / neuf	(12) discrétion / responsabilité / information

3. Remplacez les mots ou expressions souligné(e)s par d'autres mots ou expressions que vous connaissez.

Permettez-nous de vous demander tous renseignements utiles concernant l'entreprise mentionnée sur le bulletin ci-inclus et qui, pour la première fois, nous remet une grosse commande.
Avant de l'exécuter, nous désirons connaître l'importance de cette maison, sa réputation, son chiffre d'affaires annuel et sa manière de faire face à ses obligations. Nous cherchons surtout à savoir si nous pouvons, sans risques, lui octroyer un crédit de 40 000 DM pour 3 mois.
Les précisions que vous nous fournirez, à titre tout à fait confidentiel, devront nous permettre d'examiner cette proposition d'affaires avec le maximum d'objectivité. Nous vous remercions par avance de votre obligeance. Peut-être aurons-nous l'occasion de vous rendre un service semblable ?
Dans l'attente de vos prochaines nouvelles, nous vous prions de recevoir, Messieurs, nos salutations empressées.

4. Traduisez en français.

a) Wir erlauben uns, Sie um eine Gefälligkeit zu bitten.

Die auf dem beiliegenden Blatt genannte Firma beabsichtigt, uns einen Auftrag im Wert von 100 000 F zu erteilen. Sie nannte Ihre Bank als Referenz. Deshalb bitten wir Sie um präzise Auskunft über die Kreditwürdigkeit und den Ruf der betreffenden Firma. Besonders interessiert uns der Umsatz, der Geschäftsgang sowie der Haus- und Grundbesitz. Wir wären Ihnen dankbar, wenn Sie uns auch über die Person des Inhabers Näheres mitteilen könnten.

Ihre Auskunft werden wir selbstverständlich vertraulich behandeln. Einen Freiumschlag legen wir bei. Für Ihre Mitteilungen danken wir Ihnen im voraus.

b) Sehr gern beantworten wir Ihre Bitte um Auskunft über die in Ihrem Brief vom 15. Oktober erwähnte Firma. Sie wurde 1960 gegründet und ist eines der größten Unternehmen am Platz. Sie hat 80 Verkaufsstellen in der Stadt und in den Vororten und einen festen Kundenstamm. Seit 10 Jahren stehen wir mit dieser Firma in Geschäftsverbindung. Sie hat ihre Rechnungen immer pünktlich beglichen. Der Leiter des Unternehmens gilt als erfahrener und vorsichtiger Mann und genießt hohes Ansehen. Aufgrund unserer Erfahrungen glauben wir, daß Sie dieser Firma den gewünschten Kredit ohne Gefahr einräumen können.

Wir bitten Sie, unsere Mitteilung als unverbindlich zu betrachten.

c) Soweit wir wissen, hat die betreffende Firma ihre Verpflichtungen stets pünktlich erfüllt. Wir müssen Ihnen jedoch mitteilen, daß die Herren R. & F. ihr Geschäft mit Hilfe eines Bankkredites bedeutend erweitert haben. Daß sie gewandte und umsichtige Geschäftsleute sind, bezweifeln wir nicht. Wir wissen aber, daß neulich ein Wechsel zu Protest gegangen ist. Es mögen jedoch andere Gründe als Zahlungsunfähigkeit vorliegen. Wir erteilen Ihnen diese Auskunft unter dem üblichen Vorbehalt.

5. Rédigez la demande de renseignements et la réponse d'après les données qui suivent :

a) Pour la première fois, INTERCUIR S.A., rue de Chantepoulet 18, 1201 Genève, reçoit des frères Neureich, maroquiniers à Vienne, une très forte commande. La fabrique tient à prendre quelques renseignements (lesquels ?) avant de donner suite à cette affaire. A noter que les clients ont indiqué la Eurobank, Wipplingerstr. 8-10, A-1013 Vienne, comme référence.

b) Die Auskunftei Topsecret, 103, boulevard Roosevelt, 2961 Luxemburg, gibt Hünckel & Co., Kirschgartenweg 12, 5600 Wuppertal, eine ausführliche Auskunft über die Firma Fourneau & Boiteux, Luxemburg.

Sie wurde 1970 gegründet. Ihre Aufträge belaufen sich jährlich auf 1,2 Mio. DM. Ihren Verpflichtungen kommt sie pünktlich nach. Andere Firmen haben ihr schon große Kredite gewährt. Die Inhaber sind erfahrene, umsichtige und sehr geachtete Geschäftsleute. Sie haben ihre Aktivitäten bedeutend ausgedehnt. Die Firma zählt jetzt zu den wichtigsten ihrer Art am Platz. Der genannte Kredit kann ohne Gefahr bewilligt werden. Die Auskunft wird ohne Gewähr erteilt.

CONCORDIA AUTOMOBILE

103 rue Saint-Martial · 87000 LIMOGES   —   TÉL. : **55–32-17-96**   —   CCP LIMOGES 824 82 03

RCS Limoges B 723 004 821 - Société Anonyme au Capital de 5 millions de francs.

MISE EN DEMEURE RECOMMANDEE

L A T Z Spedition GmbH
A l'attention de M. Latz
Pascalstr. 3 – 5

D-5100 Aachen

N/référence
Transp. GD/BF 243

Limoges, le 6 février 19..

Objet :
Demande d'information

Monsieur,

Un de nos correspondants nous a recommandé votre Maison. C'est donc à vos services que nous faisons appel pour le transport de

20 palettes de pièces détachées pour poids lourds.

Vous voudrez bien nous faire savoir si et à quelles conditions de délai et d'assurance vous prendriez ce chargement à l'usine Großbrummi en votre ville, et l'achemineriez au plus tôt jusqu'à nos garages.

Veuillez en outre nous indiquer vos prix les meilleurs, tous frais compris.

Vu le caractère d'urgence de cette affaire, nous vous saurions gré de nous renseigner dès que possible. D'avance, nous vous en remercions.

Tout en espérant que nous aboutirons rapidement à un accord intéressant, nous vous adressons, Monsieur, nos salutations les meilleures.

Gilles Delarivière

Gilles Delarivière
Directeur commercial

2 Der Gütertransport – Korrespondenz mit Spediteuren – *L'acheminement de la marchandise – Relations avec les commissionnaires de transport*

Verkäufer und Käufer vereinbaren die Lieferbedingungen im allgemeinen gemäß Incoterms (International Commercial Terms). Aus den Incoterms geht hervor, bis wohin der Verkäufer und ab wo der Käufer die Kosten und die Risiken des Transports trägt. Die wichtigsten Lieferbedingungen gemäß Incoterms lauten:

– ab Werk *(départ usine):*
Der Verkäufer stellt dem Käufer die Ware in seinem Werk zur Verfügung. Der Käufer trägt alle Kosten und Gefahren, die bei der Lieferung zum Bestimmungsort anfallen.

– fas (free alongside ship = frei Längsseite Schiff) *(FAS = franco le long du navire):*
Der Verkäufer trägt alle Kosten und Gefahren, bis die Ware im benannten Verschiffungshafen längsseits des Schiffes geliefert worden ist. Alle folgenden Kosten und Gefahren trägt der Käufer.

– fob (free on board = frei an Bord) *(FOB = franco (à) bord):*
Der Verkäufer trägt alle Kosten und Gefahren, bis die Ware im benannten Verschiffungshafen die Reling des Schiffes überschritten hat.

– c & f (cost and freight = Kosten und Fracht) *(C & F = coût et fret):*
Diese Bedingung entspricht cif, mit dem Unterschied, daß bei c & f nicht der Verkäufer, sondern der Käufer die Seeversicherung zahlt.

– cif (cost, insurance, freight = Kosten, Versicherung, Fracht) *(CAF = coût, assurance, fret):*
Der Verkäufer trägt alle Kosten und Gefahren, bis die Ware im Verschiffungshafen die Reling des Schiffes überschritten hat, und zahlt die Fracht und die Versicherung bis zum benannten Bestimmungshafen.

– frei Grenze … *(franco frontière …):*
Der Verkäufer trägt alle Kosten und Gefahren bis zum benannten Lieferort an der Grenze.

– frachtfrei … *(fret payé = port payé …):*
Der Verkäufer zahlt die Fracht für die Beförderung bis zum benannten Bestimmungsort, trägt das Risiko aber nur bis zur Übergabe an den ersten Frachtführer.

Weitere Incoterms:

– for/fot (free on rail/truck = frei Waggon) *(franco (sur) wagon)* benannter Abgangsort.

– fob Flughafen *(FOB aéroport)* benannter Abgangsflughafen.

– frei Frachtführer *(franco transporteur)* benannter Ort.

– c & f landed (Kosten, Fracht gelöscht) *(C & F débarqué)* benannter Bestimmungshafen.

– cif landed (Kosten, Versicherung, Fracht gelöscht) *(CAF débarqué)* benannter Bestimmungshafen.

– geliefert frei Bestimmungsort, verzollt *(rendu franco destination, marchandise dédouanée).*

La lettre de voiture (routière) internationale

1. Exemplar für Tarifkontrolle	Exemplaire pour controle tarifaire	Exemplaar voor tariefcontrole	Essemplare per controllo tarifario	Copy for tariffcontrol	Exemplar for tarifkontrolen
2. Exemplar für Absender	Exemplaire de l'expéditeur	Exemplaar voor Afzender	Essemplare per mittente	Copy for sender	Exemplar for Afsender
3. Exemplar für Empfänger	Exemplaire du destinataire	Exemplaar voor Geadresseerde	Essemplare per destinatario	Copy for consignee	Exemplar for Modtager
4. Exemplar für Frachtführer	Exemplaire du transporteur	Exemplaar voor vervoerder	Essemplare per transportatore	Copy for carrier	Exemplar for befordrer

1 Absender (Name, Anschrift, Land)
Expéditeur (nom, adresse, pays)

A. Schillinger Obsthof
Hauptstr. 38
7817 Ihringen

**INTERNATIONALER FRACHTBRIEF
LETTRE DE VOITURE INTERNATIONAL**

Diese Beförderung unterliegt trotz einer gegenteiligen Abmachung den Bestimmungen des Übereinkommens über den Beförderungsvertrag im internat. Straßengüterverkehr (CMR).

Ce transport est soumis, nonobstant toute clause contraire, à la Convention relative au contrat de transport international de marchandises par route (CMR).

2 Empfänger (Name, Anschrift, Land)
Destinataire (nom, adresse, pays)

G. Meyer
Route de Rouffach
68500 Guebwiller

16 Frachtführer (Name, Anschrift, Land)
Transporteur (nom, adresse, pays)

Kleyling Speditions GmbH
Ihringer Landstr.
7814 Breisach

3 Auslieferungsort des Gutes
Lieu prévu pour la livraison de la marchandise

Ort/Lieu Guebwiller
Land/Pays France

17 Nachfolgende Frachtführer (Name, Anschrift, Land)
Transporteurs successifs (nom, adresse, pays)

M A R C H A N D I S E S
S O U S D O U A N E
A C H T U N G – Z O L L G U T

4 Ort und Tag der Übernahme des Gutes
Lieu et date de la prise en charge de la marchandise

Ort/Lieu Ihringen ~~11x1x88xx~~
Land/Pays BRD
Datum/Date 11.1.88

5 Beigefügte Dokumente
Documents annexes

18 Vorbehalte und Bemerkungen der Frachtführer
Reserves et observations des transporteurs

6 Kennzeichen und Nummern Marques et numéros	7 Anzahl der Packstücke Nombre des colis	8 Art der Verpackung Mode d'emballage	9 Bezeichnung des Gutes* Nature de la marchandise*	10 Statistiknummer No statistique	11 Bruttogewicht in kg Poids brut, kg	12 Umfang in m³ Cubage m³
adr. 1-2000	2000 Steigen	Tafeläpfel		EX/01/8123	20000.- Kg	

Klasse Classe	Ziffer Chiffre	Buchstabe Lettre	(ADR) (ADR)

13 Anweisungen des Absenders (Zoll- und sonstige amtliche Behandlung)
Instructions de l'expéditeur (formalités douanières et autres)

Verz. mit T2 Nr.
bei Kleyling- France, Algolsheim

M A R C H A N D I S E S
S O U S D O U A N E
A C H T U N G – Z O L L G U T

Kleyling
Spedition GmbH.
7814 Breisach am Rhein

19 Zu zahlen vom
A payer par:

	Absender L'expéditeur	Währung Monnaie	Empfänger Le Destinataire
Fracht Prix de transport			
Ermäßigungen Réductions			
Zwischensumme Solde			
Zuschläge Supplements			
Nebengebühren Frais accessoires			
Sonstiges Divers			
Zu zahlende Gesamtsumme/Total à payer			

14 Rückerstattung
Remboursement

15 Frachtzahlungsanweisungen
Prescription d'affranchissement

Frei
Franco

Unfrei
Non Franco

20 Besondere Vereinbarungen
Conventions particulières

21 Ausgefertigt in
Etablie à **B** Ihringen   am le 11.1.88   **24** Gut empfangen
Réception des marchandises

Datum
Date

22 Unterschrift und Stempel des Absenders
(Signature et timbre de l'expéditeur)

23 Kleyling Spedition
7814 Breisach
Unterschrift und Stempel des Frachtführers
(Signature et timbre du transporteur)

Unterschrift und Stempel des Empfängers
(Signature et timbre du destinataire)

25 Angaben zur Ermittlung der Tarifentfernung mit Grenzübergängen			28 Berechnung des Beförderungsentgelts				
von	bis	km	frachtpfl. Gewicht in kg	Tarifteile Sonderabmachung	Güterarten	Währung	Frachtsatz Beförderungsentgelt

26 Vertragspartner des Frachtführers ist – kein – Hilfs-gewerbetreibender im Sinne des anzuwendenden Tarifs

27		Amtl. Kennzeichen	Nutzlast in kg
Kfz	FR J 2263	11500	
Anhänger	FR NU 5	10000	
			Summe

Benutzte Gen.-Nr.

☐ National ☐ Bilateral ☐ EG ☐ CEMT

280.70

Meist übernehmen Spediteure die Beförderung von Sendungen. Sie werden von demjenigen beauftragt, der die Fracht zu zahlen hat.

Auskünfte über Speditionsbedingungen, Transportkosten usw. werden im allgemeinen telefonisch erfragt, können aber auch schriftlich eingeholt werden. Der Spediteur unterbreitet daraufhin ein Angebot. Wenn es günstig ist, wird er den Beförderungsauftrag erhalten. Der Auftraggeber liefert die Informationen, die der Spediteur für die Ausstellung der Frachtpapiere benötigt: z.B. Empfängeranschrift, Lieferbedingung, Anzahl, Gewicht, Abmessungen und Inhalt der Frachtstücke. Er fügt eine Rechnungskopie und gegebenenfalls andere erforderliche Dokumente bei, die im folgenden aufgelistet sind.

Der Spediteur sorgt dafür, daß die Sendung zum vereinbarten Zeitpunkt beim Verkäufer abgeholt und per Kraftfahrzeug, Bahn, Schiff oder Flugzeug weitertransportiert wird. Dazu schließt er Frachtverträge mit Transportunternehmen *(les entreprises de transport)* bzw. Frachtführern *(les transporteurs)* ab. Er kann den Transport aber auch mit eigenen Fahrzeugen durchführen und ist dann selbst Frachtführer. Auf Wunsch übernimmt er auch die Lagerhaltung.
International tätige Speditionen können zudem den Abschluß von Versicherungen, die Beschaffung von Dokumenten und anderes mehr übernehmen. Sie haben entweder eigene Auslandsniederlassungen oder übertragen ausländischen Korrespondenzspediteuren die Weiterbehandlung der Sendung einschließlich Verzollung und Zustellung an den Kunden.

Die Wahl der Transportmittel und -wege hängt von der Art und Menge der Güter, von der Dauer, der Sicherheit und der Kosten des Transports ab.

Die im internationalen Warenverkehr gebräuchlichsten Frachtdokumente sind:
- im Güterkraftverkehr:
  der internationale Frachtbrief *(la lettre de voiture (routière) internationale)*.

- im Eisenbahngüterverkehr:
  der internationale Bahnfrachtbrief *(la lettre de voiture ferroviaire internationale)*.
  Die Beförderung erfolgt als Frachtgut oder als Expreßgut.

- in der Binnenschiffahrt:
  der Flußfrachtschein *(la lettre de voiture fluviale)* oder der Ladeschein *(le connaissement fluvial)*. Die Binnenschiffahrt eignet sich vor allem für den Transport von Massengütern.

- im Seefrachtverkehr:
  in der Regel das (See-)Konnossement *(le connaissement (maritime))*;
  die Charterpartie *(la charte-partie)* im selteneren Charterverkehr.

- im Luftfrachtverkehr:
  der Luftfrachtbrief *(la lettre de transport aérien)*. Insbesondere hochwertige und eilige Güter werden per Luftfracht versandt.

Der Frachtbrief wird vom Absender als Beweisurkunde über den Frachtvertrag ausgestellt. Er besteht aus mehreren Exemplaren, von denen der Absender ein Duplikat erhält. Der Frachtbrief ist ein Warenbegleitpapier, kein Warenwertpapier.
Auch der Ladeschein und das Konnossement dienen als Beweisurkunde über den Frachtvertrag. Sie sind aber im Unterschied zum Frachtbrief Warenwertpapiere. Das bedeutet, daß der Besitzer des Originals bzw. derjenige, an dessen Order sie ausgestellt sind, Eigentümer der Ware ist.

Le connaissement maritime

Chargeur: TRANSCAP INTERNATIONAL VOY. 110.309 28/32 Quai Gaston Boulet 76000 R O U E N P/C : COLGATE PALMOLIVE		Connaissement N° CROS364

Destinataire:
A L'ORDRE DE : COLGATE PALMOLIVE
     Boite Postale n° 3.753
     DAKAR – Rép. du Sénégal

Notifier à

SOCIETE NAVALE CAENNAISE

SNC

58, Avenue Pierre Berthelot · B.P. 6246 · 14066 CAEN CEDEX
— Tél. 31.72.54.00 · Télex : 772452 F · Téléfax : 31.78.04.94

Port de chargement ROUEN	Navire THESEE
Mode de Pré ou Posttransport * Lieu de prise en charge *	Port de déchargement DAKAR
	Fret payable ROUEN Destination finale *

* Applicable uniquement lorsqu'il s'agit d'un connaissement direct.

Marques et numéros	Nombre	Contenu déclaré par le chargeur	Poids	Volume
ITLU 670.328/0/ 20' – DRY PLOMB 17.576	1	TC 20' DRY: TARE. 2.265 KGS 937 Cartons PROD. D'ENTRETIEN,SAVON TOI- LETTE,DETERGENT. (CDE 28.720 – EX 77.602 A 603) —EUR.1 n° A 0440.358—	14.318 KGS	

SCCU 400.508/5/
20' – DRY
PLOMB 17.584
	1	TC 20' DRY: TARE. 2.240 KGS
		205 Cartons MOUSSE A RASER & DEODORANT
		     (CL. 9 OMCI 9010 ONU 1950)
		965 Cartons SHAMPOOING,DETERGENT,PROD.
		         D'ENTRETIEN,SAVON TOILETTE,
		         BROSSES A DENTS.
		(CDE 28.720 – EX 77.604 A 608)
		—EUR.1 n° A 0440.363—
			887 KGS
			
			14.715 KGS	

		2 CONTENEURS = 2.107 Cartons	29.920 KGS	
		" O N B O A R D "		
—FRET PAYABLE AU DEPART—				

COPIE NON NEGOCIABLE

Conteneurs/Remorques sur le pont : Il est expressément convenu entre le chargeur et le transporteur que toute marchandise arrimée dans des conteneurs ou sur des remorques transportées sur des navires munis de dispositifs d'amarrage et de saisissage appropriés, pourra être chargée sur le pont ou sous le pont de ces navires à la convenance du transporteur maritime sans notification particulière au chargeur.
Toutes les dispositions contractuelles ou légales insérées dans ce connaissement s'appliqueront indifféremment aux transports effectués en cale ou sur le pont.
Toutes les marchandises chargées en conteneurs et/ou remorques et les remorques et conteneurs eux-mêmes contribueront au règlement d'avaries communes, qu'ils soient chargés en cale ou sur le pont.

Ces marchandises ont été **CHARGEES** en bon état apparent, sauf mention contraire, sur le navire ci-dessus indiqué, pour être débarquées dans le port indiqué ci-dessus ou à l'endroit le plus proche où le navire puisse parvenir en toute sécurité et se maintenir à flot à tout moment.
Si la destination finale est mentionnée ci-dessus, la marchandise sera acheminée sur cette destination dans les conditions fixées à l'article III pour y être délivrée au réceptionnaire.
Ce connaissement constitue le contrat de transport entre le chargeur et le transporteur.

En le recevant, le chargeur adhère expressément et souscrit formellement à toutes les clauses, conditions et exceptions y contenues, qu'elles soient imprimées, timbrées ou écrites ou de quelque autre façon incorporées et dont il déclare avoir connaissance, ceci nonobstant le défaut de signature du connaissement par le chargeur.

En foi de quoi le transporteur ou son représentant a signé le nombre d'originaux ci-dessus, le connaissement chef et le connaissement armateur non compris, tous de même teneur et date, l'un d'entre eux étant accompli, les autres restent sans valeur.

Agent à destination :

Fait à ROUEN le 05/02/91 en 2 originaux de même teneur et date	Transport selon les conditions générales figurant au verso des connaissements originaux.
Sté NAVALE CAENNAISE 58, avenue Pierre-Berthelot B.P. 6246 · 14066 CAEN CEDEX Capitaine Tél. 31 72 54 00 · Télex 772 452 F Téléfax : 31 78 04	Le Chargeur

Bei Ein- und Ausfuhren sind gegebenenfalls folgende Dokumente für die Zollabfertigung erforderlich:

- Rechnungen:

  - Die Handelsrechnung *(la facture commerciale)* (siehe Kapitel „Die Auftragsbestätigung, die Versandanzeige und die Rechnung", S. 85), die vom Zoll für die Erhebung der Einfuhrumsatzsteuer benötigt wird.

  - Die Proformarechnung *(la facture pro forma)*, die nur „der Form halber" ausgestellt wird. Sie enthält die gleichen Angaben wie die Handelsfaktura, stellt aber keine Zahlungsaufforderung dar. Sie wird z. B. bei Mustersendungen benötigt oder wenn der Importeur eine Einfuhrgenehmigung beantragen muß oder einen Antrag auf Akkreditiveröffnung stellen will.

  - Die Konsulatsfaktura *(la facture consulaire)* und die Zollfaktura *(la facture douanière)* werden heute kaum noch verwendet.

- Ursprungs- und Präferenznachweise:

  - Das Ursprungszeugnis *(le certificat d'origine)*, mit dem meist die Industrie- und Handelskammern im Ausfuhrland den Ursprung der Waren bescheinigen. Die EG gewährt z. B. Zollpräferenzen, wenn Waren ihren Ursprung in Entwicklungsländern haben.

  - In der EG bescheinigt die Warenverkehrsbescheinigung *(le certificat de circulation des marchandises)* den Ursprung der Waren. Im Warenverkehr zwischen der EG und ihr assoziierten Ländern, den AKP-Staaten und den Ländern, mit denen sie Freihandels- oder Präferenzabkommen geschlossen hat, werden dadurch Zollpräferenzen gewährt.

  - Das Einheitspapier *(le document administratif unique = D.A.U.)* als Transitpapier dient in der EG als Nachweis, daß Waren in einem EG-Land erzeugt wurden oder aus einem Drittland eingeführt und bereits verzollt wurden. Diese Waren befinden sich im freien Warenverkehr der EG und genießen Zollfreiheit.

- Sonstige Dokumente:

  - die Spediteur-Übernahmebescheinigung *(l'attestation de prise en charge)*,
  - die Packliste *(la liste de colisage)*,
  - die Gewichtsbescheinigung *(la note de poids)*,
  - die Gesundheitsbescheinigung *(le certificat sanitaire)* usw.

Für jede Ausfuhrsendung ist eine Ausfuhrerklärung *(une déclaration d'exportation)* erforderlich – für genehmigungspflichtige Ausfuhren (z. B. Waffen) eine Ausfuhrgenehmigung *(une licence d'exportation)*.

Eine Einfuhrerklärung *(une déclaration d'importation)* ist oft für genehmigungsfreie Einfuhren nötig, die der Überwachung unterliegen. Für die Einfuhr von genehmigungspflichtigen Waren wird eine Einfuhrgenehmigung *(une licence d'importation)* verlangt.

Weitere wichtige Dokumente im Außenhandel sind Versicherungsdokumente (siehe Kapitel „Korrespondenz mit Versicherungen", S. 208).

1. Le vendeur se renseigne sur les conditions d'expédition

Veuillez nous faire savoir si et quand vous pourriez vous charger du transport d'une tonne de camemberts à expédier d'Isigny à La Haye.

Vous voudrez bien nous indiquer vos conditions les meilleures pour l'expédition de 80 cageots de haricots, poids total 1 200 kg, de Rungis à Bruges.

Quelles seraient vos conditions de prix, de délai et d'assurance pour
– le transport de 1 000 cartons de yaourts à destination de Namur ?
– l'acheminement de 8 colis à 6 t chacun, depuis notre usine de Gand par camion jusqu'au port de Dunkerque ?

A combien s'élève le prix du transport pour cet itinéraire ?

Outre le fret, vous voudrez bien nous indiquer le montant
– des suppléments pour les colis encombrants/lourds/longs.
– des frais d'établissement des documents.

– des honoraires du commissionnaire en douane.

Nous aimerions louer un wagon d'une charge utile de 45 t/un conteneur isotherme de 20 pieds.

Veuillez nous renseigner sur
– les conditions de location.
– les conditions exactes de fret.
– les charges accessoires.

Vous voudrez bien nous préciser
– les taux spéciaux appliqués aux lots importants.
– vos tarifs pour les transports (= envois) de groupage.

A combien s'élèvent les frais de transbordement sur navire au Havre et le fret maritime, assurance comprise, pour Montréal ?

1. Der Verkäufer erkundigt sich nach den Speditionsbedingungen

Teilen Sie uns bitte mit, ob und wann Sie den Transport von einer Tonne Camembert von Isigny nach Den Haag übernehmen könnten.

Bitte nennen Sie uns Ihre günstigsten Bedingungen für die Beförderung von 80 Kisten Bohnen, Gesamtgewicht 1 200 kg, von Rungis nach Brügge.

Wie lauten Ihre Konditionen in bezug auf Preis, Frist und Versicherung für
– die Beförderung von 1 000 Kartons Joghurt nach Namur?
– den Transport per Lkw von 8 Kolli zu je 6 t ab unserem Werk in Gent bis zum Hafen von Dünkirchen?

Wie hoch belaufen sich die Transportkosten für diese Strecke?

Bitte nennen Sie uns außer der Fracht die Höhe
– der Zuschläge für sperrige/schwere/lange Kolli.
– der Kosten für die Erstellung der Dokumente.
– der Vergütung des Zollspediteurs.

Wir möchten einen Güterwagen mit 45 t Nutzlast/einen 20-Fuß-Kühlcontainer mieten.

Wir bitten Sie um Auskunft über
– die Mietbedingungen.
– die genauen Frachtbedingungen.
– die Nebenkosten.

Bitte nennen Sie uns
– Ihre Spezialsätze für größere Partien.

– Ihre Preise für die Beförderung von Sammelladungen.

Wie hoch belaufen sich die Kosten für die Umladung auf Seeschiff in Le Havre und die Seefracht einschließlich Versicherung nach Montreal?

A quels tarifs forfaitaires effectuez-vous les envois par charges complètes ?

Zu welchen Pauschalsätzen führen Sie die Beförderung von Komplettladungen durch?

La marchandise devra être débarquée à Bordeaux et acheminée à Paris par voie ferroviaire.

Die Ware muß in Bordeaux gelöscht und per Eisenbahn nach Paris befördert werden.

Veuillez en outre me faire connaître vos conditions d'entreposage.

Ich bitte Sie außerdem, mir Ihre Lagerbedingungen bekanntzugeben.

2. Le commissionnaire de transport soumet ses conditions

2. Der Spediteur nennt seine Bedingungen

Vous nous communiquez votre intention de faire transporter 400 t de fourrage par péniche de(puis) Nancy (jusqu')à Bâle.

Sie möchten 400 t Futtermittel per Binnenschiff von Nancy nach Basel befördern lassen.

Notre camion quitte la place pour Dijon le 7 juin et prendra votre envoi en charge.

Am 7. Juni fährt unser Lastwagen nach Dijon und wird Ihre Sendung mitnehmen.

Nous ramasserons le lot et l'acheminerons en groupage, comme vous l'avez demandé.

Ihrem Wunsch gemäß werden wir die Partie abholen und sie als Sammelladung befördern.

J'établis mes devis gracieusement ; ils sont sans engagement jusqu'au moment de la passation de l'ordre.

Ich erstelle die Kostenvoranschläge unentgeltlich; sie sind unverbindlich bis zur Auftragserteilung.

Nos conditions pour les expéditions aériennes/les envois ferroviaires sont : …

Unsere Bedingungen für Luftfrachtsendungen/Bahnsendungen lauten: …

Les groupages bénéficient d'un tarif forfaitaire au mètre cube.

Sammelladungen werden mit einem Pauschalpreis je Kubikmeter veranschlagt.

Pour nos interventions,
– nous prélevons une commission de 3 % sur la valeur des marchandises.
– nous percevons une rémunération de 7 % sur le prix du transport.

Für unsere Vermittlung
– berechnen wir eine Gebühr (= Provision) von 3 % des Warenwertes.
– stellen wir eine Vergütung von 7 % des Transportpreises in Rechnung.

Les frais suivants sont à prévoir pour
– la manutention portuaire.
– les opérations de transit.
– le chargement/déchargement.
– la mise en entrepôt (= magasin).
– le séjour en magasin.
– le contrôle des stocks.

Folgende Kosten sind für
– den Umschlag im Hafen
– die Transitabfertigung
– das Verladen/Ausladen
– die Einlagerung
– die Lagerdauer
– die Lagerkontrolle
zu berücksichtigen.

A ces frais s'ajoutent ceux de pré et postacheminement.

Zu diesen Kosten kommen noch die für den Vor- und Nachtransport hinzu.

Notre entrepôt de messagerie se trouve à Weil am Rhein.

Unser Stückgutlager befindet sich in Weil am Rhein.

Nous assurons les expéditions en vrac dans le monde entier.

Wir befördern Massengüter in aller Welt.

Si vous souhaitez nous consulter au sujet de cette affaire,
– nous sommes prêts à vous rencontrer dans les plus brefs délais.
– nous vous remercions de bien vouloir prendre contact par téléphone avec M. Hünkel.

Wenn Sie diesbezüglich weitere Ratschläge von uns wünschen,
– sind wir bereit, uns mit Ihnen in Kürze zu treffen.
– wären wir für eine telefonische Kontaktaufnahme mit Herrn Hünkel dankbar.

Soyez assuré(s) que nous effectuerons notre mission avec soin et diligence.

Seien Sie versichert, daß wir den Auftrag sorgfältig und prompt ausführen werden.

3. Le vendeur mandate un commissionnaire de transport

3. Der Verkäufer beauftragt einen Spediteur

Après avoir étudié votre offre,
– nous nous sommes décidés à vous confier nos envois.
– je vous confirme mon intention de vous charger dudit transport.

Nach Prüfung Ihres Angebots
– haben wir uns entschlossen, Ihnen unsere Sendungen anzuvertrauen.
– möchte ich Sie mit dem erwähnten Transport beauftragen.

Nous comptons sur votre rapide intervention pour
– retenir une capacité de cale de 20 t sur le SS/steamer/vapeur « Sirène ».
– affréter le charbonnier « Rose des vents ».

Wir bitten Sie, umgehend

– 20 t Schiffsraum auf dem SS/Steamer/Dampfer „Sirène" zu buchen.
– das Kohlenschiff „Rose des vents" zu chartern.

Une tonne de limons doit arriver pour nous à Marseille-Fos dans deux semaines ; votre tâche serait
– d'en prendre livraison en notre nom.

In Marseille-Fos trifft für uns in zwei Wochen eine Tonne Zitronen ein; Ihre Aufgabe wäre es,
– die Lieferung in unserem Namen in Empfang zu nehmen.

– de placer le fret à bord du cargo allemand « Sylt ».
– de faire transborder les fruits sur wagon.

– die Ladung an Bord des deutschen Frachters „Sylt" zu verladen.
– die Früchte auf Waggon umladen zu lassen.

Comme convenu lors de notre dernier entretien, nous vous demandons
– de dédouaner les marchandises dès leur arrivée.
– de réexpédier les caisses le jour même à l'adresse de M. Etourdi.
– de stocker les camemberts dans les caves de Vire.
– de mettre les tapis en magasin et de les assurer à nos frais contre les risques d'incendie.

Wie bei unserem letzten Gespräch vereinbart, bitten wir Sie,
– die Waren sofort nach ihrem Eintreffen zu verzollen.
– die Kisten noch am selben Tag an Herrn Etourdi weiterzubefördern.
– die Camemberts in den Kellereien von Vire einzulagern.
– die Teppiche auf Lager zu nehmen und auf unsere Kosten gegen Brandgefahr zu versichern.

L'affaire étant pressante, nous souhaitons

- que les colis soient acheminés au plus vite/par express.
- que l'enlèvement se fasse sans délai.

Veuillez en outre
- aviser M. Cocotier dès l'arrivée de la marchandise.
- nous faire parvenir le récépissé (= le bon) d'expédition dès que vous aurez remis l'envoi aux Ets Tournesol S.A.

En cas de non-livraison, nous vous prions
- de réexpédier les caisses sur Vienne, Schulstr. 8.
- de remettre les marchandises en magasin.

Da die Angelegenheit dringend ist, bitten wir Sie, dafür zu sorgen,
- daß die Pakete schnellstens/als Expreßgut befördert werden.
- daß die Abholung unverzüglich erfolgt.

Wir bitten Sie außerdem,
- Herrn Cocotier zu benachrichtigen, sobald die Ware eintrifft.
- uns nach Zustellung der Sendung an die Tournesol AG den Versandnachweis zukommen zu lassen.

Im Falle der Unzustellbarkeit bitten wir Sie,
- die Kisten nach Wien, Schulstr. 8, weiterzubefördern.
- die Waren wieder auf Lager zu nehmen.

4. Le commissionnaire de transport a accompli sa mission

Quatre de nos semi-remorques partiront pour Roquefort demain matin et arriveront au domicile du client dans la soirée.

Le colis sera mis à votre disposition en gare ; les Chemins de fer vous en donneront avis.

L'armement vient de nous informer que le porte-conteneurs a quitté aujourd'hui le port du Havre ; veuillez nous aviser de son arrivée à Tunis-La Goulette.

- Selon votre désir,
- Conformément à vos instructions,
... nous avons envoyé le connaissement à la B.N.P.
... nous joignons à ces lignes le duplicata de la lettre de voiture.

Veuillez nous retourner le bon de réception/ bordereau de livraison dûment signé.

Ci-joint, vous trouverez la facture s'élevant à 8 792,-- DM.

L'entreprise Fripon & Fils étant inconnue à Calais, nous vous remercions de nous donner rapidement de nouvelles instructions.

4. Der Spediteur hat den Auftrag durchgeführt

Vier unserer Sattelzüge werden morgen früh nach Roquefort abfahren und gegen Abend beim Kunden ankommen.

Das Paket wird Ihnen am Bahnhof ausgehändigt; die Bahn wird Sie benachrichtigen.

Die Reederei hat uns soeben mitgeteilt, daß das Containerschiff heute den Hafen von Le Havre verlassen hat; teilen Sie uns bitte seine Ankunft in Tunis-Goletta mit.

- Auf Ihren Wunsch
- Gemäß Ihren Anweisungen
... haben wir das Konnossement der B.N.P. geschickt.
... legen wir diesem Schreiben das Frachtbriefdoppel bei.

Wir bitten Sie, uns den Empfangsschein/ Abliefernachweis unterschrieben zurückzusenden.

Beiliegend erhalten Sie die Rechnung in Höhe von 8 792,-- DM.

Da die Firma Fripon & Söhne in Calais unbekannt ist, bitten wir Sie, uns umgehend weitere Anweisungen zu geben.

5. Le client est satisfait de l'exécution du transport

L'envoi est arrivé en bon état (= intact) à destination.

Je vous remercie
- du soin apporté à l'accomplissement de votre mandat.
- d'avoir effectué cette mission si promptement.

Nous tenons encore une fois à vous remercier pour les services rendus.

Lorsque nous aurons d'autres expéditions à faire, nous ne manquerons pas de nous adresser encore à votre Maison.

5. Der Kunde ist mit der Durchführung des Transportes zufrieden

Die Sendung ist in gutem Zustand hier eingetroffen.

Ich danke Ihnen
- für die sorgfältige Erledigung des Auftrages.
- für die umgehende Ausführung dieses Auftrages.

Für Ihre Dienste möchten wir Ihnen noch einmal danken.

Wir werden uns bei künftigen Sendungen wieder gern an Sie wenden.

Modèles de lettres

1 L'exportateur sollicite une offre
Der Exporteur bittet um ein Angebot

QUICKSERVICES
Transports internationaux
21, draye des Bredouilles
73100 Aix-les-Bains

Madame, Monsieur,

Sur la recommandation des Ets Junot, je m'adresse à vous afin de savoir si vous seriez disposés à acheminer régulièrement de grandes quantités de fromages vers l'Autriche. Le transport concernerait, en moyenne, trois conteneurs isothermes de 20 pieds chacun, à raison de deux envois par mois. Le premier chargement, disponible à la fromagerie de Bissy-Chambéry à partir du 10 avril, devrait arriver à Vienne le surlendemain matin. La seconde livraison devrait parvenir à destination 15 jours plus tard. Pensez-vous pouvoir observer rigoureusement ces délais ? Mon client est formel sur ce point.
En considération des relations suivies que fait entrevoir cette affaire, je vous remercie de me soumettre votre offre la meilleure. Quant aux opérations annexes, je vous demanderais d'en mentionner séparément le coût.
Une prompte réponse m'obligerait et me permettrait de vous mandater prochainement.
Avec mes sincères salutations.

Les Produits Savoyards
Jean-Marie Mouton

2 Le transporteur soumet ses conditions
Der Spediteur nennt seine Bedingungen

Grünschnabel & Klapprot GmbH
Produits alimentaires en gros
Deutschherrenstr. 31
D-8500 Nürnberg 80

Messieurs et chers clients,

Votre demande du 4 courant, par laquelle vous nous communiquez votre intention de nous confier vos expéditions nous est bien parvenue. Nous vous en remercions et vous informons que nous assurons volontiers le transport des

134 paniers de poulets de Bresse,
d'un poids total brut d'environ 2 750 kg, jusqu'à Nuremberg.

Un de nos camions frigorifiques quittant Créteil pour Nuremberg au début de la semaine prochaine, nous en profiterions pour passer aux halles de Rungis et ramasser le lot de volaille qui vous est destiné. Ensuite nous l'acheminerions en groupage, comme vous l'avez demandé. La livraison aurait lieu sans faute dans les 24 heures qui suivent la prise en charge, c'est-à-dire le mercredi 5 mai avant midi.
Afin de vous permettre de bénéficier de nos services aux meilleures conditions, nous avons fixé pour ce trajet un forfait de 2 387,-- FF, tous frais compris. Cependant, nous vous rendons attentifs au fait que nous percevrions, en sus de ce montant, une taxe frigorifique de 5 %. L'assurance serait contractée dès la passation de l'ordre et couverte contre les risques ordinaires de transport.
L'affaire étant urgente, nous serions heureux si vous vouliez bien répondre à cette offre par retour du courrier : dans ce cas, notre assistant, M. Distingué, se mettrait aussitôt en relation avec vous.
Nous espérons que vous continuerez à nous accorder votre confiance et vous remercions par avance de votre fidélité.
Sincèrement à vous.

Transports Jupiter

3 Le commissionnaire de transport a accompli sa mission
Der Spediteur hat den Auftrag durchgeführt

Les Grands Magasins CALYPSO
Service commercial
3 et 5 rue de France
F-77300 Fontainebleau

Madame et Monsieur,

Conformément à votre ordre du 19 mars, nous vous informons que les articles de camping vous ont été adressés en groupage aujourd'hui. Les 45 colis seront mis à votre disposition en gare. Le Chemin de fer vous en donnera avis.
Selon votre désir, nous joignons à ces lignes l'original de la lettre de voiture ferroviaire internationale, en date du 2 avril, sous n° 23345, ainsi que notre facture s'élevant à 1 643,85 DM, montant que nous vous prions de virer sans tarder à notre compte chèque postal.
Avec nos remerciements, recevez, Madame et Monsieur, nos salutations les plus cordiales.

S P E D I S E R V I C E

Exercices

1. Remplacez les expressions soulignées par d'autres expressions que vous connaissez.

Messieurs,

450 sacs de café Jambo <u>arriveront</u> <u>pour notre compte</u> dans un mois au port de Bordeaux. Votre tâche serait de décharger <u>aussitôt</u> la marchandise et de <u>l'acheminer</u> ensuite à Paris par <u>voie ferroviaire</u>.
Pourrez-vous <u>procéder à</u> ce transbordement le moment venu ? Si oui, à quels <u>tarifs</u> ?
A combien s'élèveraient les <u>frais annexes</u> ? Nous vous <u>saurions gré</u> d'établir vos offres <u>les meilleures</u> pour l'organisation de <u>ce transport</u>.
En vous remerciant, Messieurs, de nous renseigner <u>rapidement</u>, nous vous <u>présentons</u> nos salutations <u>distinguées</u>.

2. Remplacez chacun des chiffres par le terme qui convient.

Monsieur,

Nous avons un **(1)** de 20 t composé de 10 t d'orge et de 10 t de blé à **(2)** par chemin de fer, de Louvain à Magdebourg. A combien **(3)** le prix du transport pour cet **(4)** ? Le **(5)** de l'acheteur se trouve à 10 km de la gare d'arrivée. Combien coûte le **(6)** par camion ? Une prompte **(7)** nous obligerait.
Veuillez recevoir, Monsieur, nos salutations les meilleures.

       (1) expédition / envoi / cargaison
       (2) commander / charger / expédier
       (3) s'élève / coûte / fait
       (4) distance / itinéraire / parcours
       (5) maison / usine / domicile
       (6) post-acheminement / aller-retour / préacheminement
       (7) lettre / réponse / commande

3. Traduisez en français.

a) – Ich habe vor, Ihnen die Beförderung meiner Sendungen zu übertragen.
– Bitte teilen Sie uns mit, zu welchen Bedingungen Sie den Transport per Lkw übernehmen könnten.
– Nennen Sie bitte Ihre günstigsten Preise für die Beförderung von Sammelladungen.
– Bitte nennen Sie uns die Fracht und die Kosten für die Transitabfertigung.
– Wir wären Ihnen dankbar, wenn Sie uns umgehend Bescheid geben und einen baldigen Termin nennen könnten.
– Sobald wir Ihren Kostenvoranschlag erhalten, werden wir uns wieder mit Ihnen in Verbindung setzen.

b) Wir möchten 10 000 Schachteln Camembert, mit einem Gesamtbruttogewicht von ca. 2 850 kg, von Isigny nach hier befördern lassen. Bitte teilen Sie uns mit, zu welchen Pauschalsätzen Sie diesen Transport durchführen können.
Für eine umgehende Antwort wären wir Ihnen dankbar. Sobald wir Ihre Tarife erhalten, werden wir uns wieder an Sie wenden.

c) Gemäß Ihrem Auftrag haben wir die 500 Tonnen Stabstahl *(acier en barres)* in Marseille-Fos auf das französische SS „Mirabelle" verladen. Es verläßt den Hafen am 14. d. M. Die Frachtrate nach Tunis-Goletta beträgt 2 830 FF je 1 000 kg. Das Ausladen wird gesondert verrechnet. Auch die Versicherung für den Havariefall ist in diesem Satz nicht eingeschlossen. Ihrem Wunsch entsprechend haben wir die Ladung zum niedrigsten Satz versichert. Die Police liegt bei.
Unsere Spesen belaufen sich laut beiliegender Rechnung auf 3 024,35 FF, die Sie uns bitte umgehend überweisen wollen.
Anbei geht Ihnen ein vollständiger Konnossementensatz zu.
Bitte teilen Sie uns die Ankunft des SS in Tunis-Goletta mit.

4. Rédigez des lettres (ou des messages télex) d'après les données suivantes :

a) Dans la Société UNIFIX, Mme Valais, Directrice du service commercial, vous charge de demander les renseignements suivants aux Transports Flèche (La Canebière, 84460 Cheval Blanc, tél. 90.71.82.63) : prix, délai et assurance concernant des yaourts destinés à un importateur à Vilvoorde (Belgique) ; transport : 3 conteneurs isothermes de 20 pieds chacun.

b) Vous (Speditionsgesellschaft Transitrapid, Vorwerkstr. 125, 7910 Neu-Ulm) faites l'offre suivante au centre commercial Prifix, 73, boulevard Jacquard, 62100 Calais :
– Ramassage des 2 000 bocaux de cornichons (poids total brut 1 600 kg) aux entrepôts de la Société des Produits Zenker, à Ulm, le 9 septembre.
– Acheminement en groupage pour Calais dans les 24 heures qui suivent la prise en charge.
– Prix forfaitaire fixé pour ce trajet : 2 347,-- DM, tous frais compris.
– Assurance contractée par vos soins dès la passation de l'ordre et couverte contre les risques ordinaires du transport.
Vous priez le client de vous faire connaître sa décision par un prochain courrier.

c) Sie (SLURP Käsevertrieb GmbH, Pillenreuther Str. 10, 8500 Nürnberg 40) kommen auf das Angebot vom 8. Juli der TRANSA & Cie (127, rue de Gouédic, 22000 Saint-Brieuc) zurück und danken ihnen dafür. Mit ihren Beförderungstarifen einschließlich aller Kosten und Versicherungsspesen sind Sie einverstanden.
Sie bitten die Spedition, die 600 Schachteln Streichkäse *(fromage à tartiner)* so schnell wie möglich an Ihre Adresse zu befördern und Ihnen rechtzeitig mitzuteilen, wann sie voraussichtlich eintreffen.

d) Sie (Spedition Idealtransport, Immenstädter Str. 24, 8960 Kempten) bedanken sich bei der Firma Idefix, 163, boulevard Konrad Adenauer, L-2950 Luxemburg) für den erteilten Auftrag. Sie bestätigen, daß Sie die Arbeiten wie folgt eingeplant haben:
Vorgesehene Termine:
Verladen am 20.10. um 08.00 Uhr in Isny (Deutschland)
Ausladen am 21.10. um 11.00 Uhr in Esch (Luxemburg)
Für weitere Fragen stehen Sie gerne zur Verfügung.

e) Le 24 juillet, vous (Lydia Gut, Theodor-Stern-Kai 2, 6000 Francfort 70) remerciez M. Roland Jardel, confiseur, rue Caroline 6, CH-1814 La Tour-de-Peilz, de son envoi. Les pralinés sont arrivés intacts à destination, malgré la grande chaleur. Le conditionnement à parois isolantes était parfait. Vous êtes pleinement satisfaite de l'exécution de l'ordre.

Carraro

Gartengeräte und Landmaschinen

Werner-von-Siemens-Str. 81
D-7300 Esslingen

ASSURANCES GÉNÉRALES
79, bd de la Liberté

F-13001 Marseille

Objet : Demande de conditions d'assurance

Messieurs,

Vous voudrez bien nous indiquer par retour du courrier le montant de la prime à payer concernant l'envoi de

<u>10 caisses de pioches, poids brut 2 890 kg, valeur 75 000 F</u>.

Nous avons l'intention de charger la cargaison à bord d'un porte-conteneurs qui partira pour Yaoundé (Cameroun) à la fin du mois. L'assurance devra couvrir tous les risques du transport d'Esslingen à Yaoundé via Marseille.

Comme nous livrons régulièrement des équipements destinés à des plantations camerou-naises, nous serions disposés à contracter une police flottante si vos conditions sont intéressantes.

Une prompte réponse nous obligerait.

Dans cette attente, nous vous prions d'agréer, Messieurs, l'expression de nos senti-ments distingués.

Rolf Moser

p.p. Rolf Moser

3 Korrespondenz mit Versicherungen –
Relations avec les assurances

Gegen Zahlung einer Prämie verpflichten sich die Versicherungsgesellschaften, alle im Versicherungsvertrag genannten Risiken zu tragen, d. h. im Schadensfall Entschädigung zu leisten.

Die Transportversicherung ist im internationalen Warenverkehr unerläßlich. Sie deckt das Risiko für den Fall, daß die beförderten Waren Schaden erleiden oder verlorengehen.
Es gibt Versicherungen für alle Beförderungsarten, wobei diejenige für den Seetransport von besonderer Bedeutung ist.
Die Police ist die Urkunde über den zwischen dem Versicherer und dem Versicherten abgeschlossenen Vertrag.
Man unterscheidet zwischen Einzelpolicen *(les polices particulières ou au voyage)*, die für eine einzelne Reise abgeschlossen werden, und laufenden Policen *(les polices flottantes ou d'abonnement)*, die für gewisse Strecken während einer bestimmten Zeit abgeschlossen werden.
Ferner unterscheidet man zwischen einer Versicherung, die alle Schäden und Verluste während des Transports abdeckt *(l'assurance « Tous risques »)* und einer nach den F.P.A.-Bedingungen (free from particular average) abgeschlossenen Versicherung *(F.A.P. = franc d'avaries particulières sauf…)*, bei der man nur gegen solche Ereignisse versichert ist, die in der Police ausdrücklich vermerkt werden (z. B. Sturm, Brand, Diebstahl, Schiffbruch, Zusammenstoß).

Um im Schadensfall seine Ansprüche geltend zu machen, muß der Empfänger der beschädigten Ware das Transportunternehmen unmittelbar per Einschreibebrief informieren.
Schäden müssen durch vom Handelsgericht benannte Sachverständige festgestellt und geschätzt werden.

1. Demande de conditions d'assurance

A quels tarifs pouvez-vous nous assurer contre le vol/le bris de glace/l'incendie ?

Pourriez-vous assurer contre tous risques 10 machines agricoles, valeur 1 800 000 DM, de Constance à Montréal via Le Havre ?

Nous aimerions conclure une assurance aux conditions F.A.P.

Quel sera le montant des primes d'assurance contre l'incendie ?

Nous serions disposés à contracter une police flottante/police particulière.

Quand recevrons-nous l'attestation d'assurance/la note de couverture ?

1. Bitte um Mitteilung der Versicherungsbedingungen

Zu welchen Tarifen können Sie uns gegen Diebstahl/Glasbruch/Brand versichern?

Könnten Sie 10 Landmaschinen im Wert von 1 800 000 DM von Konstanz bis Montreal über Le Havre gegen alle Gefahren versichern?

Wir möchten eine Versicherung zu den F.P.A.-Bedingungen abschließen.

Wie hoch sind die Feuerversicherungsprämien?

Wir wären bereit, eine laufende Police/Einzelpolice abzuschließen.

Wann werden wir die Versicherungsbestätigung/Doppelkarte erhalten?

2. Indication des conditions d'assurance

Notre Société (= Compagnie) est disposée à assurer le chargement
- contre les risques d'avarie.
- contre les dangers de mer.

Le décompte de la prime s'établit (= se présente) comme suit :

La prime (d'assurance) s'élève à 2 ‰ de la valeur de la marchandise pour le trajet demandé.

La taxe sur l'assurance est de 10 % du montant de la prime.

Nous vous adresserons l'avenant correspondant.

Pour votre information, nous joignons à cette lettre
- un extrait de nos Conditions Générales d'Assurance.
- un guide à l'usage des exportateurs.

3. Déclaration de sinistre

Le cargo « 4 Vents »
- a fait naufrage dans le Golfe de Gascogne.
- est entré en collision avec un navire espagnol.
- a été pris dans une forte tempête qui a sévi en Méditerranée.

La cargaison a été endommagée.

Les détériorations suivantes ont été constatées :

Il s'agit d'une perte partielle/totale des marchandises transportées.

Cinq caisses ont été ouvertes de force.

Nous en concluons qu'il y a eu effraction.

Les colis ont été mal arrimés.

Nous évaluons le préjudice à 800 F conformément au décompte ci-joint.

2. Angabe der Versicherungsbedingungen

Unsere Gesellschaft ist bereit, die Ladung

- gegen Havarie
- gegen Seegefahren
zu versichern.

Die Prämienberechnung setzt sich wie folgt zusammen:

Die (Versicherungs-)Prämie beträgt 2 ‰ vom Warenwert für die gewünschte Strekke.

Die Versicherungssteuer beträgt 10 % des Prämienbetrages.

Wir werden Ihnen den entsprechenden Zusatzvertrag schicken.

Zu Ihrer Information senden wir Ihnen anbei
- einen Auszug unserer Allgemeinen Versicherungsbedingungen.
- einen Leitfaden für Exporteure.

3. Schadensmeldung

Das Frachtschiff „4 Vents"
- hat im Golf von Biskaya Schiffbruch erlitten.
- hatte einen Zusammenstoß mit einem spanischen Seeschiff.
- ist im Mittelmeer in einen heftigen Sturm geraten.

Die Ladung ist beschädigt worden.

Folgende Beschädigungen wurden festgestellt:

Es handelt sich um einen Teil-/Totalverlust der beförderten Waren.

Fünf Kisten wurden mit Gewalt geöffnet.

Wir schließen daraus, daß Einbruch vorliegt.

Die Frachtstücke wurden falsch verstaut.

Wir schätzen den Schaden gemäß beiliegender Aufstellung auf 800 F.

Je joins à ces lignes
- les noms et adresses des personnes lésées/ des témoins.
- une description des circonstances de l'accident.
- un état estimatif du dommage.
- le certificat d'avarie établi par un expert assermenté.
- le procès-verbal Nº 4652.
- un extrait du livre de bord.
- la dispache.

Nous vous prions de désigner un commissaire d'avarie(s) pour
- établir les responsabilités.
- évaluer les dégâts.

Nous rejetons toute responsabilité.

4. Prise en charge du dommage

Nous avons examiné les documents que vous nous avez transmis.

Nous acceptons
- de prendre en charge les frais d'expertise s'élevant à … F.
- de vous indemniser de la perte subie.

Nous sommes en pourparlers avec la partie adverse.

L'indemnité de 20 000 F vous sera virée sous quelques jours.

5. Refus de prise en charge du dommage

Le contrat ne vous garantit pas contre les dégâts des eaux.

La perte dont vous demandez réparation n'est pas couverte par les conditions d'assurance.

Les sinistres résultant d'un cas de force majeure sont exclus de l'assurance.

Par conséquent, vous n'avez pas droit à des dommages-intérêts.

On ne saurait rendre MM. Dodu responsables du dommage.

Nous vous retournons donc, à notre décharge, le dossier que vous nous aviez remis.

Als Anlage sende ich Ihnen
- die Namen und Anschriften der geschädigten Personen/der Zeugen.
- eine Beschreibung des Unfallgeschehens.

- eine Schadensaufstellung.
- die von einem vereidigten Sachverständigen ausgestellte Havariebescheinigung.
- die Tatbestandsaufnahme Nr. 4652.
- einen Auszug aus dem Schiffstagebuch.
- die Seeschadensberechnung.

Wir bitten Sie, einen Havariekommissar zu benennen, um
- die Haftbarkeit festzustellen.
- die Schäden zu schätzen.

Wir lehnen jegliche Verantwortung ab.

4. Schadensregulierung

Die uns zugesandten Unterlagen haben wir geprüft.

Wir sind einverstanden,
- die Gutachterkosten in Höhe von … F zu übernehmen.
- Sie für den Verlust zu entschädigen.

Wir sind in Verhandlungen mit der Gegenpartei.

Die Entschädigung i. H. v. 20 000 F wird Ihnen in wenigen Tagen überwiesen.

5. Weigerung, den Schaden zu regulieren

Der Vertrag versichert Sie nicht gegen Wasserschäden.

Der Verlust, für den Sie um Entschädigung bitten, fällt nicht unter die Versicherungsbedingungen.

Schäden aufgrund von höherer Gewalt sind von der Versicherung ausgeschlossen.

Infolgedessen haben Sie keinen Anspruch auf Schaden(s)ersatz.

Die HH. Dodu können für den Schaden nicht haftbar gemacht werden.

Wir senden Ihnen daher die uns überlassene Akte zu unserer Entlastung zurück.

Modèles de lettres

1 L'assureur confirme la modification du contrat
Der Versicherer bestätigt die Vertragsänderung

Papeteries MONET & Cie
24, boulevard de Québec
F-45000 Orléans

Chers Messieurs,

La demande de modification de votre contrat d'assurance nous est bien parvenue ; nous vous remercions de la confiance que vous continuez à nous témoigner.

Nous vous confirmons qu'à partir du 1er février les risques d'incendie seront inclus dans votre police conformément à l'article 23b des conditions générales régissant votre contrat. Les garanties prévues demeurent inchangées. La surprime trimestrielle s'élève à 1 000 DM, montant que vous voudrez bien nous verser par tout moyen à votre convenance.

Dès réception de votre paiement, nous vous adresserons l'avenant correspondant.

Nous restons à votre service pour toutes questions d'assurance et vous prions de recevoir, chers Messieurs, nos cordiales salutations.

SCHUTZENGEL Versicherungen

---

2 L'assuré déclare un sinistre
Der Versicherte meldet einen Schaden

Assurances LA SÉCURITÉ
48, rue du Pays de Léon
F-22000 Saint-Brieuc

Messieurs,

Vous avez certainement appris par les média que le cargo « Nautilus » a été pris dans une violente tourmente au large de l'île d'Ouessant.

Le destinataire, M. Ghislain Tournesol, Fedala (Maroc), nous a fait savoir que

30 caisses marquées P.H. 167, valeur 120 000 F,

lui sont parvenues ouvertes. Comme une grande partie de l'outillage électrique qu'elles contenaient a été fortement endommagée, notre client a fait constater aussitôt les dégâts par Mme Caroline Valais, experte à Casablanca. Il semble que ceux-ci soient dus à un mauvais arrimage, car plusieurs appareils se sont détériorés au contact d'un acide.

Mme Valais évalue les dommages à 90 000 F conformément au certificat d'avarie et à l'état estimatif ci-joints. Par conséquent, nous vous prions de bien vouloir verser ce montant à notre compte 001234 auprès de la Goldbank à Brandebourg.

Nous comptons sur un règlement rapide de cette affaire et vous en remercions.

Veuillez agréer l'expression de nos sentiments distingués.

Brandenburger Elektrowerkzeuge
p.p. Carl Ringeisen

---

3 L'assureur nécessite des documents
Der Versicherer benötigt Unterlagen

Fabrique de porcelaine GUTLAND
41, rue Sully
L-2950 Esch

Messieurs,

Nous faisons suite à votre courrier du 8 ct, par lequel vous nous informez que 200 vases de porcelaine ont subi une avarie en cours de transport.

Pour nous permettre de juger du bien-fondé de votre demande de dédommagement, vous voudrez bien nous transmettre, sans délai, tous documents utiles concernant les objets assurés qui sont endommagés, détruits ou disparus. Il nous faudrait notamment l'extrait du livre de bord ainsi que la dispache établie à Québec par un expert assermenté près des tribunaux. Une fois en possession de ces documents, nous réglerons l'affaire au plus vite et, nous l'espérons, à votre entière satisfaction.

Avec nos remerciements pour votre prochain envoi, nous vous adressons, Messieurs, nos salutations distinguées.

Groupement d'Assurances du Havre

Exercices

1. Complétez la lettre suivante :

En ..... à votre lettre du 14 ct, nous vous ..... que votre ..... d'assurance N⁰ 283/5 vous couvre contre les ..... d'accident dans le monde entier. En revanche, les polices N⁰ 6239 et 1670 ne sont ..... qu'en Europe. L'extension de leur validité aux pays africains pourra vous être ..... contre paiement d'une surprime semestrielle de 180 DM.
Cependant, les accidents ..... d'un cas de ..... majeure sont exclus de l'assurance.

2. Pour vous familiariser avec le vocabulaire de l'assurance, complétez les phrases ci-après à l'aide des mots suivants :

avenant, compagnie d'assurance, indemnité, note de couverture, police, prime, résiliation, sinistre.

– Pour se prémunir contre un risque, l'assuré s'adresse à une ......
– Le contrat d'assurance est matérialisé par une ......
– Chaque fois que le contrat doit être modifié, on rédige un ......
– En attendant que le contrat soit rédigé, l'assuré reçoit une attestation d'assurance ou ..... pour prouver qu'il est bien assuré.
– L'assuré doit verser périodiquement une somme appelée ......
– En contrepartie, après déclaration par l'assuré d'un ....., l'assureur verse à l'assuré une ......
– Si l'assuré souhaite mettre fin à l'assurance, l'assuré doit procéder à la ..... du contrat.

3. Remplacez les chiffres par les termes qui conviennent.

Messieurs,

La compagnie maritime Universum, titulaire auprès de notre Société d'une **(1)** assurant ses transports, nous a transmis la **(2)** que vous lui avez adressée relative à **(3)** survenue le 8 août à bord du cargo « Albatros ».

Nous vous informons que le contrat de la compagnie Universum la **(4)** contre les suites d'une négligence dont elle pourrait se **(5)** coupable. Or, de **(6)** à laquelle nous avons procédé, il ressort que l'emballage n'était pas de nature à **(7)** efficacement la marchandise. Les dommages dont vous demandez **(8)** ont été causés par le ballottement des conserves à l'intérieur des **(9)**. Notre **(10)** n'ayant commis aucune faute, nous n'avons pas à intervenir dans **(11)** de vos pertes. Vous admettrez que notre refus se **(12)** pleinement. En conséquence, nous considérons l'affaire comme **(13)**.

Avec nos sincères salutations.

    (1) prime / installation / police
    (2) plainte / perte / somme
    (3) l'accident / l'avarie / la tempête
    (4) garantit / défend / protège
    (5) faire / sentir / rendre
    (6) la réclamation / l'expertise / l'échange
    (7) couvrir / ranger / protéger
    (8) réparation / le prix / le remplacement
    (9) valises / caisses / tempêtes
  (10) assurée / assureur / agent
  (11) la perte / l'indemnisation / le dégât
  (12) propose / présente / justifie
  (13) terminée / payée / classée

4. Les Transports Bertier, pour lesquels vous travaillez, ont reçu la réclamation ci-dessous.

Transports Bertier
10, Cour de la Gare
F-51100 Reims

Blois, le 20 décembre 19. .

Objet : Expédition n⁰ 128

Messieurs,

Le 10 décembre, vous avez pris aux Caves Montfleuri des champagnes
qui nous étaient destinés. Le détail de l'expédition figure sur la
copie ci-jointe du récépissé remis par vos services.
Lors de la livraison, nos magasiniers n'ont pas jugé utile de procéder immédiatement à l'ouverture des caisses qui paraissaient
intactes.
Or, au déballage, des détériorations ont été constatées ; nous les
évaluons à 79436 F conformément à l'état estimatif joint. Ces
dégâts n'ont pu être provoqués que par des manipulations mala-
droites lors du chargement ou du déchargement.
Par conséquent, nous attendons votre indemnisation dans le meilleur délai et vous en remercions.
Veuillez agréer, Messieurs, nos salutations distinguées.

Le Directeur du Service Commercial
Christophe Lelong

> A la Direction générale des Assurances LA PROVIDENCE,
> 119 rue de Saussure, 75840 Paris Cedex 14.
> – Le contenu des caisses n'a pas été contrôlé
>   en présence du livreur.
> – Aucune avarie n'a été mentionnée sur le son
>   de réception.
> – Le destinataire aurait dû réclamer dans les
>   3 jours ouvrables dès la réception des marchandises.
> – Rejet de toute responsabilité.
>
> Ferdinand Ledoux

**Votre Chef de service, M. Ferdinand Ledoux, vous demande d'envoyer une
copie de cette réclamation à la compagnie d'assurance et de rédiger la lettre
d'accompagnement d'après les annotations qu'il a portées sur la fiche jointe.**

5. L'entreprise SISCO vient d'emménager dans des locaux neufs. Or, le 4 janvier, une fuite d'eau endommage le bureau du directeur.
Le directeur remplit la déclaration de sinistre ci-après :

ASSURANCES GÉNÉRALES
20, rue de Londres
75009 PARIS

NUMÉRO DE DOSSIER

`I` | `8,6|0,0,5,4,2,1` | `R`

CACHET DE L'AGENCE — Mod. 82 SZ

AG BREST CODE

N° de Police `Z,4,1,4,2,8,6`

DÉCLARATION DE SINISTRE
INCENDIE - VOL - (DÉGATS DES EAUX)

Code RISQUE

DATE DU SINISTRE — Jour `0,4` Mois `0,1` Année `1,9,`

LIEU DU SINISTRE : Brest `29` Départ

SOCIÉTAIRE : PROPRIÉTAIRE ☒ LOCATAIRE ☐ SEUL ☒ OCCUPANT ☒ PARTIEL ☐
ADVERSAIRE : PROPRIÉTAIRE ☐ LOCATAIRE ☐ VOISIN ☐ TIERS ☐

NOM : SISCO
NOM :

LIEU D'ASSURANCE : 20 rue Le Guennec Brest `29` Départ
ADRESSE : Départ

Assurance en cours à une autre Société : NON ☒ OUI ☐
EST-IL ASSURÉ NON ☐ OUI ☐

Nom de la Société :
Nom de la Société :

Police N° _____ de l'Agence de _____
Police N° _____ de l'Agence de _____

NATURE DU SINISTRE { INCENDIE ☐ EXPLOSION ☐ TEMPÊTES-GRÊLE ☐ DOMMAGES MÉNAGERS ☐ ☐
DOMMAGES ÉLECTRIQUES ☐ FOUDRE ☐ VOL ☐ DÉGATS DES EAUX ☒ ☐

BIENS SINISTRÉS : BATIMENT ☒ MOBILIER ☒ MATÉRIEL ☐ MARCHANDISES ☐ ANIMAUX-BESTIAUX ☐ RÉCOLTES ☐ ☐

MONTANT APPROXIMATIF DES DOMMAGES { sur BIENS DE L'ASSURÉ : BATIMENT _____ CONTENU _____
sur BIENS A DES TIERS : BATIMENT _____ CONTENU _____

CAUSES ET CIRCONSTANCES DU SINISTRE – POINT DE DÉPART

rupture d'une canalisation d'eau dans le bureau du Directeur : moquette, plâtres et bas des meubles sérieusement endommagés
Nous pensons qu'il s'agit de la rupture d'une soudure défectueuse

DESCRIPTION DES RISQUES				PIÈCES JOINTES
RISQUES	GARANT. contrat	S/CATÉGORIES à ouvrir	ÉVALUATIONS d'origine	

MESURES PRISES

RISQUES	GARANT.	S/CAT.	ÉVAL.
INCENDIE	☒	D	
EXPLOSION	☐	G	
TEMPÊTES	☐	8	
DOMMAGES MÉNAGERS	☐	C	
DOMMAGES ÉLECTRIQ.	☐	7	
VOL	☐	E	
DÉGATS DES EAUX	☒	9	

EXPERTISE OUI ☒ NON ☐ PLAINTE

demandée le _____
à M. _____
Expert à _____

Le Sociétaire a-t-il
— payé ses cotisations ? OUI ☒ NON ☐
— fait l'objet d'une mise en demeure ? OUI ☐ NON ☒

Fait à Brest
le 5 janvier 19

Le Sociétaire
Guillerm

Visa de l'Agent

Il vous charge de l'envoyer à la compagnie d'assurance, accompagnée d'une lettre qu'il vous demande de rédiger d'après les données suivantes :

- *Annoncer le sinistre (date ; nature).*
- *Demander la visite d'un expert pour établir les responsabilités et évaluer les dégâts.*
- *Espérer un règlement rapide de l'affaire.*

6. Traduisez en français.

a) – Teilen Sie uns bitte mit, wie hoch die günstigste Prämie für den Versand von ... ist.
- Wir beabsichtigen, die Ware Ende dieses Monats zu verschiffen.
- Die Sendung soll zu den F.P.A.-Bedingungen auf der Strecke von Rostock bis Antwerpen versichert werden.
- Wir wären bereit, eine laufende Police bei Ihrer Gesellschaft abzuschließen.

b) Wir danken Ihnen für Ihr Schreiben vom 7. März sowie für das Vertrauen, das Sie unserer Gesellschaft entgegenbringen. Die Prämie für den von Ihnen genannten Transport würde 3 ‰ vom Wert der Sendung für die Strecke von Dresden bis zum Bestimmungshafen Abidjan betragen. Eine Zuschlagsprämie *(une surprime)* von 100 DM je 100 km für die Strecke vom Bestimmungshafen bis zum Wohnort des Empfängers kommt hinzu.
Zu Ihrer Information legen wir diesem Brief unser Rundschreiben „Anweisungen für Exporteure" sowie unsere Allgemeinen Versicherungsbedingungen bei.
Wir hoffen, daß die niedrige Prämie Sie veranlassen wird, eine Versicherung für diese Sendung bei uns abzuschließen.

c) Gemäß Ihrem Auftrag vom 10. Oktober haben wir heute für Ihre Rechnung eine Sendung Uhren versichert. Wir übersenden Ihnen anbei die Versicherungspolice Nr. 089 576/8. Die Prämienberechnung setzt sich wie folgt zusammen:

3 ‰ Prämie von 400 000 DM	1 200 DM
10 % Versicherungssteuer	120 DM
Police	80 DM
Verschiedene Auslagen	45 DM
Summe	1 445 DM

Bitte überweisen Sie diesen Betrag auf unser Bankkonto.
Wir hoffen, daß Sie mit unseren Diensten zufrieden sind und daß Sie sich bei allen weiteren Geschäften wieder an uns wenden.

Sophie Barret
15 rue Ballard
75015 PARIS

Paris, le 10 avril 19...

Entreprise RIVA
Service du personnel
20 rue de la République
92170 Vanves

Objet : Poste de secrétaire
sténodactylo

Messieurs,

Très intéressée par le poste de secrétaire sténodactylo qui a
fait l'objet de votre annonce parue dans le journal „les Echos" du
8 avril, je pose ma candidature pour cet emploi et vous transmets,
ci-joint, mon curriculum vitae.

Je peux répondre aux conditions exigées. En effet, mes emplois
précédents m'ont permis d'acquérir une bonne maîtrise de la communication téléphonique, y compris en anglais et bien sûr en italien
que je parle couramment ; dans mon poste actuel, je travaille avec
deux dactylos : je suis chargée de répartir le travail, de le contrô-
ler et j'assure la rédaction de textes courants.

Mon salaire est de 8 500 F par mois.

Je souhaite vivement que vous accueilliez favorablement ma demande car l'emploi proposé me permettrait d'utiliser mes connaissances en italien et de travailler à nouveau dans le secteur du bâtiment. Je me tiens donc prête à me présenter au jour et à l'heure que
vous voudrez bien m'indiquer.

Veuillez agréer, Messieurs, l'expression de mes sentiments
dévoués.

S Barret

Nous sommes premier constructeur
européen de matériel de détection
incendie ; nous recherchons
EXCELLENTE
**SECRETAIRE,
STENODACTYLO**
pour prendre la responsabilité de
notre SECRETARIAT COMMERCIAL.
Bon contact téléphonique.
Anglais, Italien.
Ecrire avec C.V. + photo +
prétentions à RIVA
20, rue de la République
92170 VANVES

1 Die Bewerbung – *La demande d'emploi*

Ihr Bewerbungsbrief ist Ihre Visitenkarte. Der erste Eindruck, den er von Ihnen vermittelt, ist entscheidend. Fassen Sie ihn daher so ab, daß der Empfänger Lust bekommt, Ihren Lebenslauf zu lesen, Sie persönlich kennenzulernen. Achten Sie außerdem auf eine gefällige Form, einen sinnvollen Aufbau, eine übersichtliche Gliederung und einen klaren Ausdruck. Es versteht sich von selbst, daß das Bewerbungsschreiben weder Rechtschreibfehler noch sichtbare Korrekturen enthalten darf.

Das Bewerbungsschreiben – *La lettre de candidature*

In der Einleitung beziehen Sie sich auf ein Stellenangebot oder geben an, wie Sie auf die Stelle aufmerksam geworden sind. Bei einer unaufgeforderten Bewerbung („Blindbewerbung") erklären Sie, warum Sie an einer Tätigkeit bei dieser Firma interessiert sind.
Im Hauptteil schreiben Sie, warum Sie sich beworben haben und warum Sie glauben, für die angebotene Stelle geeignet zu sein. Dabei gehen Sie auf Ihre besonderen Fähigkeiten und Kenntnisse und Ihre Berufserfahrung ein, ohne alle Details Ihrer Ausbildung und bisherigen Tätigkeiten aufzuführen.
Wenn Sie als ungekündigte/r Angestellte/r Ihre Bewerbung vor Ihrem Arbeitgeber geheimhalten wollen, bitten Sie, die Bewerbung vertraulich zu behandeln.
Manche Firmen legen Wert auf Referenzen; nennen Sie in Ihrem Brief nur Personen, die wirklich aussagekräftige Angaben über Sie machen können.
Eine Gehaltsforderung geben Sie nur an, wenn Sie in der Anzeige dazu aufgefordert werden.
Im Schlußteil geben Sie der Hoffnung Ausdruck, zu einem Vorstellungsgespräch eingeladen zu werden.

Der Lebenslauf – *Le curriculum vitae (= C.V.)*

Wenn nicht ausdrücklich ein handschriftlicher Lebenslauf verlangt wird, wird er mit der Maschine in tabellarischer Form geschrieben. Er enthält im allgemeinen:
– ein Lichtbild,
– Ort, Datum,
– Vor- und Zuname, Anschrift, Telefonnummer,
– Geburtsdatum und -ort, Familienstand, Staatsbürgerschaft,
– Schul- und Berufsausbildung, Studium, Abschlußprüfungen, Fachkurse, Fremdsprachenkenntnisse, Auslandsaufenthalte,
– bisherige Tätigkeiten,
– Unterschrift.

Dem Bewerbungsschreiben und dem Lebenslauf legen Sie Kopien Ihrer Zeugnisse und gegebenenfalls Arbeitsproben und Referenzen bei.

Bleibt eine Bewerbung längere Zeit unbeantwortet, so bringen Sie sich durch einen Nachfaßbrief *(lettre de relance)* nochmals in Erinnerung. Sie erwähnen, daß Sie sich vor einiger Zeit beworben haben, und tragen eventuell noch nach, was für die Anstellung wichtig sein könnte. Zum Schluß bekräftigen Sie Ihre Hoffnung auf eine persönliche Vorstellung. Der Nachfaßbrief darf jedoch nicht aufdringlich wirken.

CURRICULUM VITAE

Sophie BARRET, née BAZZO
15, rue Ballard. 75015 PARIS
née le 21 juillet 1960

Formation

Etudes au Collège Pastau 75015 Paris   1971-1975
Etudes au L.E.P. Lecourbe 75015 Paris   1975-1977

Deux séjours en Angleterre de 15 jours et 1 mois (étés 1975 et 1976)

Pratique courante de l'italien parlé (langue maternelle).

Stages dans le cadre de la formation continue :
- pratique du téléphone   1978
- traitement de texte   1983

Diplômes

- Brevet des Collèges
- Brevet d'Etudes Professionnelles. Secrétariat

Emplois précédents

- d'octobre 1977 à mai 1979 : Standardiste-hôtesse
Agence immobilière GERIN et LUCAS
92150 SURESNES

Raison du départ : désir de changer de travail.

- de juin 1979 à octobre 1984 : Sténodactylographe
Dean Witter Reynolds International
8, rue d'Alger
75001 PARIS

Raison du départ : amélioration de situation.

- depuis novembre 1984 : Secrétaire sténodactylo
Dumez et Cie
100, rue H. Barbusse
92000 NANTERRE

1. Vous posez votre candidature

a) Introduction

Je viens de prendre connaissance de votre offre d'emploi parue dans le journal « L'Alsace ».

J'ai appris par votre annonce parue dans « Le Monde » du 1er avril que …

Vous recherchez pour votre service achats
– un/e employé/e de commerce.
– un/e correspondancier/-ière en langues étrangères.
– un/e secrétaire bilingue/trilingue.
– un/e sténodactylo expérimenté/e.

Je pose ma candidature pour cet emploi.

b) Demande d'emploi spontanée

Je suis très intéressé/e
– par un poste à mi-temps.
– par un travail à temps partiel.

Je viens de terminer mes études de gestion et suis actuellement à la recherche
– d'une situation évolutive.
– d'un emploi itinérant/sédentaire.

Je suis dégagé des obligations militaires.

C'est pourquoi je serais heureux/-euse de pouvoir faire un stage dans votre entreprise.

Je cherche un emploi me permettant
– d'élargir mes connaissances.
– d'utiliser/d'améliorer mes connaissances en français.

Votre Société jouit d'une excellente réputation dans le domaine de la bureautique/de l'informatique.

c) Vous vous présentez

Agé/e de 30 ans, je suis
– Allemand/e / Suisse / Autrichien/ne.

– de nationalité allemande.
– célibataire/marié/e.
– mère/père de deux enfants.

Je suis sans attache familiale.

1. Sie bewerben sich

a) Einleitung

Mit großem Interesse habe ich Ihr Stellenangebot in der Zeitung „L'Alsace" zur Kenntnis genommen.

Durch Ihre Anzeige in « Le Monde » vom 1. April habe ich erfahren, daß …

Für Ihre Einkaufsabteilung suchen Sie
– eine/n Kaufmann/-frau.
– eine/n Fremdsprachenkorrespondenten/ -in.
– eine/n Fremdsprachensekretär/in.
– eine/n erfahrene/n Stenotypisten/-in.

Ich bewerbe mich um diese Stelle.

b) Unaufgeforderte Bewerbung

Ich bin sehr … interessiert.
– an einer Halbtagsstelle
– an einer Teilzeitbeschäftigung

Ich habe gerade meine kaufmännische Ausbildung abgeschlossen und suche zur Zeit
– eine ausbaufähige Stellung.
– eine Reise-/ortsgebundene Tätigkeit.

Ich habe meinen Wehrdienst abgeleistet.

Deshalb wäre ich an einem Praktikum in Ihrer Firma interessiert.

Ich suche eine Stelle, die es mir ermöglicht,
– meine Kenntnisse zu erweitern.
– meine Französischkenntnisse anzuwenden/zu verbessern.

Ihr Unternehmen genießt einen hervorragenden Ruf im Bereich der Bürokommunikation/der Informatik.

c) Sie stellen sich vor

Ich bin 30 Jahre alt und
– Deutsche/r / Schweizer/in / Österreicher/in.
– deutsche/r Staatsbürger/in.
– ledig/verheiratet.
– Mutter/Vater zweier Kinder.

Ich bin alleinstehend.

d) Formation et diplômes

J'ai ... ans
- et je fréquente l'Ecole supérieure de commerce de Düsseldorf.
- et je suis bachelier/-ière.
- et je viens d'achever un apprentissage de trois ans chez Faber & Cie.

Je possède une formation à dominante commerciale.

Je passerai le baccalauréat au mois de juin.

J'ai fait mes études en France et ai obtenu le Brevet de Technicien Supérieur (= BTS).

Je suis diplômé/e de la Chambre de commerce et d'industrie de Cologne.

e) Expérience professionnelle et connaissances (linguistiques)

Je pense répondre aux conditions requises (= exigées).

Je possède la motivation/mobilité indispensable à ce genre d'activité.

Mes emplois précédents m'ont permis
- d'acquérir une bonne maîtrise de la communication téléphonique en français.
- de me familiariser avec tous les travaux de bureau.

J'ai deux ans d'expérience
- dans une fonction similaire.
- dans cette branche.

J'ai travaillé pendant six ans au service des Expéditions/au Service Ventes des Papeteries Colin.

Dans mon poste actuel,
- j'assure les travaux courants de secrétariat.
- je suis chargé/e de la correspondance avec la clientèle française.

Je maîtrise bien le français grâce à un stage de six mois en Suisse romande.

d) Ausbildung und Prüfungen

Ich bin ... Jahre alt
- und besuche die Höhere Handelsschule in Düsseldorf.
- und Abiturient/in.
- und habe gerade eine dreijährige Berufsausbildung bei Faber & Co. abgeschlossen.

Meine Ausbildung ist kaufmännisch orientiert.

Im Juni werde ich das Abitur ablegen.

Ich habe in Frankreich studiert und das „höhere Technikerdiplom" erhalten.

Ich habe meine Prüfung vor der IHK Köln abgelegt.

e) Berufserfahrung und (Sprach-)Kenntnisse

Ich denke, den verlangten Anforderungen zu entsprechen.

Ich habe die Motivation/Flexibilität, die für diese Art von Tätigkeit nötig ist.

Durch meine bisherigen Tätigkeiten
- beherrsche ich das Telefonieren in französischer Sprache sehr gut.
- konnte ich mich mit allen Büroarbeiten vertraut machen.

Ich habe zwei Jahre Erfahrung
- in einer ähnlichen Funktion.
- in dieser Branche.

Ich war 6 Jahre in der Speditionsabteilung/ in der Verkaufsabteilung der Papierfabrik Colin tätig.

In meiner gegenwärtigen Stelle
- bin ich für alle anfallenden Sekretariatsarbeiten zuständig.
- führe ich den Schriftverkehr mit der französischen Kundschaft.

Dank eines sechsmonatigen Praktikums in der französischen Schweiz beherrsche ich die französische Sprache gut.

J'ai acquis une connaissance approfondie du français durant un séjour en France comme jeune fille au pair.

Während eines Aufenthaltes als Au-pair-Mädchen in Frankreich habe ich meine Französischkenntnisse vertieft.

J'ai suivi des cours de perfectionnement.

Ich habe Fortbildungskurse belegt.

J'ai de bonnes connaissances en anglais (= notions d'anglais).

Ich habe gute Englischkenntnisse.

Je parle (couramment l')italien.

Ich spreche (fließend) italienisch.

J'assure les relations avec la clientèle belge.

Ich betreue die belgischen Kunden.

J'ai une connaissance étendue du traitement électronique de l'information.

Ich besitze umfassende EDV-Kenntnisse.

J'utilise tous les jours un système de traitement de texte/ordinateur.

Ich arbeite täglich mit einem Textverarbeitungssystem/Computer.

Je tape à la machine avec une grande habileté.

Ich habe gute Fertigkeiten im Maschinenschreiben.

Je maîtrise aussi la sténographie anglaise.

Ich beherrsche auch die englische Kurzschrift.

J'ai le sens des contacts.

Ich kann gut mit Menschen umgehen.

f) Références et salaire

f) Referenzen und Gehalt

Mes employeurs/supérieurs vous renseigneront volontiers sur mes aptitudes professionnelles.

Über mein berufliches Können werden meine Arbeitgeber/Vorgesetzte Sie gern unterrichten.

J'ai l'intention de quitter mon emploi actuel pour trouver une meilleure situation.

Ich beabsichtige, meine jetzige Stelle aufzugeben, um mich zu verbessern.

Mon dernier salaire était de 3 000 DM par mois.

Mein letztes Gehalt betrug 3 000 DM pro Monat.

Ma rémunération mensuelle brute actuelle est de 12 000 F.

Mein derzeitiges monatliches Bruttogehalt beträgt 12 000 F.

g) Les pièces jointes

g) Die Anlagen

Je joins à cette lettre mon curriculum vitae.

Diesem Brief lege ich einen Lebenslauf bei.

Je vous transmets, ci-joint, une copie de mon diplôme.

Anbei übersende ich Ihnen eine Kopie meines Diploms/Abschlußzeugnisses.

Les certificats ci-joints vous renseigneront sur mes activités antérieures.

Die beiliegenden Zeugnisse geben über meine früheren Tätigkeiten Aufschluß.

h) Conclusion

Je souhaite vivement que vous reteniez (= puissiez donner suite à) ma candidature.

N'étant pas occupé/e actuellement, je pourrais me présenter dans vos bureaux au jour et à l'heure qui vous conviendraient.

Je suis disponible immédiatement.

Mon employeur actuel n'étant pas au courant de cette offre, je vous saurais gré d'en faire un usage discret.

2. La réponse de l'employeur

a) est positive

Votre candidature pour le poste de secrétaire nous est bien parvenue.

Veuillez remplir et nous retourner le questionnaire ci-joint.

Veuillez passer à nos bureaux, mardi prochain, entre 14 h et 15 h.

Vous voudrez bien vous présenter au Service du personnel le 4 mai
– en vue de participer à un examen de sélection.
– en vue d'un entretien avec Mme Job.

Nous avons le plaisir de vous annoncer
– que votre demande d'emploi a été retenue.
– que le résultat de l'examen professionnel a été jugé très satisfaisant.

Nous sommes disposés à vous engager en qualité d'aide-comptable à compter du 1er octobre.

Veuillez trouver ci-joint un projet de contrat en double exemplaire.

Veuillez nous confirmer votre accord concernant votre engagement.

h) Briefschluß

Ich würde mich sehr freuen, wenn Sie meine Bewerbung berücksichtigen würden.

Da ich im Augenblick nicht berufstätig bin, könnte ich mich jederzeit bei Ihnen vorstellen.

Ich bin sofort verfügbar.

Da mein jetziger Arbeitgeber von dieser Bewerbung nichts weiß, wäre ich Ihnen dankbar, wenn Sie diese vertraulich behandeln könnten.

2. Die Antwort des Arbeitgebers

a) ist günstig

Ihre Bewerbung um die Stelle einer Sekretärin haben wir erhalten.

Bitte schicken Sie den beigefügten Fragebogen ausgefüllt an uns zurück.

Wir bitten Sie, nächsten Dienstag zwischen 14 und 15 Uhr bei uns vorbeizukommen.

Wir bitten Sie, sich am 4. Mai bei der Personalabteilung vorzustellen,
– um an einem Auswahlverfahren teilzunehmen.
– um ein Gespräch mit Frau Job zu führen.

Wir freuen uns, Ihnen mitzuteilen,
– daß wir Sie in die engere Wahl genommen haben.
– daß das Ergebnis der Eignungsprüfung gut ausgefallen ist.

Wir sind bereit, Sie ab 1. Oktober als Anfangsbuchhalter/in einzustellen.

Anbei erhalten Sie einen Vertragsentwurf in doppelter Ausfertigung.

Bitte bestätigen Sie, daß Sie mit der Einstellung einverstanden sind.

b) est négative

Nous avons examiné avec intérêt votre dossier de demande d'emploi.

Malheureusement nous ne pouvons, pour l'instant, donner suite à votre candidature. Le poste que vous sollicitez est pourvu depuis hier.

Aucun poste correspondant à votre spécialité n'est vacant dans nos services.

Nous ne manquerons pas de vous interroger dès que le cas se présentera.

b) ist ungünstig

Ihre Bewerbungsunterlagen haben wir mit Interesse geprüft.

Leider können wir Ihre Bewerbung im Augenblick nicht berücksichtigen.
Die von Ihnen angestrebte Stelle ist seit gestern besetzt.

Wir können Ihnen keine Stelle anbieten, die Ihrem Fach entspricht.

Wir werden bei der nächsten Gelegenheit auf Sie zurückkommen.

Modèles de lettres de candidature

1 Vous envoyez une candidature spontanée
Sie bewerben sich unaufgefordert

Monsieur le Directeur
Le Laboratoire du Cheveu
18, rue d'Armagnac
F-33000 Bordeaux

Monsieur le Directeur,

Peut-être aurez-vous besoin prochainement d'une sténo-dactylo connaissant plusieurs langues et sachant faire preuve d'initiative ? Ces qualités, qui ne font pas nécessairement défaut à une débutante, je crois les posséder. Je me permets donc de vous offrir mes services.

Agée de 19 ans, je viens d'obtenir le diplôme de l'Ecole supérieure de commerce de Duisbourg. Bien que je ne possède encore aucune expérience professionnelle, je pourrais vous être utile grâce à l'excellente formation que j'ai reçue dans cet établissement. A celle-ci s'ajoute une bonne maîtrise du français et de l'espagnol dont j'ai approfondi la connaissance grâce à un emploi d'un an en France comme jeune fille au pair et à un stage de six mois à Madrid.

En parcourant les pièces jointes, vous serez renseigné sur mes études. Permettez-moi d'attirer votre attention sur le concours de correspondance commerciale française auquel j'ai participé en dernière année et sur le certificat que m'a délivré l'Institut sténographique français. Je dois avouer que j'ai toujours eu de l'admiration pour votre entreprise, et je serais donc très flattée de pouvoir m'intégrer dans une équipe jeune et dynamique. Si j'avais le privilège d'être engagée, je ne manquerais pas de me familiariser le plus rapidement possible avec les tâches qui me seraient confiées.

Madame Charlotte Hofmann, Proviseur de l'Ecole de commerce, veut bien, sur demande, vous fournir tout renseignement à mon sujet.

Dans l'espoir de recevoir une réponse favorable de votre part, je vous prie d'agréer, Monsieur le Directeur, l'expression de mon dévouement.

Isabell Semmelmaier

---

2 Vous faites une offre de représentation
Sie machen ein Vertretungsangebot

FRIMOUSSE S.A.
Produits de beauté
11, bd de Québec
F-45000 Orléans

Messieurs,

Très intéressé par votre annonce parue dans la « Frankfurter Zeitung » de ce jour, je me permets de vous offrir mes services pour la représentation de vos produits en Allemagne. Je possède plusieurs parfumeries à Stuttgart, Munich, Francfort, Düsseldorf et Berlin. J'ai donc acquis, au fil des ans, une connaissance parfaite de la branche. Les débouchés intéressants qu'il y a dans le pays me permettraient de traiter des affaires importantes dans toutes les villes.
Sachant que la concession d'une grande marque comme « Frimousse » n'est accordée en France qu'aux maisons de premier ordre, je serais heureux si vous acceptiez de m'en confier la vente exclusive pour l'Allemagne. Dans ce cas, je pourrais mettre à profit les facultés de contact ainsi que les relations étendues dont je dispose.
A titre de référence, vous trouverez ci-joint une liste contenant les coordonnées des maisons les plus réputées que je représente depuis de longues années.
Au cas où mon offre retiendrait votre attention, je suis prêt à vous rencontrer dans les plus brefs délais et à vous donner alors tous les renseignements complémentaires que vous pourriez souhaiter.
Dans l'attente de vous lire, je vous prie de croire, Messieurs, à l'expression de mes sentiments les meilleurs.

Drogerien-Parfümerien Feinduft
Gerd Feinduft

Réponses aux lettres de candidature

1 Vous invitez le postulant à se présenter
Sie laden den Bewerber zu einem Vorstellungsgespräch ein

Monsieur Jean-François Berthier
24 bis, rue Sully
F-30000 Nîmes

Monsieur,

Votre demande d'emploi pour un poste de Vendeur-Conseiller au rayon photo nous est bien parvenue ; nous vous en remercions.
Votre candidature ayant été retenue, vous voudrez bien vous présenter au Service du personnel le 20 avril à 14 heures en vue d'un entretien avec un responsable du recrutement et le Chef du personnel.
Veuillez agréer, Monsieur, nos salutations distinguées.

Kahn & Söhne GmbH

2 Vous adressez une lettre d'engagement à la candidate
Sie schicken der Bewerberin einen Einstellungsbrief

Mademoiselle Yolande Fournier
16, rue Montagne-aux-Herbes-
Potagères
B-1000 Bruxelles

Objet : Poste de secrétaire trilingue

Mademoiselle,

Nous avons le plaisir de vous annoncer que les résultats de l'examen professionnel et des tests que vous avez passés le 4 août ont été jugés satisfaisants.
Vous entrerez à nos services en qualité de secrétaire trilingue à compter du 1er octobre. Cependant votre engagement ne deviendra définitif qu'à l'issue de la période d'essai de trois mois.
Votre rémunération mensuelle brute de départ, correspondant à 39 heures de travail par semaine, est fixée à 10 000 F avec la possibilité d'augmentations régulières.
Vous bénéficierez des divers avantages qu'offre notre entreprise et serez soumise aux obligations prévues dans le règlement intérieur dont vous trouverez ci-joint un exemplaire.
Veuillez nous confirmer votre accord concernant votre engagement en nous retournant le double de cette lettre revêtu de votre signature précédée des mots manuscrits « Lu et approuvé ».
Nous vous prions d'agréer, Mademoiselle, l'expression de nos sentiments distingués.

SIC Sutter, Imgras & Co.

3 Vous refusez la candidature
Sie lehnen die Bewerbung ab

Madame Annie Barbier
Place de la Gare
F-58019 Nevers

Objet : V/demande d'emploi
           Informaticienne

Madame,

Nous vous remercions de votre lettre du 14 juin, par laquelle vous exprimez le désir de travailler dans notre entreprise.
Bien que nous ayons été satisfaits de la qualité de vos références, nous avons le regret de vous communiquer que nous ne pouvons pas, pour l'instant, donner suite à votre candidature, attendu que notre personnel est au complet.
Cependant, nous ne manquerons pas de vous interroger dès qu'un poste correspondant à votre spécialité sera vacant dans nos services.
Veuillez agréer, Madame, l'assurance de notre considération.

Le Chef du personnel
Andy Haas

Exercices

1. Voici votre C.V. :

CURRICULUM VITAE

Baden-Baden, le 26 janvier 19..

Petra Schneider
Mozartstraße 9
D-7570 Baden-Baden
Tél. : 19.49.7221.4523 (numéro privé)

Née le 22 mars 19.. à Dortmund
Nationalité allemande

Formation :	19.. : baccalauréat ; 19.. : diplôme de l'École supérieure de commerce ; 19.. : attestation concernant un concours de correspondance commerciale française présenté à l'École supérieure de commerce de Dortmund ; 19.. : certificat de l'Institut FRANCE-LANGUES de Düsseldorf.
Langues :	français : connaissances approfondies ; anglais : bonnes connaissances ; italien : connaissances scolaires.
Expérience professionnelle :	depuis 19.. : assistante administrative chez Hahn AG de 19.. à 19.. : correspondancière (allemand et français) chez Hahn AG ; de 19.. à 19.. : secrétaire aux Forces Françaises en Allemagne, Garnison de Baden-Baden.
Connaissances et capacités :	sténo allemande : 180 syllabes à la minute ; sténo française : 100 mots-minute ; comptabilité : maniement des principaux systèmes.

Petra Schneider

Rédigez la demande d'emploi spontanée correspondante que Petra Schneider envoie à une entreprise française dans laquelle elle aimerait travailler. Elle est disponible à compter du 1er avril. Son offre de service sera accompagnée de certificats et références.

2. Traduisez en français.

a) – Auf Ihr Inserat in der „Nouvelle Gazette" erlaube ich mir, …
– Ich möchte mich um die Stelle eines/-r Korrespondenten/-in bewerben.
– Ich habe 3 Jahre Berufserfahrung und suche eine ausbaufähige Stelle.
– Ich habe sehr gute Französisch- und Italienischkenntnisse.
– Die Firma Kuhn, bei der ich bisher tätig war, wird Ihnen jede Auskunft über mich geben.
– Ich beabsichtige, diese Stelle aufzugeben, um mich zu verbessern.
– Ich würde mich freuen, mich persönlich vorstellen zu dürfen.

b) Für Ihre Einkaufsabteilung suchen Sie eine Fremdsprachensekretärin. Ich glaube, Ihren Ansprüchen gerecht zu werden.

Ich habe eine kaufmännische Ausbildung bei der Firma Hobel & Sohn gemacht. Zur Zeit bin ich als Büroangestellte bei den Continental-Werken in Nancy tätig.

Ich beherrsche die französische und deutsche Kurzschrift, habe sehr gute Schreibmaschinenkenntnisse und bin in der Lage, Briefe selbständig zu verfassen. In Buchhaltung habe ich gute theoretische und praktische Kenntnisse.

Da ich aus familiären Gründen nach Metz gezogen bin, suche ich hier eine vergleichbare Stelle.

Meinen Lebenslauf und Zeugniskopien füge ich bei.

c) Ich habe Ihre Anzeige in der „Süddeutschen Zeitung" vom 12. Januar gelesen und bewerbe mich um die Stelle eines/-r Kaufmanns/-frau.

Ich verfüge über die verlangten Kenntnisse. In meiner jetzigen Stelle betreue ich die französische Kundschaft. Während eines dreijährigen Aufenthaltes in Paris habe ich ausgezeichnete Französischkenntnisse erworben.

Ich interessiere mich für die von Ihnen angebotene Stelle, weil ich gerne in Frankreich arbeiten möchte.

Meine Vorgesetzten sind gerne bereit, über meine Leistungen Auskunft zu geben. Dieser Bewerbung füge ich einen Lebenslauf sowie Kopien meiner Zeugnisse bei.

3. Répondez à l'annonce ci-dessous, parue dans un journal allemand.

4. Vous avez pris connaissance de cette offre d'emploi parue dans « France-Soir ». Présentez votre candidature.

Hôtel de la Riviéra

Via C. Menotti, 83
16100 GENOVA

Tél. : (010) 880 421

Monsieur et Madame JEANDILLOU
5, rue de la Brégère

87000 LIMOGES

V/Réf. : V/ appel du 30/10
V/ lettre du 2/11

N/Réf. : JT 830

Objet : V/ réservation

Genòva,
le 4 novembre 198..

Monsieur, Madame,

Nous vous remercions pour votre demande de réservation et pour votre chèque de 500 F envoyé à titre
d'arrhes.

Nous vous confirmons donc la réservation

d'une chambre double avec salle de bain sur cour

pour les 20 et 21 novembre

au prix de 650 F la nuit.

Par avance, nous vous souhaitons un agréable séjour.

Veuillez agréer, Monsieur, Madame, l'expression de
nos sentiments dévoués.

Le responsable de l'accueil

Jean Tiberti

J. TIBERTI

2 Korrespondenz in Verbindung mit Reisen –
Correspondance concernant les voyages

Obwohl Reisevorbereitungen häufig telefonisch abgewickelt werden, ist es ratsam, Reservierungen und Annullierungen schriftlich vorzunehmen oder zumindest zu bestätigen. Dieses Kapitel enthält Hinweise für die Korrespondenz mit Verkehrsvereinen, Hotels und Jugendherbergen, zeigt, wie man sich nach einem Sprachaufenthalt oder einer Au-pair-Stelle erkundigt, und berücksichtigt die Vorbereitung der Teilnahme an Messen und Ausstellungen.

1. Demande d'information

a) Vous écrivez à un office de tourisme

Je vous saurais gré de m'adresser une documentation sur l'Auvergne.

Je m'intéresse surtout
– à l'équitation.
– à la plongée sous-marine.
– à la planche à voile.
– aux randonnées en haute montagne.

Nous aimerions passer nos vacances à la ferme.

Veuillez m'envoyer une liste des
– hôtels en bord de mer.
– locations.
– campings (= terrains de camping).

Nous désirons loger chez l'habitant/en hôtel.

Vous voudrez bien m'indiquer les hôtels à proximité du champ de foire.

b) Vous cherchez une auberge de jeunesse

Notre groupe comprend 20 participants, tous intéressés par un stage culturel à Paris.

Pourriez-vous me dire si je peux encore m'inscrire ?

Je vous serais obligé/e de me donner les adresses de quelques auberges de jeunesse.

Existe-t-il un tarif de groupe/une limite d'âge ?

1. Anfrage

a) Sie schreiben an einen Verkehrsverein

Ich wäre Ihnen dankbar, wenn Sie mir Informationsmaterial über die Auvergne zusenden könnten.

Ich interessiere mich besonders
– für den Reitsport.
– für das Hochseetauchen.
– für das Windsurfen.
– für Hochgebirgswanderungen.

Wir möchten unseren Urlaub auf dem Bauernhof verbringen.

Senden Sie mir bitte eine Liste der
– am Strand gelegenen Hotels.
– Ferienwohnungen und -häuser.
– Campingplätze.

Wir möchten privat/in einem Hotel wohnen.

Nennen Sie mir bitte die Hotels, die in der Nähe des Messegeländes liegen.

b) Sie suchen eine Jugendherberge

Wir sind 20 Personen und interessieren uns für einen Studienaufenthalt in Paris.

Könnten Sie mir sagen, ob ich mich noch anmelden kann?

Ich wäre Ihnen dankbar, wenn Sie mir die Anschriften einiger Jugendherbergen geben könnten.

Gibt es einen Gruppentarif/eine Altersbegrenzung?

c) Vous vous intéressez à un chantier

Je suis à la recherche d'un chantier au Maroc.

J'aimerais de préférence
– me rendre utile dans le domaine agricole/ au service de santé.
– intervenir en faveur de la protection de la nature/de l'environnement.
– travailler dans un camp de vacances.

Veuillez me fournir tous renseignements utiles relatifs
– à la durée de l'engagement.
– aux conditions de travail et d'héberge-ment.

d) Vous cherchez un poste au pair

J'aimerais faire un stage dans une famille française pour mieux apprendre le français.

Pourriez-vous me fournir les adresses de familles qui recherchent une jeune fille au pair ?

J'aimerais surtout savoir
– combien d'heures je devrai consacrer quotidiennement aux travaux ménagers.
– si mes horaires de travail sont fixes.

Combien de soirs par semaine faudra-t-il que je consacre à la garde d'enfants ?

Aurai-je une journée de congé hebdoma-daire (= de libre par semaine) ?

Est-ce que je serai libre le week-end ?

Quel sera le montant de mon argent de poche ?

Le voyage me sera-t-il remboursé ?

Me sera-t-il possible de suivre des cours de langue(s) dans un institut de votre ville ?

c) Sie interessieren sich für ein Work-camp

Ich suche ein Workcamp in Marokko.

Vorzugsweise möchte ich
– im Bereich der Landwirtschaft/im Ge-sundheitswesen tätig werden.
– mich für den Natur-/Umweltschutz ein-setzen.
– in einem Ferienlager arbeiten.

Ich bitte Sie, mir alle zweckdienlichen Hin-weise über
– die Verpflichtungsdauer
– die Arbeits- und Wohnbedingungen
zu geben.

d) Sie suchen eine Au-pair-Stelle

Ich möchte einen Aufenthalt in einer franzö-sischen Familie verbringen, um meine Fran-zösischkenntnisse zu verbessern.

Können Sie mir bitte Adressen von Fami-lien zukommen lassen, die ein Au-pair-Mäd-chen suchen?

Mich interessiert vor allem,
– mit wieviel Stunden täglich für die Haus-arbeit zu rechnen ist.
– ob ich feste Arbeitszeiten habe.

Mit wieviel Abenden pro Woche habe ich für die Kinderbetreuung zu rechnen?

Werde ich einen freien Tag pro Woche ha-ben?

Habe ich am Wochenende frei?

Wie hoch wird mein Taschengeld sein?

Werden mir die Reisekosten erstattet?

Besteht in Ihrer Stadt die Möglichkeit, eine Sprachenschule zu besuchen?

2. Réservation

a) d'une chambre d'hôtel

J'ai l'intention de passer 15 jours dans votre hôtel au mois d'août et désire connaître vos tarifs en demi-pension/pension complète.

Auriez-vous encore une chambre double disponible pour la 2e quinzaine de juillet ?

Veuillez réserver, du 8 au 11 avril inclus, une chambre individuelle avec petit déjeuner au nom de Doris Fischer.

Pourriez-vous nous réserver
– une chambre à 2 lits avec salle de bains, du 1er au 15 juin inclus ?
– une salle de réunion pour 20 personnes avec téléphone et photocopieur ?

Monsieur Goldmann arrivera vers minuit ; lui servirez-vous encore un repas à cette heure tardive ?

Vous voudrez bien nous confirmer cette réservation au plus tôt.

b) d'un meublé (saisonnier)

L'Office du tourisme de Quiberon m'a envoyé la liste des gîtes ruraux de votre région.

Je cherche une villa pour 6 personnes avec piscine.

Avez-vous encore un appartement de libre pour 4 personnes en septembre prochain ?

Est-ce que la literie est fournie ?

Y a-t-il un commerce à proximité ?

Faut-il verser des arrhes ?

A combien s'élève la caution ?

Est-ce que les animaux sont admis ?

Les charges et les frais de ménage sont-ils compris dans le prix ?

2. Reservierung

a) eines Hotelzimmers

Ich habe vor, im August 14 Tage in Ihrem Hotel zu verbringen, und bitte um Angabe Ihrer Preise für Halbpension/Vollpension.

Haben Sie in der zweiten Julihälfte noch ein Doppelzimmer frei?

Bitte reservieren Sie ein Einzelzimmer mit Frühstück vom 8. bis einschließlich 11. April auf den Namen Doris Fischer.

Könnten Sie uns
– ein Zweibettzimmer mit Bad vom 1. bis einschließlich 15. Juni
– einen Konferenzraum für 20 Personen mit Telefon und Fotokopierer
reservieren?

Herr Goldmann wird gegen Mitternacht ankommen; bekommt er zu dieser späten Stunde noch eine Mahlzeit?

Bitte bestätigen Sie unsere Reservierung so schnell wie möglich.

b) einer Ferienunterkunft

Das Verkehrsamt Quiberon hat mir die Liste der Unterkünfte auf dem Lande in Ihrer Region geschickt.

Ich suche ein Haus für 6 Personen mit Swimmingpool.

Haben Sie kommenden September noch ein Appartement für 4 Personen frei?

Wird das Bettzeug zur Verfügung gestellt?

Gibt es ein Geschäft in der Nähe?

Müssen wir eine Anzahlung leisten?

Wie hoch ist die Kaution?

Darf man Tiere mitnehmen?

Sind die Neben- und Reinigungskosten im Preis inbegriffen?

c) sur un terrain de camping

Pourriez-vous nous réserver
- un emplacement pour un camping-car de 5 m, du 1er au 21 juin ?
- une place ombragée où nous pourrions monter une tente pour 4 personnes ?

d) d'un stand de foire

Nous envisageons de participer au Salon de l'Automobile.

Nous vous serions obligés
- de nous réserver un emplacement de 10 m dans la halle B II.
- de faire installer le téléphone à chaque stand.

3. Confirmation

C'est avec plaisir que nous vous réservons
- une jolie chambre avec douche et W.-C. pour la période mentionnée.
- 2 chambres individuelles à 400 F par jour et par personne, petit déjeuner compris.
- un appartement au rez-de-chaussée.

Les suppléments tels que
- taxe de séjour et nettoyage
- gaz et électricité
s'ajoutent au prix indiqué.

Veuillez joindre à votre réservation un chèque de 25 % du montant de la location.

Réduction pour les enfants
- jusqu'à 5 ans : 50 %,
- de 5 à 10 ans : 30 %,
s'ils logent dans la chambre de leurs parents.

Vous trouverez ci-joint un plan d'accès.

4. Refus

Nous regrettons de ne pouvoir vous donner satisfaction, notre hôtel étant au complet pendant cette période.

Hélas, nous n'avons plus aucune chambre disponible pendant la saison d'été.

c) auf einem Campingplatz

Könnten Sie uns
- einen Platz für ein Wohnmobil von 5 m vom 1. bis 21. Juni reservieren?
- einen Platz im Schatten reservieren, wo wir ein 4-Mann-Zelt aufbauen können?

d) eines Messestandes

Wir beabsichtigen, am Salon de l'Automobile teilzunehmen.

Wir bitten Sie,
- uns einen Standplatz von 10 m in Halle B II zu reservieren.
- bei jedem Stand ein Telefon installieren zu lassen.

3. Bestätigung

Gerne reservieren wir für Sie
- ein hübsches Zimmer mit Dusche und WC für den erwähnten Zeitraum.
- 2 Einzelzimmer zu 400 F pro Person und Tag, einschließlich Frühstück.
- eine Ferienwohnung im Erdgeschoß.

Zuschläge wie
- Kurtaxe und Reinigung
- Gas und Strom
kommen zum genannten Preis hinzu.

Bitte fügen Sie Ihrer Reservierung einen Scheck über 25 % des Mietpreises bei.

Ermäßigung für Kinder
- unter 5 Jahren: 50 %,
- von 5 bis zu 10 Jahren: 30 %,
wenn sie im Zimmer der Eltern schlafen.

Anbei erhalten Sie einen Lageplan.

4. Ablehnung

Unser Haus ist für die gewünschte Zeit leider ausgebucht.

Für die Sommersaison haben wir leider kein Zimmer mehr frei.

Pour la période désirée, nous n'avons plus qu'une chambre avec douche à l'étage/cabinet de toilette à vous proposer.

Wir können Ihnen für den gewünschten Zeitraum leider nur ein Zimmer mit Etagendusche/Waschmöglichkeit anbieten.

5. Annulation

Au lieu de la chambre double que nous avions réservée du 2 au 16 mai, nous aimerions faire retenir deux chambres individuelles.

Nous regrettons de devoir reporter la date de notre arrivée au 5 septembre.

Je suis obligé/e, pour des raisons professionnelles,
– de décommander la location.
– d'annuler ma réservation.

Vous conserverez, bien sûr, les arrhes déjà versées.

5. Annullierung

Anstelle des reservierten Doppelzimmers vom 2. bis zum 16. Mai möchten wir eine Reservierung von zwei Einzelzimmern vormerken lassen.

Wir müssen unsere Ankunft leider auf den 5. September verschieben.

Aus beruflichen Gründen bin ich gezwungen,
– die Reservierung rückgängig zu machen.
– meine Buchung zu stornieren.

Selbstverständlich behalten Sie die bereits geleistete Anzahlung.

Modèles de lettres

1 Vous cherchez un emploi au pair
Sie suchen eine Au-pair-Stelle

Monsieur et Madame Guy Bourdon
63, bd du Grand-Cerf
F-86000 Poitiers

Madame et Monsieur,

Bachelière, âgée de 18 ans, sans formation professionnelle, je suis à la recherche d'un emploi au pair d'une durée d'un an en France, pour mieux apprendre le français. J'ai relevé vos coordonnées sur une liste de familles d'accueil publiée par l'Alliance française.
Je vous serais donc reconnaissante de bien vouloir m'apporter quelques précisions concernant

a) ma participation aux tâches familiales et mes horaires de travail ;
b) la possibilité de suivre des cours de français dans votre ville ;
c) les repas offerts et les conditions de logement ;
d) les garanties sociales (assurance maladie-accident, congés, jours de repos) dont je bénéficierai ;
e) le montant de mon argent de poche mensuel et le remboursement des frais de déplacement.

Dans l'attente de vous lire prochainement, je vous prie de croire, Madame et Monsieur, à l'assurance de mes sentiments tout dévoués.

Mareike Innocenti

---

2 Vous désirez effectuer un séjour linguistique
Sie möchten einen Sprachaufenthalt verbringen

Alliance française
101, boulevard Raspail
F-75006 Paris

Madame, Monsieur,

Je viens de recevoir vos programmes portant sur les cours d'été et je vous en remercie. J'aimerais assister au cours intermédiaire IIa allant du 25 juillet au 15 août. En ce qui concerne le logement, je vous serais reconnaissant de me procurer l'adresse d'une famille d'accueil où je serais le seul à parler allemand.
Dans vos programmes, vous offrez la possibilité de participer aux activités sportives. Pourriez-vous préciser lesquelles sont comprises dans le prix forfaitaire du cours ?
Veuillez recevoir, Madame, Monsieur, mes salutations distinguées.

Timo Hattenberger

3 Vous écrivez à une auberge de jeunesse
Sie schreiben an eine Jugendherberge

Auberge de jeunesse
« Porte ouverte »
21, rue Parerie
F-29000 Quimper

Madame, Monsieur,

Nous sommes un groupe de 12 apprentis, 8 filles et 4 garçons, tous intéressés par une randonnée pédestre à travers la Bretagne. Nous vous serions reconnaissants de nous fournir les informations suivantes :
– Pourrons-nous passer la nuit du 1er au 2 août dans votre Auberge de jeunesse ?
– Combien de lits comprend chaque chambre ?
– Faut-il apporter son propre sac de couchage ?
– L'A.J. dispose-t-elle d'une cuisine où l'on peut préparer soi-même son repas ?
– A quelle heure faut-il être rentré le soir ?
– Pouvez-vous nous adresser un plan d'accès et nous indiquer si l'auberge est desservie par une ligne d'autobus ?
En vous remerciant par avance de bien vouloir nous répondre très rapidement, nous vous prions de recevoir, au nom de notre groupe, nos meilleures salutations.

Sabine Hartmann et Axel Holz

Exercices

1. Remplacez les chiffres par les expressions qui conviennent.

Monsieur le Président du comité de jumelage,
Depuis de longues années, notre **(1)** est jumelée avec la **(2)**.
Afin de reserrer les liens d'amitié franco-allemands, nous voudrions accueillir **(3)**, pendant le mois d'août, une étudiante germanisante. Elle pourra ainsi **(4)** son allemand et visiter notre **(5)** très pittoresque. Nous avons une fille de 18 ans qui se fera un **(6)** de l'initier à la planche à voile, si toutefois ce **(7)** l'intéresse.
Je vous adresse mes salutations amicales en **(8)** le plaisir de vous rencontrer lors des prochaines fêtes de **(9)**.

(1) maison / villa / ville
(2) leur / vôtre / votre
(3) avec nous / sur nous / chez nous
(4) parler / perfectionner / étudier
(5) région / lieu / pays

(6) joie / plaisir / déplaisir
(7) activité / sport / loisir
(8) recevant / espérant / attendant
(9) mariage / jumelage / fin d'année

2. Cet hiver, vous voulez passer avec un/e ami/e 2 semaines dans une station de ski. Un collègue de bureau vous a prêté le catalogue français « Vacances de neige », dans lequel vous avez trouvé ce qui vous plaît : l'Hôtel du Mont-Blanc (Réf. AR 3) à Megève. Prix : 280,- F par jour et par personne. Les conditions prévoient le versement d'un acompte de 25 % du montant du séjour.
Pour effectuer votre réservation, vous devez remplir la demande ci-dessous. Imaginez les détails qui vous manquent.

DEMANDE DE RESERVATION

Nom _____ Prénom _____ Age _____

Adresse _____

Ville _____ Code postal _____

Téléphone _____ Profession _____

○ Séjour hôtel   ○ Location   ○ Club

Période du _____ au _____

Observations particulières _____

Référence ou type _____

Nom de la station _____

Prix _____

Nombre de personnes _____

Verse ce jour _____ F. Date _____

Mode de règlement :   ○ C.C.P.   ○ Chèque bancaire   ○ En espèces

Comment avez-vous connu notre organisation ? _____

Je déclare avoir pris connaissance des conditions générales et particulières de vente.
Signature :

---

3. a) L'Hôtel des Alpes a reçu la réservation ci-dessous. Rédigez la réponse à PLAY JEU
en tenant compte des annotations apportées par le directeur de l'hôtel, M. Schmit.

PLAY JEU

5 rue du Puits-Salé
39000 LONS-LE-SAUNIER

Tél.: 84.24.19.10
C.C.P.: Lyon 94 27 43 C

Hôtel des Alpes
15 quai du Mont-Blanc
CH-12 111 GENEVE
SUISSE

N/Réf. :
Objet : Réservation de chambres

Lons-le-Saunier,
le 8 janvier 19 ..

Messieurs,

Quelques personnes de notre entreprise devant participer au
Salon international du Jouet, nous vous prions de bien vouloir
nous réserver :

980F

- 2 chambres à deux lits et 4 chambres à un lit avec salle de
  bains
  du 10 au 16 février compris ;

750F

*2 chambres à un
lit avec
douche (et WC)
seulement*

650 F

- une salle de réunion pour 10 personnes avec téléphone et
  appareil de photocopie
  du 10 au 16 février, de 8 h à 10 h. *500F*

*D'accord
Téléphone et
boissons
facturés en
plus*

Nous vous remercions de bien vouloir nous préciser vos conditions
pour ces réservations au plus tôt.

Veuillez agréer, Messieurs, nos meilleures salutations.

Le Directeur Commercial

*Demander confirmat.
le plus vite
possible -*

J. MULLER

---

b) Rédigez la confirmation de PLAY JEU sous forme de télex ou de télécopie.

4. Vous téléphonez à l'Office du Tourisme de Deauville. Vous entendez un message sur répondeur :

« Bonjour. Vous êtes en communication avec le répondeur-enregistreur de l'Office du Tourisme de Deauville. Nos bureaux sont actuellement fermés, mais vous pouvez formuler une demande d'information. Veuillez énoncer clairement vos nom, prénom et adresse dès que vous entendrez le top sonore. La réponse vous parviendra rapidement. Nous vous remercions de votre appel. »

Vous demandez qu'on vous envoie une liste des studios à louer, comportant l'adresse et le numéro de téléphone des propriétaires. Comme vous voulez passer des vacances au calme et que vous ne connaissez pas encore la région, vous priez l'Office de vous indiquer les studios situés dans les endroits les moins bruyants.

5. M. Lapierre réserve par télégramme et envoie un mandat-poste.
Rédigez la confirmation de Mme Grassl.

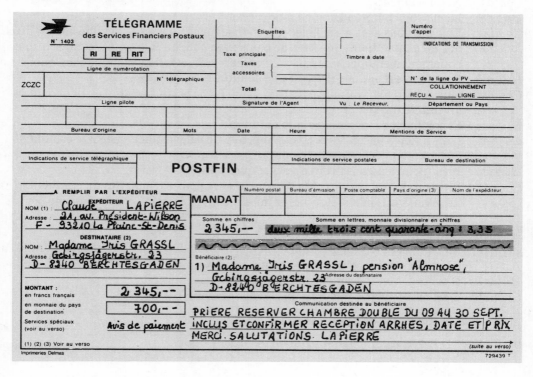

6. Lisez cette conversation téléphonique :

Hübsch : Bonjour, Madame – Barbara Hübsch à l'appareil. Je vous téléphone d'Allemagne. Je viens de recevoir le guide des meublés de l'Office du tourisme de votre région. Vous avez une petite villa à louer, c'est exact ?

Coquet : Oui, en effet. Il s'agit plutôt d'un mas comme on ne les rencontre qu'en Provence.

Hübsch : Ah oui, c'est très joli ! Il est encore libre ?

Coquet : Eh bien, écoutez, vous voudriez venir quand et pour combien de temps ?

Hübsch : A dire vrai, je ne suis pas encore tout à fait fixée … Fin août, début septembre, par là …

Coquet : Oh, tout est pris pendant cette période. Par contre, il me resterait quelque chose du 15 au 30 septembre – mais il faudra vous décider rapidement, car les demandes affluent.

Hübsch : On peut encore se baigner au mois de septembre ?

Coquet : Bien sûr. L'eau est bonne et la Provence est magnifique en automne.

Hübsch : Bon, et vous demandez combien ?

Coquet : 1 500 F la semaine, toutes charges comprises.

Hübsch : Eau, électricité et taxe de séjour incluses ?

Coquet : Oui, et même le gaz, puisque la cuisine est équipée d'un four à gaz. Je fournis aussi tout le linge de maison : serviettes, essuie-vaisselle, draps et couvertures.

Hübsch : Magnifique !

Coquet : Eh oui, comme ça, vous n'aurez plus qu'à emporter vos affaires personnelles. Vous êtes combien de personnes ?

Hübsch : Nous sommes quatre … et un petit chien. Vous acceptez les animaux ?

Coquet : Naturellement.

Hübsch : La maison comprend combien de pièces ?

Coquet : Eh bien, vous avez une chambre à coucher avec un grand lit et une autre à deux lits, un grand séjour, une salle de bains avec douche et le W.-C., et une cuisine entièrement équipée : vaisselle, machine à café, etc. Il ne manque rien, quoi.

Hübsch : Formidable. Faudra-t-il verser une caution ?

Coquet : Oui. A l'arrivée, vous me remettrez 1 500 F que je vous rendrai au départ après inventaire.

Hübsch : Et comment ça se passe pour le nettoyage ?

Coquet : Il n'y a rien à payer. Vous passez un coup de balai avant de partir, c'est tout. J'ai quelqu'un qui s'occupe du ménage.

Hübsch : Bien. Pourriez-vous m'envoyer quelques photos ?

Coquet : Bien sûr. Je vous les envoie rapidement avec deux exemplaires du contrat de location. Vous m'en retournerez un, s'il vous plaît, signé et accompagné des photos.

Hübsch : Entendu. Faut-il verser des arrhes ?

Coquet : Eh bien, oui : 1/3 du montant du séjour, donc 1 000 F. D'ailleurs tout est noté sur les papiers que je vous ferai parvenir cet après-midi même.

Hübsch : D'accord. Merci beaucoup, Madame, et bonne journée.

Coquet : C'est moi qui vous remercie. Au revoir, Madame.

a) Relevez les réponses de Mme Coquet.

b) Rédigez la lettre accompagnant l'envoi de Mme Coquet.

7. Traduisez en français.

a) Auch dieses Jahr möchten wir wieder an der Internationalen Pariser Autofachmesse teilnehmen. Wir bitten Sie daher, uns wie gewohnt einen Stand in Halle C III zu reservieren und uns dies umgehend zu bestätigen. Wir bitten Sie außerdem, Ihrer Bestätigung die Dauereintrittskarten für Aussteller beizulegen.

b) Wir freuen uns zu hören, daß es Ihnen letzten Sommer in unserem Hotel gefallen hat und daß Sie Ihren nächsten Urlaub wieder bei uns verbringen möchten.
Leider sind alle unsere Zimmer im August bereits ausgebucht. Wir könnten Ihnen aber in der Zeit vom 1. – 15. September ein Doppelzimmer mit Balkon anbieten. Ansonsten

empfehlen wir Ihnen das Hotel „Au soleil", das ganz in der Nähe gelegen ist und von unserem Schwiegersohn geführt wird. Dort sind für den gewünschten Zeitraum noch Zimmer frei. Wir raten Ihnen, sich schnell zu entschließen.

8. **Rédigez des lettres d'après les données qui suivent :**

a) – Sie sind Handelsvertreter und haben sich für eine Kur angemeldet. Sie reservieren ein Zimmer für drei Wochen (vom 5. bis einschließlich 26. Oktober) im Hôtel du Parc (4, avenue du Parc in F-03206 Vichy).
  – Am 30. September sind Sie aus beruflichen Gründen gezwungen, die vorgesehene Kur zu verschieben.
  – Antwort des Hotels: Sie hätten Ihre Abbestellung früher mitteilen sollen. Für das Zimmer kann es keinen anderen Mieter finden. Es verlangt eine Entschädigung, die äußerst niedrig berechnet ist (8 Übernachtungen). Sie werden gebeten, die Rechnung bald zu begleichen.

b) Sie sind Trainer *(entraîneur)* der Jugendmannschaft des Fußballvereins VfB Ludwigsburg und möchten mit der Mannschaft eine Woche in Grenoble verbringen. Von der Fédération unie des Auberges de jeunesse, Paris, haben Sie die Anschrift der Jugendherberge Grenoble erhalten. Sie fragen bei dieser an, ob vom 14. – 21. Juni 13 Betten frei sind, ob Sie als Trainer ein Einzelzimmer bekommen können, was der Aufenthalt pro Person und Tag kostet, welche Sportaktivitäten in der Nähe möglich sind. Sie werden mit der Bahn anreisen und möchten wissen, ob die Jugendherberge zu Fuß oder mit öffentlichen Verkehrsmitteln gut zu erreichen ist.

c) Sie haben diese Anzeige vom Seminarhotel „Ambiance" gelesen:

Sie fragen an, ob Sie für eine Vertretertagung vom 7. – 9. November 12 Einzelzimmer und einen Besprechungsraum mit Overheadprojektor und Videogerät reservieren können. Sie bitten um ein Pauschalangebot und stellen bei Zufriedenheit weitere Tagungen in Aussicht. Sie weisen darauf hin, daß die Mahlzeiten pünktlich serviert werden sollen, und erkundigen sich, welche Anreisemöglichkeiten mit der Bahn bestehen.

Monsieur et Madame Delsol
sont heureux de vous faire part du mariage
de leur fils Marc avec Lucie Lebon.

Le mariage sera célébré le 21 décembre 1991.
à 15 heures, en l'église Saint-Jacques.
12 chemin Vert. Montpellier.

M. et Mme Delsol
128. avenue de Lodève
34000 Montpellier

Quelle belle surprise !
papa et maman m'ont offert un petit frère,
Alexandre

Stéphanie Desbois
9, rue d'Armagnac
33000 Bordeaux

Monsieur et Madame Dorange

ont la joie de vous annoncer
la naissance de

Sébastien

le 30 septembre 1991.

Résidence « Beau Soleil »
Allée des Pins, 13009 Marseille

LA FAMILLE ROUSSON

vous fait part du décès de Monsieur Julien ROUSSON
le 2 octobre 1991, dans sa 69e année.

Les obsèques auront lieu dans la plus stricte intimité.

MADAME JULIEN ROUSSON
12, rue Gavarni
75016 Paris

3 Höflichkeitsschreiben –
Les lettres de courtoisie

Dieses Kapitel enthält Vorschläge für Schreiben zu verschiedenen geschäftlichen und privaten Anlässen:
- Rundschreiben, um z. B. die Eröffnung oder Verlegung von Geschäftsräumen bekanntzugeben oder um einen neuen Geschäftsführer/Vertreter vorzustellen,
- Einladungen z. B. zu einer Feier oder einer Ausstellung,
- Glückwünsche zum Geburtstag, zur Hochzeit, zum Jubiläum oder zur Beförderung, Weihnachts- und Neujahrswünsche, Genesungswünsche,
- Beileidsschreiben,
- Dankschreiben.

1. Communications

a) La création/dissolution d'une firme

Dans le cadre de l'expansion de nos activités en France, nous avons
- créé (= fondé) à Nancy une filiale, sous la raison sociale IMPEC.
- organisé un réseau de distributeurs dans la région parisienne.
- repris, depuis le 1er mars, les Verreries Valentin.

Voyant l'importance de la demande dans votre région, nous avons
- implanté un point de vente dans la banlieue de Montluçon.
- installé une usine de montage dans la zone industrielle de Pau.
- acheté l'usine Manuflix.

Nous espérons
- vous compter prochainement parmi nos clients.
- grâce à notre présence en votre ville, pouvoir vous servir encore plus promptement qu'à l'accoutumée.

Notre entreprise sera dissoute/fermera ses portes le 30 novembre.

La Société fiduciaire Miran procédera à sa liquidation.

1. Mitteilungen

a) Gründung/Auflösung einer Firma

Im Rahmen unserer zunehmenden Aktivitäten in Frankreich haben wir
- in Nancy eine Tochterfirma mit dem Namen IMPEC gegründet.
- im Einzugsgebiet von Paris ein Vertriebsnetz aufgebaut.
- ab 1. März die Glasbläserei Valentin übernommen.

Aufgrund der großen Nachfrage in Ihrer Region haben wir
- im Einzugsgebiet von Montluçon eine Verkaufsstelle gegründet.
- im Industriegebiet von Pau ein Montagewerk installiert.
- das Manuflix-Werk aufgekauft.

Wir hoffen,
- Sie bald als neuen Kunden begrüßen zu dürfen.
- Sie durch unsere Präsenz vor Ort noch schneller bedienen zu können.

Unsere Firma wird am 30. November aufgelöst/ihre Türen schließen.

Die Treuhandgesellschaft Miran wird die Liquidation durchführen.

b) Un déménagement

Nous vous signalons que nous quittons Halle pour Berlin le 4 mai.

Notre magasin « Beauty » sera transféré dans la Hauptstrasse 10.

Nous venons d'emménager dans de nouveaux locaux situés à Krefeld.

Dès maintenant, nous vous prions de faire suivre votre courrier à notre nouvelle adresse.

c) Un nouveau dirigeant/fondé de pouvoir/représentant

A la suite du décès de M. Alt, nos affaires seront reprises par M. Jung.

M. Lepic nous a quittés pour des raisons de santé.

Nous avons confié, depuis lors, le soin de diriger le service Ventes à Mme Bérangère Poirier.

Votre région est maintenant desservie par M. Guérin.

Notre Conseil d'Administration a nommé Mme Pommier fondé de pouvoir.

Nous lui conférons procuration générale pour toutes nos affaires.

2. Les convocations et invitations

L'Assemblée Générale aura lieu le 3 mars à 9 h ; nous vous convions à y assister.

Vous êtes tous conviés à un « pot d'honneur » entre collègues pour fêter l'ouverture de notre nouvelle filiale située Sonnenstr. 4.

A l'occasion de la Foire du Jouet, nous avons le plaisir d'inviter tous nos correspondants à souper au « Bœuf d'Or » le … à 19 heures.

b) Umzug

Wir teilen Ihnen mit, daß wir am 4. Mai von Halle nach Berlin umziehen.

Unser Geschäft „Beauty" wird in die Hauptstraße 10 verlegt.

Wir sind gerade in neue Geschäftsräume in Krefeld eingezogen.

Wir bitten Sie, Ihre Post ab sofort an unsere neue Anschrift zu senden.

c) Neuer Geschäftsführer/Prokurist/Vertreter

Nach dem Ableben des Herrn Alt werden unsere Geschäfte von Herrn Jung weitergeführt.

Herr Lepic hat uns aus gesundheitlichen Gründen verlassen.

Seitdem haben wir Frau Bérangère Poirier mit der Führung der Verkaufsabteilung beauftragt.

Ihr Gebiet wird jetzt von Herrn Guérin versorgt/betreut.

Unser Verwaltungsrat hat Frau Pommier zur Prokuristin ernannt.

Wir verleihen ihm/ihr Generalvollmacht für all unsere Geschäfte.

2. Einladungen

Die Generalversammlung findet am 3. März um 9 Uhr statt; wir laden Sie dazu ein.

Anläßlich der Eröffnung unserer neuen Filiale in der Sonnenstr. 4 laden wir Sie zu einem Umtrunk im Kreise unserer Mitarbeiter ein.

Anläßlich der Spielwarenmesse laden wir unsere Geschäftsfreunde zu einem gemeinsamen Abendessen im „Goldenen Ochsen" am … um 19 Uhr ein.

Vous êtes tous deux invités à cette réception/ce vernissage.

Ihr seid beide zu diesem Empfang/dieser Vernissage eingeladen.

Nous vous invitons bien cordialement à notre 10ᵉ anniversaire de mariage.

Wir laden Euch/Sie ganz herzlich zu unserem 10. Hochzeitstag ein.

Nous avons la joie de vous convier
– à la communion de Ralf.
– au baptême de Sandrine.
– au dîner que nous offrons en l'honneur de nos fiançailles.

Wir freuen uns, Euch/Sie
– zu Ralfs Kommunion
– zu Sandrines Taufe
– zum Festessen anläßlich unserer Verlobung
einladen zu dürfen.

Les obsèques auront lieu dans la plus stricte intimité.

Die Trauerfeier findet im engsten Familienkreis statt.

La messe de mariage sera célébrée le 12 mai à 15 heures, en l'église Saint-Paul d'Aix-la-Chapelle.

Die Hochzeitsmesse wird am 12. Mai um 15 Uhr in der Pauluskirche in Aachen gefeiert.

Tu es cordialement invité/e à déjeuner/dîner avec nous dimanche prochain.

Du bist nächsten Sonntag herzlich zum Mittagessen/Abendessen eingeladen.

Nous serions très heureux
– de vous recevoir.
– de vous compter parmi nos hôtes.

Wir würden uns sehr freuen,
– Sie zu empfangen.
– Sie zu unseren Gästen zählen zu können.

J'ai deux lits de camp/sacs de couchage et je peux vous héberger.

Ich habe zwei Klappbetten/Schlafsäcke und kann Euch unterbringen.

Indiquez-moi votre heure d'arrivée afin que je puisse venir vous chercher à la gare.

Teilen Sie mir Ihre Ankunftszeit mit, so daß ich Sie vom Bahnhof abholen kann.

Pour que vous ne vous égariez pas en cours de route, je vous joins un plan d'accès.

Damit Ihr Euch unterwegs nicht verfahrt, habe ich meinem Brief eine Skizze beigelegt.

3. Les vœux de fin d'année

3. Weihnachts- und Neujahrswünsche

Martin et Silke Fuchs vous présentent leurs vœux de bonne et heureuse année.

Alles Gute im Neuen Jahr wünschen Euch/Ihnen Martin und Silke Fuchs.

Je vous adresse mes vœux les plus sincères et ma fidèle affection à l'occasion de la nouvelle année.

Ich wünsche Euch/Ihnen alles Gute und Liebe für das Neue Jahr.

Nous vous adressons tous nos vœux de bonheur pour la nouvelle année.

Zum Jahreswechsel wünschen wir Euch/Ihnen viel Glück.

Que 19.. vous apporte santé, bonheur et prospérité.

Möge Euch/Ihnen 19.. Gesundheit, Glück und Erfolg bringen.

Stefan Meise vous présente ses meilleurs vœux au seuil de cette année nouvelle.

Die besten Wünsche zum bevorstehenden Jahreswechsel übermittelt Ihnen Stefan Meise.

4. Les félicitations

Je te souhaite (un) joyeux anniversaire.

Permettez-moi de formuler les vœux les plus chaleureux à l'occasion de votre anniversaire.

C'est avec une grande joie que j'ai reçu ton faire-part de mariage et je m'empresse de t'adresser mes plus vives félicitations.

C'est avec grand plaisir que j'ai appris la naissance de votre fille Anne.

Je te félicite pour ta promotion et te souhaite de réussir dans tes nouvelles tâches.

Mes collègues et moi-même vous adressons nos sincères félicitations
– pour cette promotion.
– à l'occasion de vos noces d'or.

Nous portons un toast à l'occasion du 50ᵉ anniversaire de votre entreprise et vous souhaitons ainsi qu'à vos assistants un avenir couronné de succès.

5. Les vœux de rétablissement

Nous te souhaitons (un) prompt rétablissement et espérons te revoir très bientôt à nos côtés/au bureau.

Nous avons appris que vous avez été opéré/e ; nous espérons que tout s'est très bien passé et que vous êtes en bonne voie de guérison.

6. Les condoléances

Nous avons été très attristés/très bouleversés d'apprendre le décès de votre femme.

Nous partageons votre peine et vous prions de recevoir nos sincères condoléances.

Permettez-moi de vous exprimer toute ma sympathie en ces moments si douloureux.

4. Glückwünsche

Ich wünsche Dir alles Gute zum Geburtstag.

Gestatten Sie mir, Ihnen anläßlich Ihres Geburtstages die herzlichsten Glückwünsche auszusprechen.

Deine Heiratsanzeige habe ich mit großer Freude erhalten. Ich gratuliere Dir ganz herzlich.

Mit großer Freude habe ich von der Geburt Eurer Tochter Anne erfahren.

Ich gratuliere Dir zu Deiner Beförderung und wünsche Dir für Deine neue Aufgabe viel Erfolg.

Meine Kollegen und ich gratulieren Ihnen herzlich
– zu dieser Beförderung.
– zur goldenen Hochzeit.

Wir möchten Ihnen unsere Glückwünsche zum 50. Firmenjubiläum übermitteln und wünschen Ihnen und Ihren Mitarbeitern weiterhin viel Erfolg.

5. Genesungswünsche

Wir wünschen Dir gute Besserung und hoffen, daß Du bald wieder bei uns bist.

Wir haben erfahren, daß Sie sich einer Operation unterziehen mußten. Wir hoffen, daß Sie alles gut überstanden haben, und wünschen Ihnen gute Genesung.

6. Beileid

Die Nachricht vom Tod Ihrer Frau hat uns sehr traurig gestimmt/tief bewegt.

Wir teilen Ihren Schmerz und möchten Ihnen unser herzliches Beileid aussprechen.

Erlauben Sie mir, Ihnen mein tiefstes Mitgefühl für diese schmerzliche Zeit auszudrükken.

7. Les remerciements

Je tenais à vous remercier encore pour cet agréable séjour.

Je vous remercie de tout cœur de l'excellente soirée que nous avons passée en votre compagnie/chez vous.

Nous vous remercions vivement de tous vos vœux de bonheur ainsi que pour les fleurs que vous nous avez envoyées.

J'ai été très touché/e par vos preuves d'amitié lors du décès de mon père.

Le superbe cadeau d'anniversaire que tu as choisi pour moi me plaît beaucoup et je t'en remercie du fond du cœur.

Mille fois merci pour votre gentillesse.

7. Dankschreiben

Ich wollte Ihnen noch für diesen schönen Aufenthalt danken.

Für den netten Abend, den wir mit/bei Euch verbracht haben, möchte ich mich noch einmal herzlich bedanken.

Für die vielen Glückwünsche und Blumen, die wir erhalten haben, danken wir allen sehr herzlich.

Eure Anteilnahme am Tod meines Vaters hat mich sehr gerührt.

Das tolle Geburtstagsgeschenk, das Du für mich ausgesucht hast, gefällt mir sehr; ich danke Dir dafür von ganzem Herzen.

Vielen herzlichen Dank für Ihre Liebenswürdigkeit.

Modèles de lettres

1 Vous présentez votre nouveau concessionnaire
Sie stellen Ihren neuen Vertragshändler vor

GALANT Deutschland GmbH
Edisonstraße 41
D-6457 Maintal

Messieurs,

Pour assurer un meilleur service à nos clients, notre réseau de distributeurs agréés vient d'être complété ; votre pays est maintenant desservi par :

Valentin ESTETIC
Westendstraße 78
D-6000 Frankfurt/M

Pour l'avenir, nous transmettrons donc vos ordres à M. Valentin qui prendra contact avec vous dans les prochains jours.
Ce concessionnaire exclusif tient en permanence à votre disposition un stock diversifié de nos différents produits et est en mesure de vous proposer une assistance technique et commerciale adaptée à vos souhaits.
Nous sommes certains que, dans cette nouvelle organisation, vous apprécierez la rapidité de nos services de livraison et la possibilité de recourir aux conseils d'un spécialiste.
Veuillez agréer, Messieurs, l'expression de nos sentiments dévoués.

Le Directeur commercial,
A. Piel

---

2 Invitation à un mariage
Einladung zur Hochzeit

Chers amis,

Comme le temps des fiançailles ne peut durer éternellement, nous avons décidé de nous mettre la « corde au cou ». Vous avez bien compris : nous allons nous marier.
Le grand jour est prévu le 20 juin en l'église de Rosenheim. Vous êtes cordialement invités à assister à cette cérémonie ainsi qu'au « festin » qui la prolongera. Nous prononcerons le « oui » fatidique devant Monsieur le Maire, le vendredi 19 à 11 heures. Répondez-nous vite pour nous dire si nous pouvons compter sur votre présence.
Nous vous embrassons. Amicalement,

Rosi et Sepp

3 Félicitations pour un mariage
Glückwünsche zur Hochzeit

Mon cher Didier,

Grande a été notre joie lorsque nous avons reçu ton faire-part nous annonçant ton mariage. Petra se joint à moi pour t'adresser toutes nos félicitations. Inutile de te dire que nous trouverons le moyen de nous libérer pour assister à la cérémonie. D'ici là, je compte sur toi pour me suggérer discrètement le genre de cadeau qu'il plairait à Annick de recevoir.
Amitiés,

ton ami Stefan

4 Félicitations à l'occasion d'un jubilé d'entreprise
Glückwünsche zu einem Firmenjubiläum

Monsieur Guillaume Fougère
Président du Conseil d'Administration
Câbleries et Tréfileries Auvergnates
F-63000 Clermont-Ferrand

Monsieur le Président, cher Monsieur,

Je tiens beaucoup à vous exprimer la joie que j'ai eue de participer au 50e anniversaire de votre Maison ; je suis persuadé que tous vos convives garderont, comme moi, l'excellent souvenir d'une réception remarquablement organisée.
A l'occasion de ce jubilé, je tiens à vous dire combien j'ai toujours admiré le dynamisme de votre firme qui a contribué à la bonne réputation de l'industrie française et allemande à l'étranger.
Je joins à mes félicitations mes vœux pour que les cinquante prochaines années vous soient tout aussi prospères et vous apportent le même succès dans vos entreprises.
Veuillez croire, Monsieur le Président, cher Monsieur, à l'expression de mes sentiments cordiaux.

Uwe Schmitt

5 Condoléances
Beileid

Très chère amie,

Nous avons été profondément attristés d'apprendre le décès subit de votre mari. Qu'il nous soit permis aujourd'hui de vous exprimer toute notre sympathie en ces moments si douloureux.

De Léon nous retiendrons le souvenir d'un grand gaillard souriant, énergique et toujours prêt à aider autrui. C'est pourquoi nous mesurons toute l'étendue de votre désespoir.

Quand vous éprouverez le besoin de repos, sachez que notre porte vous est grande ouverte et que vous pouvez compter sur notre amitié pour vous aider à passer ce cap difficile. Affectueusement vôtres.

Jochen et Anita Schmiedheiny

Exercices

1. Remplacez les chiffres par les mots qui conviennent.

Chère Carole, cher Yannick,
Kristina et moi avons été très **(1)** par votre invitation. **(2)** fois merci pour votre gentillesse. Vous savez que ma **(3)** de pilote m'oblige à me **(4)** régulièrement ; c'est pourquoi il ne nous sera pas possible de nous **(5)** à vous, ce que nous **(6)** beaucoup. Nous serons cependant de **(7)** avec vous. **(8)** pensées.

- **(1)** bouleversés / touchés / gais
- **(2)** Dix / Cent / Mille
- **(3)** métier / poste / profession
- **(4)** déplacer / voyager / partir
- **(5)** venir / joindre / voir
- **(6)** aimons / apprécions / regrettons
- **(7)** tout cœur / toute façon / cette manière
- **(8)** Amitiés / Amicalement / Amicales

2. Traduisez en français.

a) Wir teilen Ihnen mit, daß wir unseren Prokuristen, Herrn Paul Lang, als Gesellschafter aufgenommen haben. Nunmehr heißt unsere Firma

> Klein, Groß & Lang

Frau Marika Rund haben wir die frühere Prokura des Herrn Lang übertragen.
Wir wären Ihnen sehr dankbar, wenn Sie das der bisherigen Firma entgegengebrachte Vertrauen auch der neuen schenken würden.

b) Nach kurzer Krankheit ist meine Frau, die Inhaberin der Firma Joos & Co., plötzlich verstorben. Da ich mich selber keiner guten Gesundheit erfreue, bin ich gezwungen, das Geschäft aufzulösen. Ich habe Herrn Günter Mopp mit der Liquidation betraut. In allen diesbezüglichen Angelegenheiten wenden Sie sich bitte an ihn. Ich danke Ihnen noch einmal für das Vertrauen, das Sie unserer Firma stets entgegengebracht haben.

3. Vous recevez le carton d'invitation suivant :

> *Monsieur et Madame Saturnin*
> *seraient heureux de vous compter parmi leurs hôtes au dîner*
> *qu'ils offrent en l'honneur de leur 25ᵉ anniversaire de mariage.*
> *Le 18 septembre à 20 heures*
> *au 61, rue du Château*
> *37100 Tours*

Les Saturnin sont des gens qui vous sont antipathiques, mais que vous ne pouvez pas vous permettre de froisser. Rédigez une lettre dans laquelle vous vous excusez de ne pouvoir accepter leur invitation.

4. Une amie qui vient d'ouvrir un magasin vous a envoyé le télégramme suivant :

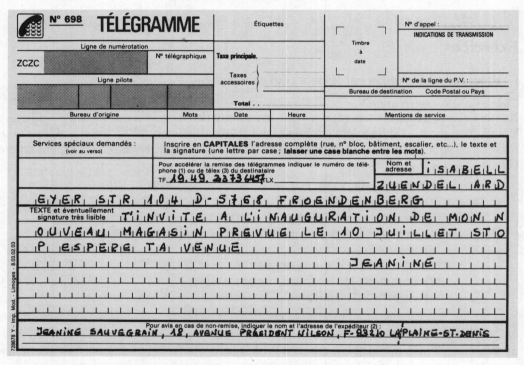

Répondez-lui que vous participerez avec plaisir à l'inauguration.

5. Vous adressez vos vœux pour la nouvelle année à l'un de vos anciens employeurs en France. Rédigez une lettre très brève et trouvez la formule de politesse adaptée.

6. Répondez aux faire-part de la page 242.

7. Sie schreiben an die Firma Souplex in Dijon, in der Sie ein dreimonatiges Praktikum absolviert haben. Sie bedanken sich für die freundliche Aufnahme und erinnern sich gern an diese Zeit zurück, in der Sie viel Neues gelernt haben.

Glossar der französischen Handelssprache

Französisch – Deutsch

A

à l'attention (f) de	zu Händen von
abaisser	senken
abonné/e	Abonnent, Teilnehmer/in
accéder à	entsprechen, nachkommen
acceptation (f)	Annahme
accepter	annehmen
accommodement (m)	Ausgleich
accomplir	durchführen, erledigen
accomplissement (m)	Durchführung, Erledigung
accord (m)	Zustimmung
accorder	gewähren
accréditif (m)	Akkreditiv
accueil (m)	Empfang
accueillir	empfangen
accusé (m) de réception	Empfangsbestätigung
accuser réception (f)	Erhalt bestätigen
achat (m)	Kauf
acheminement (m) (de la marchandise)	Güterbeförderung
acheminer	befördern
acheteur/-euse	Käufer/in
acompte (m)	Anzahlung
acomptes (payer par …)	(in) Raten (zahlen)
s'acquitter (d'une dette)	(eine Schuld) begleichen
action (f) en justice	Gerichtsverfahren
activités (f)	Aktivitäten
admettre	annehmen; zugestehen
adresser (à)	senden, schicken
aérien/ne	Luft-
affaires (f)	Geschäfte
affréter	chartern
agence (f)	Agentur
agent (m) commercial	Handelsvertreter
altéré/e	verdorben
ambassade (f)	Botschaft
amiable (à l'…)	gütlich
amortissement (m)	Tilgung
ampleur (f)	Umfang; Größe
annexes (f)	Anlagen
annuel/le	Jahres-, jährlich
annulation (f)	Annullierung
annuler	annullieren, stornieren
anticipation (f) de paiement	Vorauszahlung
anticipé/e	im voraus, Voraus-
appel (m)	Anruf
appel (m) d'offres	Angebotsausschreibung
appeler	anrufen

approvisionnement (m)	Versorgung; Warenvorrat
s'approvisionner	sich eindecken
armement (m)	Reederei
arrhes (f pl)	Anzahlung
arriéré (m)	ausstehende Zahlung
arrimer	verstauen
arrivée (f)	Ankunft, Eingang
assemblée (f) générale	Generalversammlung
assermenté/e	vereidigt
assistant/e	Mitarbeiter/in
s'associer	sich zusammenschließen
assortiment (m)	Auswahl
assumer (responsabilité)	übernehmen, tragen
assurance (f)	Versicherung
assuré/e	versichert; Versicherte/r
assurer	versichern; zusichern; vornehmen
atelier (m)	Werkstatt
attente (f)	Erwartung
attention (f)	Aufmerksamkeit
attestation (f) (de prise en charge)	(Spediteur-Übernahme-) Bescheinigung
augmentation (f)	Erhöhung
augmenter	erhöhen; zunehmen
autorisé/e	berechtigt
avance (à l'/d'/par …)	im voraus
avantageux/-euse	vorteilhaft, günstig
avarie (f)	Schaden, Havarie
avenant (m)	Zusatzvertrag
avion (m) (par …)	(mit) Luftpost, -fracht
avis (m)	Anzeige; Benachrichtigung
avis (m) de crédit	Gutschriftanzeige
avis (m) de paiement	Zahlungsanzeige
avis (m) d'expédition	Versandanzeige
aviser	benachrichtigen; anzeigen
avocat/e	Rechtsanwalt/-anwältin
avoir (m)	Gutschrift; Haben

B

baisse (f)	Senkung; Baisse
baisser	senken
bancaire	Bank-
bénéficier de	Nutzen ziehen aus
besoin (m)	Bedarf
bidon (m)	Kanister
bien-fondé (m)	Richtigkeit
bienveillance (f)	Wohlwollen
bilan (m)	Bilanz

billet *(m)* à ordre — Solawechsel
boîte *(f)* — Schachtel
boîte *(f)* postale — Postfach
bon *(m)* de commande — Bestellschein
bon *(m)* de livraison — Lieferschein
bon *(m)* de réception — Empfangsschein
bon *(m)* d'expédition — Versandnachweis
bonifier — vergüten
bord *(m)* (à …) — (an) Bord
bordereau *(m)* de livraison — Abliefernachweis
branche *(f)* (d'activité) — (Geschäfts-)Zweig
brevet *(m)* (d'invention) — Patent
bulletin *(m)* de commande — Bestellschein
bureautique *(f)* — Bürokommunikation

C

cadre *(m)* — leitende/r Angestellte/r
cageot *(m)* — Kiste
caisse *(f)* — Kiste
calculer — (be)rechnen; kalkulieren
calcul(s) *(m)* — Berechnung; Kalkulation
cale *(f)* — Schiffs-, Laderaum
camion *(m)* (isotherme) — (Kühl-)Lkw
candidature *(f)* — Bewerbung
capacité *(f)* — Fassungsvermögen
capital *(m)* (social) — (Gesellschafts-)Kapital
cargaison *(f)* — Ladung
cargo *(m)* — Frachter
caution *(f)* — Kaution
Cedex — *(siehe Abkürzungen)*
certificat *(m)* d'avarie — Havariebescheinigung
certificat *(m)* de circulation des marchandises — Warenverkehrsbescheinigung
certificat *(m)* d'origine — Ursprungszeugnis
certificat *(m)* sanitaire — Gesundheitsbescheinigung
chaîne *(f)* de fabrication — Fließband
chambre *(f)* de commerce et d'industrie — Industrie- und Handelskammer
champ *(m)* de foire — Messegelände
charbonnier *(m)* — Kohlenschiff
charge *(f)* (à la … de) — Last; zu Lasten von
charge *(f)* complète — Komplettladung
chargé/e de — zuständig für
chargement *(m)* — Ladung
charger — (be-, ver)laden
charger de — beauftragen mit
charges *(f)* (accessoires) — (Neben-)Kosten
charte-partie *(f)* — Charterpartie
chef *(m)* de vente (régional) — (Gebiets-)Verkaufsleiter/-in
chef *(m)* d'entreprise — Unternehmer/in
chef *(m)* du personnel — Personalchef, -leiter/in
chemin(s) *(m)* de fer — Eisenbahn
chèque *(m)* (barré) — (Verrechnungs-)Scheck

chiffre *(m)* d'affaires — Umsatz
choix *(m)* — Auswahl
ci-joint — anbei, als Anlage
circulaire *(f)* — Rundschreiben
circulaire-réclame *(f)* — Werbebrief
circuler — verkehren
client/e — Kunde/-in
clientèle *(f)* — Kundschaft
code *(m)* postal — Postleitzahl
colis *(m)* — Paket; Frachtstück
colis *(m)* express (par …) — (als) Expreßgut
commande *(f)* — Bestellung
commande *(f)* d'essai — Probeauftrag
commander — bestellen
commerce *(m)* — Handel; Geschäft
commissaire *(m)* d'avarie(s) — Havariekommissar
commission *(f)* — Provision; Kommissionsgeschäft; Kommission
faire une commission — ausrichten
commissionnaire *(m)* de transport — Spediteur
commissionnaire *(m)* en douane — Zollspediteur
commodité *(f)* — Nutzen
communication *(f)* — Mitteilung; Verbindung
communiquer — mitteilen
compagnie *(f)* (d'assurance) — (Versicherungs-)Gesellschaft
compagnie *(f)* maritime — Reederei
compensation *(f)* — Ausgleich
compenser — ausgleichen
compétence *(f)* — Zuständigkeit; Kompetenz
compétent/e — zuständig
compétitif/-ive — konkurrenzfähig
complémentaire — zusätzlich
compléter — vervollständigen
compris/e — inbegriffen, inklusive
comptant (au …) — bar
règlement *(m)* comptant — Barzahlung
compte *(m)* (courant) — (Giro-)Konto
compte *(m)* chèque postal — Postscheckkonto
compter (sur) — berechnen; rechnen (mit)
concéder — gewähren; einräumen
concession *(f)* — Zugeständnis
conclure — abschließen
concurrence *(f)* — Konkurrenz
concurrent/e — Mibewerber/in
concurrentiel/le — konkurrenzfähig
condition *(f)* — Bedingung
conditionnement *(m)* — Verpackung
conditionner — verpacken
conférer — übertragen, übergeben
confidentiel/le (strictement …) — (streng) vertraulich
confier — anvertrauen; beauftragen
confirmation *(f)* — Bestätigung

confirmer	bestätigen
conformément à	gemäß, laut
connaissement *(m)* fluvial	Ladeschein
connaissement *(m)* (maritime)	(See-)Konnossement
consciencieux/-euse	zuverlässig
conseil *(m)* d'administration	Verwaltungsrat
consentir	einräumen; zustimmen
considération *(f)* (prendre en …)	berücksichtigen
constater	feststellen
constituer	bilden; anlegen
conteneur *(m)* (isotherme)	(Kühl-)Container
contestation *(f)*	Streitfall
contester	beanstanden
contracter	abschließen
contrat *(m)* (de vente)	(Kauf-)Vertrag
contre-proposition *(f)*	Gegenvorschlag
contre-valeur *(f)*	Gegenwert
convenance *(f)* (à votre …)	(nach Ihrem) Belieben
convenir (de)	vereinbaren
convocation *(f)*	Vorladung
coopérer	zusammenarbeiten
coordonnées *(f pl)*	Anschrift
correspondancier/-ière	Korrespondent/in
correspondant/e	Gesprächspartner/in
coup *(m)* de fil/téléphone	(Telefon-)Anruf
coupon-réponse *(m)* international	internationaler Antwortschein
courant (ct)	dieses Monats
courrier *(m)*	Brief, Post
coût *(m)*	Preis; Kosten; Gebühr
couverture *(f)*	Deckung
couvrir	decken
créances *(f)*	Forderungen, Außenstände
créancier *(m)*	Gläubiger
création *(f)*	Kreation; Gründung
crédit *(m)*	Kredit; Zahlungsziel
crédit *(m)* documentaire	Dokumentenakkreditiv
créditer	gutschreiben
créer	gründen
curriculum *(m)* vitae	Lebenslauf

D

dangers *(m)* (de mer)	(See-)Gefahren
déballage *(m)*	Auspacken
débarquement *(m)*	Löschen *(von Gütern)*
débarquer	löschen
débiter	belasten
débiteur *(m)*	Schuldner
débouché *(m)*	Absatz(markt)
déchargement *(m)*	Ausladen

décharger	ausladen
déclaration *(f)* de sinistre	Schadensmeldung
déclaration *(f)* d'exportation/d'importation	Ausfuhr-/Einfuhrerklärung
déclarer	erklären; anmelden
décliner	ablehnen
décommander	abbestellen
décompte *(m)*	Ab-, Berechnung; Voranschlag
dédit *(m)*	Widerruf
dédouanement *(m)*	Verzollung
dédouaner	verzollen
déduction *(f)*	Abzug
déduire	abziehen
défaillance *(f)*	Ausfallen
défaut *(m)* (de fabrication)	(Fabrikations-)Fehler
défavorable	ungünstig
défectueux/-euse	defekt, beschädigt
dégâts *(m)*	Schäden
délai *(m)* (dans le plus bref …)	(innerhalb kürzester) Frist
délivrer	abliefern
demande *(f)*	An-, Nachfrage; Bitte
demande *(f)* d'emploi	Bewerbung
demande *(f)* d'offre(s)	Anfrage
démarche *(f)*	Schritt
déménagement *(m)*	Umzug
démonstration *(f)*	Vorführung
denrée *(f)* (périssable)	(verderbliche) Ware
départ *(m)* usine	ab Werk
département *(m)*	Abteilung
dépasser	überschreiten
dépliant *(m)*	Faltprospekt
déposer	(hinter)legen
déposer le bilan	Konkurs anmelden
dépôt *(m)*	Lager(raum)
désagréments *(m)*	Unannehmlichkeiten
désigner	nennen, angeben
desservir	betreuen, versorgen
destinataire *(m)*	Empfänger
destination *(f)*	Bestimmungsort
à destination de	nach
destiné/e à	bestimmt für
détaillant/e	Einzelhändler/in
détaillé/e	ausführlich
détenir	besitzen
détérioration *(f)*	Beschädigung
déterminer	bestimmen, festlegen
dette *(f)*	Schuld
dévaluation *(f)*	Abwertung
devis *(m)* (estimatif)	(Kosten-)Voranschlag
différer	verschieben; abweichen
difficultés *(f)* (de trésorerie)	(Zahlungs-)Schwierigkeiten
diligence *(f)*	Schnelligkeit, Eile; *pl:* Bemühungen
dimension *(f)*	Größe

directeur/-trice d'entreprise	Geschäftsführer/in
directive (f)	Anweisung
dirigeants (m pl)	Geschäftsführung
diriger	führen, leiten
dispache (f)	Seeschadensberechnung
disponible	verfügbar
disposé/e	bereit
disposer (de)	verfügen (über)
disposition (f) (à …)	(zur) Verfügung; Maßnahme
dissolution (f)	Auflösung
dissoudre	auflösen
distributeur (m)	Vertriebsbeauftragter
distribution (f)	Vertrieb
document (m) administratif unique	Einheitspapier
documentation (f)	Informationsmaterial; Unterlagen
domicile (m) (franco …)	(frei) Haus
domicilier	domizilieren
dommage (m)	Schaden
dommages-intérêts (m pl)	Schaden(s)ersatz
dossier (m)	Akte, Unterlagen
douane (f)	Zoll(behörde)
droits (m)	Rechte; Gebühren
droits (m) de douane	Zollgebühren
dû/due (à)	geschuldet; zurückzuführen auf
dûment	ordnungsgemäß
duplicata (m)	Duplikat, Doppel
durable	dauerhaft

E

échange (m)	Umtausch
échantillon (m)	Muster, (Waren-)Probe
échantillonnage (m)	Proben, Mustersammlung
échantillonné/e	mit Warenproben
échéance (f)	Zahlungsziel; Fälligkeit
échéances (f)	Zahlungsverpflichtungen
échelonner	staffeln
échu/e	überschritten, fällig
économique	wirtschaftlich; preisgünstig
écoulé	vergangenen Monats
écoulé (délai)	abgelaufen
écoulement (m)	Absatz
effectuer	aus-, durchführen
s'effectuer	erfolgen
effet (m) de commerce	Wechsel
élargir	ausdehnen
élevé/e	hoch
s'élever à	sich belaufen auf
emballage (m) (perdu)	(Einweg-)Verpackung
emballer	verpacken
embarquer	verschiffen

embouteillé/e	in Flaschen
emplacement (m)	Standplatz
emploi (m)	Beschäftigung, Tätigkeit
employé/e	Mitarbeiter/in; Angestellte/r
employeur (m)	Arbeitgeber
s'empresser (de)	sich beeilen (zu)
encaissement (m)	Inkasso
encart (m)	Prospekt
enchérissement (m)	Erhöhung
encombrant/e	sperrig
endetté/e	verschuldet
endommagé/e	beschädigt
engagement (m) (sans …)	unverbindlich
engagements (m)	Verpflichtungen
engager	veranlassen; einstellen
enlèvement (m)	Abholung
enquête (f)	Untersuchung
enregistrer	vormerken; buchen
en-tête (m)	Briefkopf
entreposage (m)	Einlagerung
entrepôt (m) (de messagerie)	(Stückgut-)Lager
entreprise (f) (de construction)	(Bau-)Firma
entreprise (f) (de transport)	(Transport-)Unternehmen
entretenir	unterhalten; pflegen
entretien (m)	Gespräch, Unterhaltung
entrevue (f)	Treffen, Termin
enveloppe (f) (affranchie)	(Frei-)Umschlag
envelopper	einpacken, einwickeln
envisager	vorhaben
envoi (m)	(Zu-)Sendung
envoyer	senden, schicken
épargner	ersparen
s'épuiser	zur Neige gehen
équivalent/e	gleichwertig
erreur (f) (d'addition)	(Rechen-)Fehler
erroné/e	fehlerhaft, falsch
escompte (m)	Skonto
espèces (f pl)	Bargeld
essai (m)	Probe, Versuch
estimation (f)	(Ein-)Schätzung
établir	er-, ausstellen; berechnen
établissements (m pl)	Firma; Unternehmen
étalage (m)	Auslage, Schaufenster
état (m) (en bon …)	(in gutem) Zustand
état (m) estimatif	Voranschlag
état (m) estimatif du dommage	Schadensaufstellung
s'étendre	sich erstrecken
étendue (f)	Umfang
étudier	prüfen; studieren
évaluer	schätzen
examen (m)	Prüfung
examiner	prüfen
exception (f)	Ausnahme

exceptionnel (à titre …)	ausnahmsweise
exclu/e	ausgeschlossen
exclusif/-ive	ausschließlich
exécuter	ausführen
exécution (f)	Ausführung
exemplaire (m)	Ausfertigung
exempt/e de taxes (f)	steuerfrei
exigences (f)	Forderungen
exiger	fordern
expansion (f)	Ausweitung
expédier	versenden
expéditeur (m)	Absender
expédition (f)	Versand
expert (m)	Sachverständiger
expertise (f)	Gutachten, Expertise
expiration (f)	Ablauf
exposer	ausstellen
exposition (f)	Ausstellung
exprès (par …)	durch Eilboten; Eilzu-stellung
express (par colis …)	(als) Expreßgut
extension (f)	Ausdehnung, Umfang
extrait (m)	Auszug

F

fabricant (m)	Hersteller
fabrication (f)	Herstellung
fabrication (f) hors série	Sonderanfertigung
fabriquer	herstellen
facilités (f)	Erleichterungen
factice (m)	Schaustück
facturation (f)	Berechnung
facture (f) (commerciale)	(Handels-)Rechnung
facture (f) (consulaire)	(Konsulats-)Faktura
facture (f) (douanière)	(Zoll-)Faktura
facture (f) (pro forma)	(Proforma-)Rechnung
facturer	berechnen
faillite (f)	Konkurs
faire appel (m) à	beauftragen
faire entrevoir	in Aussicht stellen
faire face (f) à	nachkommen, erfüllen
faire suivre	nachsenden
faire-part (m)	Anzeige, Mitteilung
faveur (f) (en … de)	Gunst; zugunsten von
favorable	günstig
femme (f) d'affaires	Geschäftsfrau
ferme	fest, verbindlich
ferroviaire	Bahn-
fiabilité (f)	Zuverlässigkeit
fiche (f) (de téléphone)	(Telefon-)Notiz; Zettel
figurant	aufgeführt, angegeben
fin (f) de série	Auslaufmodell
financier/-ière	finanziell
fixer	festsetzen, -legen
fluvial/e	Fluß-, Binnenwasser-
foire (f)	Messe

fondé (m) de pouvoir	Prokurist/in
fondement (m)	Grundlage; Grund
fonder	gründen
fonds (m pl)	Außenstände; Kapital
force (f) majeure	höhere Gewalt
forfait (au …)	pauschal
forfaitaire	Pauschal-
formalités (f) (douanières)	(Zoll-)Formalitäten
formuler	aussprechen; vorbringen
fourgonnette (f)	Lieferwagen
fournir	(be)liefern
fournisseur (m)	Lieferant
fourniture (f)	Lieferung; Bedarf
fraction (f)	Rate
fragile	zerbrechlich
frais (m) (annexes)	(Neben-)Kosten
frais (m) de déplacement	Fahrtkosten
franc de droits (m)	gebührenfrei
franco (d'emballage)	franko; (Verpackung) frei
fret (m)	Fracht
fret (m) payé	frachtfrei

G

gamme (f)	große Auswahl; Spek-trum
garantir	gewährleisten
gestion (f)	Betriebswirtschaft; Führung
gracieux (à titre …)	unentgeltlich
gratuit/e	kostenlos, gratis
grossiste (m)	Großhändler
groupage (m)	Sammelgut, -ladung

H

hausse (f)	Erhöhung
hebdomadaire	wöchentlich
homme (m) d'affaires	Geschäftsmann
honoraires (m pl)	Vergütung
honorer	(be)zahlen, einlösen

I

illimité/e	unbegrenzt
immobilier (m)	Immobilien
immobiliser	stillegen
impayé/e	unbezahlt
implantation (f)	Gründung
implanter	gründen
importance (f)	Größe; Bedeutung
imprévu/e	unvorhergesehen
imprimé (m)	Drucksache; Vordruck
imputable à	zu Lasten von
inadvertance (f)	Versehen

incident *(m)*	Vorfall
inclus/e	einschließlich
indemnisation *(f)*	Entschädigung
indemniser	entschädigen
indemnité *(f)*	Entschädigung
indicatif *(m)*	Vorwahl
indulgence *(f)*	Nachsicht
inférieur/e	niedrig; minderwertig
inflammable	brennbar
injonction *(f)* de payer	Mahnbescheid
(in)novateur/-trice	innovativ
innovation *(f)*	Neuerung
inscription *(f)*	Eintragung
insolvable	zahlungsunfähig
installer	installieren
instructions *(f)*	Anweisungen
insuffisant/e	unzureichend
intact/e	unbeschädigt
intégral/e	vollständig
intérêt *(m)*	Interesse
intérêts *(m)* (de retard)	(Verzugs-)Zinsen
intervenir	einschreiten
intervention *(f)*	Vermittlung
introduire	einführen
inutilisable	unbrauchbar
invendable	unverkäuflich
invendu *(m)*	Restposten
inventaire *(m)*	Inventur
irréprochable	tadellos, einwandfrei
irrévocable	unwiderruflich
itinéraire *(m)*	Strecke

J

joindre	beilegen; erreichen
jour *(m)* ouvrable	Werktag
juridique	gesetzlich; juristisch
justice *(f)*	Gericht; Gerechtigkeit
justification *(f)*	Nachweis
justifié/e	berechtigt

L

lancement *(m)* (prix de ...)	Einführung(spreis)
lancer *(un produit)*	auf dem Markt bringen
légal/e	gesetzlich
lésé/e	geschädigt
lettre *(f)* de change	Wechsel
lettre de transport aérien	Luftfrachtbrief
lettre de vente	Werbebrief
lettre de voiture ferroviaire	Bahnfrachtbrief
lettre de voiture fluviale	Flußfrachtschein
lettre de voiture (routière)	Frachtbrief
lettre exprès	Eilbrief
lettre publicitaire	Werbebrief

libeller	ausstellen
licence *(f)* d'exportation/ d'importation	Ausfuhr-/Einfuhrgenehmigung
limité/e	begrenzt
liste *(f)* de colisage	Packliste
litige *(m)*	Streitfall
livrable	lieferbar
livraison *(f)*	Lieferung
livre *(m)* de bord	Bordbuch
livrer	liefern
livreur *(m)*	Auslieferer
location *(f)*	Miete
locaux *(m)*	Geschäftsräume
logiciel *(m)*	Programm, Software
lot *(m)*	Posten, Partie

M

machine *(f)* de traitement de texte(s)	Textverarbeitungsanlage
magasin *(m)*	Lager(raum)
en magasin *(m)*	vorrätig
maintenir	aufrechterhalten
maison *(f)*	Firma; Haus
majoration *(f)* (de prix)	(Preis-)Erhöhung
majorer	erhöhen
maladroit/e	unsachgemäß
malentendu *(m)*	Mißverständnis
mandat *(m)*	Auftrag
mandater	beauftragen
mandat-poste *(m)*	Postanweisung
manutention *(f)* (portuaire)	Umschlag (im Hafen)
marchandise *(f)*	Ware
marche *(f)* des affaires	Geschäftsgang
marché *(m)*	Markt
maritime	See-, seemäßig
marquage *(m)*	Markierung
marque *(f)*	Marke
marquer	markieren
matériel *(m)*	Material
matière *(f)*	Material; Materie
matière *(f)* première	Rohstoff
matière *(f)* spongieuse	Schaumstoff
mégarde *(f)* (par ...)	(aus) Versehen
meilleur marché (à ...)	günstiger, billiger
mémofiche *(f)*	Gesprächsnotiz
mensualité *(f)*	Monatsrate
mensuel/le	monatlich
mention *(f)*	Vermerk
mentionner	erwähnen, angeben
message *(m)*	Mitteilung
messageries *(f pl)*	Eildienst
mesure *(f)*	Maßnahme
mètre *(m)* cube	Kubikmeter
Minitel *(m)*	Bildschirmtextgerät
mise *(f)* en fabrication	Herstellungsbeginn

mise *(f)* en magasin/ entrepôt	Einlagerung
mise *(f)* en service	Inbetriebnahme
mission *(f)*	Auftrag
modalités *(f)* (de paiement)	(Zahlungs-)Bedingungen
modèle *(m)*	Modell
modification *(f)*	Änderung
modifier	modifizieren
montant *(m)*	Betrag
monter	steigen
moyennant	gegen; mittels
moyens *(m)* juridiques	gerichtliche Maßnahmen
munir de	versehen mit

N

naufrage *(m)*	Schiffbruch
navire *(m)*	Seeschiff
négligence *(f)*	Nachlässigkeit
négociant *(m)* (en gros)	(Groß-)Händler
négocier *(traite)*	verkaufen
net/te	netto
note *(f)* de couverture	Doppelkarte
note *(f)* de poids	Gewichtsbescheinigung
noter	vormerken; notieren
nouer	eingehen
nouveauté *(f)*	Neuheit
novateur/-trice	innovativ

O

objet *(m)*	Betreff; Gegenstand
obligations *(f)*	Verpflichtungen
obligé/e	dankbar; verpflichtet
obligeance *(f)*	Entgegenkommen
obtenir	erhalten
occuper	beschäftigen
office *(m)* de recouvrement	Inkassobüro
offre *(f)* (circonstanciée)	(ausführliches) Angebot
offre *(f)* d'emploi	Stellenangebot
offre *(f)* (sollicitée)	(verlangtes) Angebot
offre *(f)* (spontanée)	(unverlangtes) Angebot
offrir	(an)bieten
omettre	vergessen, versäumen
omission *(f)*	Versehen
opérations *(f pl)* de transit	Transitabfertigung
ordinateur *(m)* (personnel)	(Personal-)Computer
ordre *(m)* (par …)	(im) Auftrag
origine *(f)*	Ursprung
oubli *(m)*	Versehen
ouverture *(f)*	Eröffnung

P

paiement *(m)*	Zahlung
panne *(f)*	Panne, Defekt
paquet-poste *(m)*	Postpaket
partie *(f)*	Teil; Partie
partie *(f)* adverse	Gegenpartei
partiel/le	Teil-
parvenir (faire …)	zugehen (lassen)
passage *(m)*	Besuch; Vorbeikommen
passation *(f)* (d'un ordre)	Erteilung (eines Auftrages)
passer *(commande)*	erteilen, aufgeben
patienter	sich gedulden
payable	zahlbar; fällig
péniche *(f)*	Binnenschiff
pénurie *(f)*	Mangel
percevoir	erheben, einziehen
péril(s) *(m)*	Gefahr
personnel/le	persönlich; Personal-
perte *(f)*	Verlust
perturbation *(f)*	Störung
pièce *(f)*	Stück
pièce *(f)* de rechange	Ersatzteil
pièces *(f)* jointes (P.J.)	Anlagen
placement *(m)*	Absatz, Vertrieb
plainte *(f)*	Beschwerde
pli *(m)* (sous … séparé)	mit getrennter Post
pli *(m)* (sous ce …)	anbei, als Anlage
pochette *(f)* informative	Informationsmappe
poids *(m)* (total)	(Gesamt-)Gewicht
point *(m)* de vente	Verkaufsstelle
police *(f)* (au voyage)	(Einzel-)Police
police *(f)* (d'abonnement)	(laufende) Police
police *(f)* (d'assurance)	(Versicherungs-)Police
police *(f)* (flottante)	(laufende) Police
police *(f)* (particulière)	(Einzel-)Police
polystyrène *(m)*	Styropor
ponctuel/le	pünktlich
port *(m)*	Porto; Fracht
port *(m)* (en … dû)	unfrei
port *(m)* (en … payé)	frachtfrei
port *(m)* (franco de …)	frachtfrei
porte-conteneurs *(m)*	Containerschiff
portuaire	Hafen-
post-acheminement *(m)*	Nachtransport
postal/e	Post-
poste *(f)* restante	postlagernd
pourparlers *(m pl)*	Verhandlung(en)
poursuivre une action *(f)* juridique	gerichtlich vorgehen
préacheminement *(m)*	Vortransport
préalable	vorherig
précautions *(f)*	Vorsichtsmaßnahmen
préciser	genau angeben
précisions *(f)*	(nähere) Angaben
préjudice *(m)*	Schaden
prélèvement *(m)* automatique	Lastschriftverfahren

prélever	entnehmen; berechnen
présentation *(f)*	Aufmachung; Vorstellung
(se) présenter	(sich) vorstellen
président/e	Vorstand; Vorsitzende/r
président-directeur général *(m)* (P.-D.G.)	Generaldirektor; Vorstandsvorsitzende/r
pressant/e	dringend
prestations *(f)* de services	Dienstleistungen
preuve *(f)*	Nachweis
prévoir	voraussehen; vorsehen
prier	bitten
prime *(f)* (d'assurance)	(Versicherungs-)Prämie
prioritaire	vorrangig
prise *(f)* en charge du dommage	Schadensregulierung
prix *(m)* (unitaire)	(Stück-)Preis
prix *(m)* courant	Preisliste
probité *(f)*	Rechtschaffenheit
procéder à	vornehmen
procès-verbal *(m)*	Protokoll
procuration *(f)* (par …)	Vollmacht; (per) Prokura
procureur *(m)* (de la République)	(Ober-)Staatsanwalt
produit *(m)*	Produkt
professionnel/le	Berufs-, beruflich
progresser	zunehmen
projet *(m)* de contrat	Vertragsentwurf
prolonger	verlängern
promotion *(f)*	Beförderung; (Verkaufs-)Förderung
prompt/e	prompt, umgehend
se prononcer (sur)	beurteilen
proposer	vorschlagen; anbieten
proposition *(f)*	Vorschlag, Angebot
propriétaire *(m)*	Inhaber, Eigentümer
propriété *(f)*	Besitz; Eigentum
prorogation *(f)* d'échéance	Fristverlängerung
proroger (l'échéance *(f)*)	stunden
prospérité *(f)*	Wohlstand
protéger	schützen
protesté/e (être …)	zu Protest gehen
protêt *(m)* (faire dresser …)	Protest (erheben)
provision *(f)* (sans …)	ungedeckt
proximité *(f)*	Nähe
publicitaire	Werbe-
publicité *(f)*	Werbung
publier	veröffentlichen

Q

quantité *(f)*	Menge
quitter	verlassen, wegfahren
quotidiennement	täglich

R

rabais *(m)*	Rabatt
raccourcir	verkürzen
raison *(f)* sociale	Firmenname
ralentir	verlangsamen
ralentissement *(m)*	Rückgang
ramasser	abholen
rappel *(m)*	Erinnerung, Mahnung; Rückruf
rayon *(m)*	Umkreis; Abteilung
réaliser	durchführen
récépissé *(m)* d'expédition	Versandnachweis
réception *(f)*	Empfang, Erhalt
recevoir	erhalten, bekommen
(re)chercher	suchen
récipient *(m)*	Behälter
réclamation *(f)*	Reklamation
réclamer	reklamieren
recommandation *(f)*	Empfehlung
recommandé *(m)* (en …)	(per) Einschreiben
recommander	empfehlen; raten
reconnaissant/e	dankbar
reconstituer	neu anlegen
recours *(m)* (avoir … à)	in Anspruch nehmen
recouvrement *(m)*	Einzug, Einziehen
rectification *(f)*	Berichtigung
rectifier	berichtigen
rédiger	ausstellen; verfassen
réduction *(f)*	Ermäßigung
réduire	ermäßigen; kürzen
réexpédier	nach-, zurücksenden; weiterbefördern
réexpédition *(f)*	Weiterversand
référence *(f)* (Réf.)	Referenz; Bezugszeichen; Bestellnummer
se référer à	sich beziehen auf
refus *(m)*	Ablehnung, Weigerung
refuser	ablehnen
régime *(m)* ordinaire	Frachtgut
registre *(m)* du commerce (et des sociétés)	Handelsregister
règlement *(m)*	Zahlung; Regulierung
régler	zahlen; erledigen
régularisation *(f)*	Regulierung
régulièrement	regelmäßig
rejeter	zurückweisen
relations *(f)* d'affaires/ commerciales	Geschäftsbeziehungen, -verbindung
relevé *(m)* de compte	Kontoauszug
remboursement *(m)*	Rückerstattung
remboursement *(m)* (contre …)	(gegen) Nachnahme
rembourser	zurückzahlen, -erstatten
remettre	erteilen; übergeben
remise *(f)*	Übergabe; Mengenrabatt
remplacement *(m)*	Ersatz

remplacer	ersetzen
remplir ses engagements *(m)*	seinen Verpflichtungen nachkommen
rémunération *(f)*	Vergütung
renoncer à	verzichten auf
renouer	wieder aufnehmen
renouveler	wieder auffüllen; erneuern
renseignement *(m)*	Auskunft, Information
renseigner	Auskunft erteilen
renvoyer	zurückschicken, -senden
réparation *(f)*	Reparatur; Entschädigung
réparation *(f)* du dommage	Schadensregulierung
répartir	verteilen
répondeur(-enregistreur) *(m)* automatique	automatischer Anrufbeantworter
réponse *(f)*	Antwort; Mitteilung
reporter (à)	verschieben (auf)
reprendre	wieder aufnehmen, zurücknehmen
représentant/e	Vertreter/in
réputation *(f)*	Ruf
réseau *(m)* (de distributeurs)	(Vertriebs-)Netz
… réservé/e	… vorbehalten
réserve *(f)*	Vorbehalt; *pl:* Bestände
réserver	reservieren; vormerken
résilier	auflösen; zurücktreten von
respecter	einhalten
responsabilité *(f)*	Verantwortung
responsable	haftbar, verantwortlich
retard *(m)* de livraison	Lieferverzug
retarder	zurückstellen
retenir	buchen; vormerken
retirer	zurücknehmen
retour *(m)* du courrier (par …)	postwendend
retourner	zurücksenden; -kehren
réunion *(f)*	Zusammenkunft; Besprechung
revendeur *(m)*	(Zwischen-)Händler
revenir (à/sur)	zurückkommen (auf)
revêtir de sa signature	unterzeichnen
révision *(f)*	Durchsicht
révoquer	widerrufen
risque *(m)*	Risiko, Gefahr
ristourne *(f)*	Rabatt
robuste	stabil
robustesse *(f)*	Haltbarkeit
route *(f)* (en cours de …)	unterwegs
routier/-ière	Straßen-
rubrique *(f)* (cité/e sous …)	obengenannt
rupture *(f)* (en … de stock)	nicht (mehr) vorrätig

S

salaire *(m)*	Gehalt
salle *(f)* de réunion	Konferenzraum
sans tarder	unverzüglich
satisfaisant/e	zufriedenstellend
sauvegarder	wahren
secteur *(m)* (tertiaire)	(Dienstleistungs-)Bereich
séjour *(m)* en magasin	Lagerdauer
semi-remorque *(m)*	Sattelzug
service *(m)*	Dienst; Abteilung
service après-vente	Kundendienst
service commercial	Verkaufsabteilung
service de facturation	Rechnungswesen
service des expéditions	Versandabteilung
service du contentieux	Rechtsabteilung
service du personnel	Personalabteilung
service Litiges	Rechtsabteilung
servir	dienen
siège *(m)* social	Firmensitz
signaler	aufmerksam machen auf; melden
signature *(f)*	Unterschrift
sinistre *(m)*	Schaden
situé/e	gelegen
société *(f)*	Gesellschaft, Firma
société *(f)* fiduciaire	Treuhandgesellschaft
soigneusement	sorgfältig
soin *(m)*	Sorgfalt
solde *(m)*	Saldo
solide	stabil; zuverlässig
solliciter un poste *(m)*	sich um einen Posten bewerben
solvabilité *(f)*	Zahlungsfähigkeit
somme *(f)*	Summe
sortir *(un produit)*	herausbringen
souffrance (en …)	ausstehend
soumettre	unterbreiten
soumissionner	sich anbieten für
souscrire	abschließen
spécial/e	speziell
spécialisé/e	spezialisiert
spécimen *(m)*	Muster
stage *(m)*	Praktikum
stand *(m)* (de foire)	(Messe-)Stand
standard *(m)*	Telefonzentrale
standardiste *(m/f)*	Telefonist/in
steamer *(m)*	Dampfer
sténodactylo *(m/f)*	Stenotypist/in
stock *(m)*	Lager(raum); *pl:* Vorräte
en stock *(m)*	vorrätig
stocker	(ein)lagern
subir	erleiden
succès *(m)*	Erfolg
succursale *(f)*	Zweigniederlassung
suffisant/e	ausreichend
suivi/e	regelmäßig

sujet (au … de)	wegen
supérieur/e	Vorgesetzte/r
de qualité supérieure	hochwertig
supplément *(m)*	Zuschlag
supplémentaire	zusätzlich
supporter	tragen
supprimer	auflösen
surcroît *(m)* de travail	Arbeitsüberlastung
susciter *(intérêt)*	wecken
susmentionné/e	obengenannt
suspens (laisser en …)	offenstehen (lassen)
système *(m)* de traite-ment de texte	Textverarbeitungssystem

T

tâche *(f)*	Arbeit, Aufgabe
tardif/-ive	verspätet
tarif *(m)*	Preis(liste)
tarif *(m)* forfaitaire	Pauschalpreis
taux *(m)*	Satz
taxe *(f)*	Steuer; *pl:* Gebühren
taxe *(f)* à/sur la valeur ajoutée (T.V.A.)	Mehrwertsteuer
Télécarte *(f)*	*Telefonkarte*
télécopie *(f)*	Telefax; Telebrief
télécopieur *(m)*	Fernkopierer, Faxgerät
téléimprimeur *(m)*	Fernschreiber
témoin *(m)*	Zeuge/-in
tenir	halten; führen
terme *(m)* de livraison	Liefertermin
termes *(m)* de la garantie	Garantievereinbarungen
tirer	ausstellen, ziehen
tireur *(m)*	Aussteller
totalité *(f)*	Gesamtheit
traite *(f)*	Tratte, Wechsel
traiter (des affaires *(f)*)	(Geschäfte) tätigen
trajet *(m)*	Strecke
transbordement *(m)*	Umladen
transborder	umladen
transférer	verlegen
transfert *(m)*	Verlegung
transitaire *(m)* en douane	Zollspediteur
transmettre	übermitteln; übergeben
transport *(m)*	Transport
transporteur *(m)*	Frachtführer
trésorerie *(f)*	Barmittel
tribunal *(m)*	Gericht
tribunaux *(m pl)*	Gerichtsstand

U

ultime	letzte/r
unité *(f)* (de chargement)	(Lade-)Einheit
urgent/e	dringend; Eilt
usage *(m)*	Verwendung, Gebrauch
usine *(f)*	Werk
usuel/le	üblich
utile	nützlich
utilité *(f)*	Nutzen

V

valable	gültig
valeur *(f)*	Wert, Valuta
vapeur *(m)*	Dampfer
variété *(f)*	Sorte, Art
veiller à	sorgen für
vendeur/-euse *(m/f)*	Verkäufer/in
vente *(f)* intermédiaire	Zwischenverkauf
vente *(f)* promotionnelle	Sonderverkauf
vérification *(f)*	Prüfung, Durchsicht
vérifier	prüfen, kontrollieren
versement *(m)*	Zahlung
par versements échelon-nés	in Raten
verser	(aus)zahlen
verso *(m)*	Rückseite
via	über
vice *(m)* (de construction)	(Konstruktions-)Fehler
vice *(m)* (de matière)	(Material-)Fehler
vidéotex *(m)*	Bildschirmtext (Btx)
vigueur (en …)	gültig
virement *(m)*	Überweisung
virement *(m)* permanent	Dauerauftrag
virer	überweisen
vitesse *(f)* (en petite …)	als Frachtgut
volumineux/-euse	umfangreich
voyage *(m)* d'affaires	Geschäftsreise
vrac (en …)	unverpackt
marchandises *(f)* en vrac	Massengüter

Z

zone *(f)* industrielle	Industriegebiet

Deutsch − Französisch

A

abbestellen	décommander
Abgangsort	lieu *(m)* de départ
abgelaufen	écoulé/e, dépassé/e
abholen	ramasser, enlever
Ablauf	expiration *(f)*
ablehnen	refuser, décliner
Ablehnung	refus *(m)*, rejet *(m)*
abliefern	délivrer
Abliefernachweis	bordereau *(m)* de livraison
abnehmen	prendre, acheter
Abruf (auf …)	(sur) appel *(m)*
Absatz	écoulement *(m)*, vente *(f)*
Absatzmarkt	débouché *(m)*
Absatzrückgang	ralentissement *(m)* des ventes
Abschlagszahlung	acompte *(m)*
abschließen *(Vertrag)*	conclure, contracter
Absender	expéditeur *(m)*
absetzen	écouler, vendre
Abteilung	service *(m)*, département *(m)*
Abteilungsleiter/in	chef *(m)* de service
abweichen	différer
Abwertung	dévaluation *(f)*
abziehen	déduire
abzüglich	déduction *(f)* faite de …
Adresse	adresse *(f)*, coordonnées *(f pl)*
Akkreditiv	accréditif *(m)*
Akte	dossier *(m)*
Aktivitäten	activités *(f)*
Akzept	acceptation *(f)*
akzeptieren	accepter
anbei	ci-joint, ci-inclus
anbieten	offrir, proposer
ändern	modifier
Anfertigung	fabrication *(f)*
Anforderung	exigence *(f)*
Anfrage	demande *(f)* (d'offre(s))
Angaben	précisions *(f)*, indications *(f)*, mentions *(f)*
angeben	préciser, indiquer, mentionner
Angebot	offre *(f)*
Angebotsausschreibung	appel *(m)* d'offres
Angelegenheit	affaire *(f)*
Angestellte/r	employé/e
Ankunft	arrivée *(f)*, venue *(f)*
Anlagen	pièces *(f)* jointes
Annahme	acceptation *(f)*
annullieren	annuler
Anruf	appel *(m)*, coup *(m)* de fil/téléphone
Anrufbeantworter	répondeur(-enregistreur) *(m)* automatique
anrufen	appeler, téléphoner à
Anschrift	adresse *(f)*, coordonnées *(f pl)*
Anspruch haben auf	avoir droit *(m)* à
Antrag	demande *(f)*
Antwortschein	coupon-réponse *(m)*
Anweisungen	instructions *(f)*
Anzahl	nombre *(m)*
Anzahlung	acompte *(m)*; arrhes *(f pl)*
Anzeige	annonce *(f)*; avis *(m)*
anzeigen	aviser, signaler
Arbeitgeber	employeur *(m)*
Arbeitsamt	Agence *(f)* nationale pour l'emploi
Arbeitsüberlastung	surcroît *(m)* de travail
Artikel	article *(m)*
auffüllen	reconstituer, renouveler
auflisten	énumérer, énoncer
auflösen *(Firma)*	dissoudre
Auflösung	dissolution *(f)*
Aufmachung	présentation *(f)*
Aufmerksamkeit	attention *(f)*
Aufstellung	état *(m)*
Auftrag	ordre *(m)*, commande *(f)*; mandat *(m)*, mission *(f)*
Auftragsbestätigung	confirmation *(f)* de commande
auftragsgemäß	conformément à la commande
Auftragsgröße	importance *(f)* de l'ordre
aufweisen	présenter, accuser
Ausfertigung	exemplaire *(m)*
Ausfuhr	exportation *(f)*, sortie *(f)*
ausführen	exécuter, effectuer
Ausfuhrerklärung/ -genehmigung	déclaration/licence *(f)* d'exportation
ausführlich	détaillé/e, circonstancié/e
ausfüllen	remplir
Ausgabe *(Zeitschrift)*	numéro *(m)*
Ausgaben	dépenses *(f)*
ausgeschlossen	exclu/e
Ausgleich	accommodement *(m)*, compensation *(f)*; règlement *(m)*
ausgleichen	compenser
aushändigen	remettre
Auskunft (Telefon-…)	(service des) renseignements *(m)*
Auskunftei	agence *(f)* de renseignements

ausladen	décharger
Auslage (Schaufenster-…)	étalage *(m)*
Auslandspostanweisung	mandat *(m)* de poste international
Auslaufmodell	fin *(f)* de série
Auslieferer	livreur *(m)*
auspacken	déballer
ausrichten	faire une commission
ausschließen	exclure
ausschließlich	exclusivement
Außenhandel	commerce *(m)* extérieur
Außenstände	fonds *(m)*, arriéré *(m)*
ausstehend *(Zahlung)*	en suspens
ausstellen *(Scheck, Wechsel)*	établir, tirer
Aussteller	tireur *(m)*
Ausstellung	exposition *(f)*
Auswahl	choix *(m)*, assortiment *(m)*
Auszug	extrait *(m)*, relevé *(m)*

B

Bahn	chemin(s) *(m)* de fer
Bahnfrachtbrief	lettre *(f)* de voiture ferroviaire
Bahnsendung	envoi *(m)* ferroviaire
Bank	banque *(f)*, banquier *(m)*
Bank-	bancaire
bar	en espèces, (au) comptant
Bargeld	espèces *(f pl)*
Barzahlung	paiement *(m)* comptant
Baufirma	entreprise *(f)* de construction
beabsichtigen	envisager, avoir l'intention *(f)* de
beanstanden	réclamer
Beanstandung	réclamation *(f)*, plainte *(f)*
(be)antworten	répondre (à)
Bedarf	besoin(s) *(m)*
bedauern	regretter, déplorer
Bedingung	condition *(f)*, modalité *(f)*
beeinträchtigen	porter préjudice *(m)* (à)
sich befassen mit	se charger de, s'occuper de
befördern	acheminer, transporter
Beförderung	acheminement *(m)*; promotion *(f)*
begleichen	payer, régler, acquitter
begrenzt	limité/e
Begutachtung	appréciation *(f)* d'un expert; expertise *(f)*
Behälter	récipient *(m)*
Behörde	organisme *(m)*
beifügen/-legen	joindre
beigefügt	ci-joint/e, ci-inclus/e
beinhalten	contenir
bekanntgeben	faire connaître, indiquer
beladen	charger

belasten	débiter
sich belaufen auf	s'élever à, se monter à
beliefern	fournir, livrer
Bemühungen	diligences *(f)*
benachrichtigen	aviser
benötigen	avoir besoin *(m)* (de)
berechnen	calculer; tarifer; établir
berechtigt	fondé/e, justifié/e
Berechtigung	bien-fondé *(m)*
Bereich	secteur *(m)*, domaine *(m)*
bereit	prêt/e, disposé/e
berichtigen	rectifier
berücksichtigen	retenir, prendre en considération
beruflich, Berufs-	professionnel/le
beschädigt	détérioré/e, endommagé/e
Beschädigungen	dommages *(m)*, dégâts *(m)*; détériorations *(f)*
beschaffen	fournir, approvisionner
Bescheid	avis *(m)*, communication *(f)*
Beschwerde	plainte *(f)*
sich beschweren	se plaindre
Besprechung	entretien *(m)*, entrevue *(f)*, réunion *(f)*
Bestand	stock/s *(m)*, approvisionnement *(m)*
Bestände	réserves *(f)*
Bestandsaufnahme	inventaire *(m)*
bestätigen	confirmer
Bestätigung	confirmation *(f)*
bestellen	passer commande *(f)*, commander
Bestellkarte	carte *(f)* de commande
Bestellnummer	référence *(f)*
Bestellschein	bon/bulletin *(m)* de commande
Bestellung	commande *(f)*, ordre *(m)*
Bestimmungsort	lieu *(m)* de destination
betragen	être de, s'élever à
betreffend	concernant, portant sur, relatif/-ive à
betreffende/r	correspondant/e
betreuen	être chargé/e de
Betriebsstörung	perturbation *(f)* dans l'usine
beweisen	prouver
sich bewerben	poser sa candidature
Bewerber/in	candidat/e
Bewerbung	candidature *(f)*, demande *(f)* d'emploi
beziehen	acheter, se fournir
sich beziehen auf	se référer à
Bildschirmtext (Btx)	vidéotex *(m)*; Minitel *(m)*
bindend	ferme
Binnenschiff	péniche *(f)*
Binnenschiffahrt	transport *(m)* fluvial
Bitte	demande *(f)*; requête *(f)*; sollicitation *(f)*

bitten	prier, demander; solliciter
Bonität	solvabilité (f)
Bord (an …)	(à) bord (m)
Branchenverzeichnis	bottin (m)
brennbar	inflammable
Briefkopf	en-tête (m)
Briefumschlag	enveloppe (f)
Broschüre	brochure (f)
brutto	brut/e
buchen	réserver, retenir
Buchhalter/in	comptable (m/f)
Buchung	passation (f) en compte; réservation (f)
bürgen	garantir
Bürokommunikation	bureautique (f)

C

chartern	affréter
Charterpartie	charte-partie (f)
Computer	ordinateur (m)
Containerschiff	porte-conteneurs (m)

D

Dampfer	vapeur (m)
dankbar sein	être reconnaissant/e, savoir gré
danken	remercier
Dauerauftrag	virement (m) permanent
dauerhaft	suivi/e, durable
Deckung	couverture (f)
defekt	défectueux/-euse
Defekt	défaut (m)
Dienstleistungen	prestations (f) de services
Dienstleistungsbereich	secteur (m) tertiaire
Direktwerbung	publicité (f) directe
diskontieren	escompter
Diskretion	discrétion (f)
Dokumentenakkreditiv	crédit (m) documentaire
Dokumenteninkasso	encaissement (m) documentaire
domizilieren	domicilier
Doppelkarte	note (f) de couverture
Drucksache	imprimé (m)
Duplikat	duplicata (m)
durchführen	effectuer; exécuter; accomplir
durchgeben	transmettre

E

EDV	traitement (m) électronique de l'information
Eigentum	propriété (f)

Eigentümer/in	propriétaire (m/f)
Eilboten (durch …)	par exprès
Eilbrief	lettre (f) exprès
Eildienst	messageries (f pl)
Eilt	urgent
Eilzustellung	exprès
sich eindecken	s'approvisionner, se fournir
Einfuhr	importation (f)
einführen	introduire
Einfuhrerklärung/ -genehmigung	déclaration/licence (f) d'importation
Einfuhrland	pays (m) d'importation
Einfuhrumsatzsteuer	T.V.A. (f) perçue à l'importation
Einführungspreis	prix (m) de lancement
Eingang	réception (f), arrivée (f)
einhalten	respecter, observer
Einheitspapier	document (m) administratif unique
Einkaufsabteilung	service (m) des achats
Einladung	invitation (f)
einlagern	stocker, entreposer, emmagasiner
Einlagerung	mise (f) en entrepôt/magasin
einlösen	payer, honorer
einräumen	consentir, allouer
einschließlich	inclus/e, compris/e
einschränken	formuler des réserves (f); limiter
Einschreiben	recommandé
einschreiten	intervenir
einstellen	engager, recruter
einwandfrei	irréprochable
Einwegverpackung	emballage (m) perdu
einwickeln	envelopper
Einzelhändler/in	détaillant/e
Einzelpolice	police (f) particulière/au voyage
einziehen (Forderungen)	faire rentrer, récupérer, recouvrir
Einzug(sauftrag)	recouvrement (m)
Eisenbahngüterverkehr	transport (m) de marchandises par (chemin de) fer
Empfang	réception (f); accueil (m)
empfangen	recevoir, accueillir
Empfänger/in	destinataire (m)
Empfängeranschrift	suscription (f)
Empfangsanzeige	avis (m) de réception
Empfangsbestätigung	accusé (m) de réception
Empfangsschein	bon (m) de réception
empfehlen	recommander
Empfehlung	recommandation (f)
endgültig	définitif/-ive
Entgegenkommen	obligeance (f), amabilité (f)
enthalten	contenir, comprendre
Entschädigung	indemnité (f), indemnisation (f)

entsprechen	correspondre (à); faire droit (à)	Fälligkeit	échéance (f)
sich entwickeln	se développer	Fälligkeitstag	date (f) d'échéance
entzündlich (leicht ...)	inflammable	falsch	erroné/e
Ereignis	événement (m)	(Falt-)Prospekt	dépliant (m), prospectus (m)
erfahren	apprendre	Farbbroschüre	brochure (f) illustrée
Erfahrung	expérience (f)	fehlen	manquer
Erfolg	succès (m), réussite (f)	Fehler	défaut (m); faute (f)
erfolgen	s'effectuer	fehlerhaft	défectueux/-euse
erforderlich	nécessaire; obligatoire	Fernkopierer	télécopieur (m)
ergänzen	compléter	Fernmeldenetz	réseau (m) télécom
Erhalt	réception (f)	Fernschreiber	téléimprimeur (m); télex (m)
erhalten	recevoir		
erhältlich sein	être à disposition (f)	fernschriftlich	par télex (m)
erheben	percevoir	fest	ferme
Erhöhung	augmentation (f)	festlegen	déterminer; fixer
Erkundigung	demande (f) de renseignements	feststellen	constater; déterminer
		Filiale	filiale (f); succursale (f)
erledigen	régler	finanziell	financier/-ière
Erleichterungen	facilités (f)	Firma	maison (f), entreprise (f)
erleiden (Schaden)	subir	Firmenname	raison (f) sociale
ermäßigen	réduire	Firmensitz	siège (m) social
Ermäßigung	réduction (f)	Flexibilität	mobilité (f)
ernennen	nommer	Fließband	chaîne (f) de fabrication
eröffnen	ouvrir	Flugzeugbau	aéronautique (f)
Erprobung	essai (m)	Flußfrachtschein	lettre (f) de voiture fluviale
erreichbar	accessible	Forderungen	exigences (f); créances (f)
erreichen	joindre; atteindre	Formular	formulaire (m)
Ersatz	remplacement (m)	Fracht(bedingungen)	(conditions de) fret (m)
Ersatzteil	pièce (f) de rechange	Frachtberechnung	calcul (m) du fret
erschließen (einen Markt ...)	créer (un débouché)	Frachtbrief (Güterkraftverkehr)	lettre (f) de voiture routière
erschöpft	épuisé/e, en rupture (f) de stock	Frachtbriefdoppel	duplicata (m) de la lettre de voiture
ersetzen	remplacer	Frachter/Frachtschiff	cargo (m)
erstatten	rembourser	frachtfrei	fret/port (m) payé
Erstattung	remboursement (m)	Frachtführer	transporteur (m)
erstklassig	de première qualité (f), de premier choix (m)	Frachtgut (als ...)	(en) petite vitesse (f)/ régime ordinaire (m)
erteilen (Auftrag)	passer, remettre	Frachtkosten	fret (m)
Erwartungen	attente (f); exigences (f)	Frachtpapiere	documents (m) de transport
erweitern	élargir, étendre		
Expertise	expertise (f)	(Fracht-)Zuschlag	supplément (m)
Export	exportation (f), export (m)	frei ...	franco ...
Exportabteilung	service (m) Exportations	freibleibend	sans engagement (m)
Exporteur	exportateur (m)	Freiumschlag	enveloppe (f) affranchie
Exportpreis	prix (m) à l'exportation	Fristverlängerung	prorogation (f) d'échéance
Expreß (per ...)	(par) express	führen	tenir, faire
Expreßgut (als ...)	(par) colis (m) express (ferroviaire)	Führung	direction (f); gestion (f)
		Führungskraft	cadre (m); dirigeant (m)

F

Fabrikationsfehler	défaut/vice (m) de fabrication
Fachmann	spécialiste (m)
fällig	échu/e, payable

G

Garantieschein	bon/certificat (m) de garantie
Garantievereinbarungen	termes (m) de la garantie
Gebietsverkaufsleiter	chef (m) de vente régional

Gebrüder	frères
Gebühr	coût (m); droit (m)
gebührenfrei	franc de droits
Gefahr	risque(s) (m), péril(s) (m)
Gegenleistung (als ...)	(en) revanche (f)
Gegenpartei	partie (f) adverse
gegenstandslos	nul/le et non avenu/e
Gegenvorschlag	contre-proposition (f)
Gehalt	salaire (m), rémunéra-tion (f)
Geldinstitut	banque (f)
Gelegenheit	occasion (f)
geltend machen	faire valoir
genau	précis(ément), exact(ement)
Generaldirektor	président-directeur (m) général
Generalversammlung	assemblée (f) générale
Generalvollmacht	procuration (f) générale
gerechtfertigt	justifié/e, fondé/e
Gericht	tribunal (m)
gerichtliche Schritte ein-leiten	avoir recours aux moyens (m) juridiques, saisir le tribunal
Gerichtsstand	tribunaux (m pl)
Gerichtsverfahren	action (f) en justice
Gerichtsvollzieher/in	huissier (m)
Gesamtbetrag	montant (m) total/global
geschädigt (Person)	lésé/e
Geschäft	commerce (m), magasin (m); affaire (f)
Geschäftsbedingungen	conditions (f) de vente
Geschäftsbeziehungen	relations (f) d'affaires/ commerciales
Geschäftsbrief	lettre (f) commerciale
Geschäftsführer/in	directeur/-trice
Geschäftsgang	marche (f) des affaires
Geschäftsgepflogenheiten	manière (f) d'être en af-faires
Geschäftsmann/-frau	homme/femme d'affaires
Geschäftspartner	partenaire (m), correspon-dant (m)
Geschäftsräume	locaux (m)
Geschäftsreise	voyage (m) d'affaires
Geschäftsrückgang	ralentissement (m) dans les affaires
Geschäftsstelle	point (m) de vente; bureaux (m pl)
Geschäftsverbindung, -verkehr	relations (f) d'affaires/ commerciales
Geschäftszweig	branche (f) d'activité
Gesellschaft	société (f)
Gesellschaftskapital	capital (m) social
gesetzlich	légal/e
Gespräch	conversation (f), entre-tien (m)
Gesprächsnotiz	mémofiche (f)
Gesprächspartner/in	correspondant/e
Gesprächstermin	entretien (m), entrevue (f), rendez-vous (m)
Gesundheitsbescheini-gung	certificat (m) sanitaire
Gewähr	garantie (f)
gewähren	accorder, concéder
Gewichtsbescheinigung	note (f) de poids
Girokonto	compte (m) courant
Gläubiger	créancier (m)
gleichwertig	équivalent/e
Glückwünsche	félicitations (f), vœux (m), compliments (m)
Gratismuster	échantillon (m), spéci-men (m) gratuit
Grenze	frontière (f)
Großauftrag	ordre (m) important, forte commande (f)
Größe	dimension (f); importance (f)
Großhändler/in	négociant (m) en gros, grossiste (f)
gründen	créer, implanter, fonder
Gründung (Firma)	création (f), implanta-tion (f)
gültig	valable
Gunsten (zu Ihren ...)	(en votre) faveur (f)
günstig	avantageux/-euse, favo-rable
Gutachterkosten	frais (m) d'expertise
Güter	marchandises (f)
Güterkraftverkehr	transport (m) routier/ par route
Gütertransport	transport (m) de mar-chandises
Güterwagen	wagon (m)
gutgehend	prospère
Guthaben	avoir (m)
gütliche Lösung	solution (f) à l'amiable
gutschreiben	créditer
Gutschrift	avoir (m), facture (f) d'avoir
Gutschriftanzeige	avis (m) de crédit

H

Hafengebühr	coût (m) des services por-tuaires
haftbar	responsable
Haftbarkeit	responsabilité (f)
Halle	halle (f)
Handelskammer	chambre (f) de commerce
Handelsrechnung	facture (f) commerciale
Handelsregistereintra-gung	inscription (f) au registre du commerce (et des sociétés)
Handelsvertreter	agent (m) commercial
Händen (zu ... von)	à l'attention (f) de

Händlerrabatt	remise *(f)* aux revendeurs
Havariebescheinigung	certificat *(m)* d'avarie
Havariekommissar	commissaire *(m)* d'avarie(s)
herausbringen *(Produkt)*	sortir
herstellen	fabriquer, produire
Hersteller	fabricant *(m)*
Herstellung	fabrication *(f)*
Herstellungsbeginn	mise *(f)* en fabrication
hinterlassen (eine Nachricht …)	laisser (un message)
Hinweis	mention *(f)*, indication *(f)*
hoch	élevé/e
hochwertig	de qualité *(f)* supérieure
Höhe (in … von)	(d'un) montant *(m)* (de)
höhere Gewalt	force *(f)* majeure

I

Immobilien	biens *(m)* immobiliers
Importeur	importateur *(m)*
importieren	importer
inbegriffen	compris/e, inclus/e
Inbetriebnahme	mise *(f)* en service
Industrie-	industriel/le
Industrie- und Handelskammer (IHK)	chambre *(f)* de commerce et d'industrie
Industriegebiet	zone *(f)* industrielle
Industriegutachten	analyse *(f)* industrielle
Informationsmaterial	documentation *(f)*
informieren	informer, renseigner
Inhaber/in	propriétaire *(m/f)*
Inkasso	encaissement *(m)*
Inkassobüro	office *(m)* de recouvrement
inklusive	inclus/e
innovativ	(in)novateur/-trice
Inserat	annonce *(f)*
inserieren	insérer
installieren	installer
Inventur	inventaire *(m)*
Irrtum	erreur *(f)*

J

Jahresabschluß	exercice *(m)*

K

Kaigebühren	droits *(m)* de dock
Kalkulation	calculs *(m pl)*
kalkulieren (knapp …)	calculer (au plus juste)
Kanister	bidon *(m)*
kapitalkräftig sein	disposer de capitaux *(m)*/ fonds *(m)* importants

Katalogpreis	prix *(m)* catalogue
Kauf	achat *(m)*
kaufen	acheter
Kaufmann/-frau	employé/e de commerce
Kaufvertrag	contrat *(m)* de vente
Kaution	caution *(f)*, dépôt *(m)*
kennzeichnen	marquer
Kiste	caisse *(f)*
Kohlenschiff	charbonnier *(m)*
Kollege/-in	collègue *(m/f)*
Kollo/Kolli	colis *(m)*
Komplettladung	charge *(f)* complète
Konditionen	conditions *(f)*
Konferenzraum	salle *(f)* de réunion
Konkurrenz	concurrence *(f)*
konkurrenzfähig	concurrentiel/le, compétitif/-ive
Konkurs	faillite *(f)*
Konnossement(ensatz)	(jeu *(m)* du) connaissement
Konsulatsfaktura	facture *(f)* consulaire
Konsulatspapiere	documents *(m)* consulaires
Kontakt aufnehmen	prendre contact *(m)*
Konto	compte *(m)*
Kontoauszug	relevé *(m)* de compte
Korrespondenz	correspondance *(f)*
Kosten	frais *(m)*
Kostenvoranschlag	devis *(m)*
Kredit	crédit *(m)*
Kreditinstitut	banque *(f)*
Kubikmeter	mètre *(m)* cube
Kühlcontainer	conteneur *(m)* isotherme
Kühl-Lkw	camion *(m)* isotherme/ frigorifique
Kunde/-in	client/e
Kundendienst	service *(m)* après-vente
Kundschaft	clientèle *(f)*

L

Ladeeinheit	unité *(f)* de chargement
Ladeschein	connaissement *(m)* fluvial
Ladung	chargement *(m)*, cargaison *(f)*
Lager	magasin *(m)*, entrepôt *(m)*
Lagerbedingungen	conditions *(f)* d'entreposage
Lagerbestand	stock *(m)*, approvisionnement *(m)*
Lagerdauer	séjour *(m)* en magasin
lagern	tenir en magasin *(m)*
Lagerschein	certificat *(m)* d'entreposage
Lasten (zu Ihren …)	(à votre) charge *(f)*
Lastschriftverfahren	prélèvement *(m)* automatique

Lastwagen, Lkw	camion (m)
laufende Police	police (f) flottante/d'abonnement
Lebenslauf	curriculum (m) vitae
Leitfaden	guide (m)
Lieferant	fournisseur (m)
lieferbar	livrable
Lieferbedingungen	conditions (f) de livraison
Lieferdatum	date (f) de livraison
Lieferfrist	délai (m) de livraison
liefern	livrer
Lieferschein	bon (m) de livraison
Lieferung	livraison (f)
Lieferverzug	retard (m) de livraison
Lieferwagen	fourgonnette (f)
Lieferzeit	délai/terme (m) de livraison
Lizenz	licence (f)
löschen (Ladung)	débarquer
Luftfracht (als …)	(par) fret (m) aérien
Luftfrachtbrief	lettre (f) de transport aérien
Luftfrachtsendung	expédition (f) aérienne
Luftpost (mit …)	par avion (m)

M

mahnen	rappeler, réclamer
Mahnschreiben	lettre (f) de rappel
Mahnung	rappel (m)
Mängel	défauts (m)
Marke	marque (f)
Markierung	marquage (m)
Markt (auf den … bringen)	lancer
Maschinendefekt	panne (f) de machine
Massengüter	marchandises (f) en vrac
Maßnahme	mesure (f), disposition (f)
Material	matériel (m)
Materialfehler	défaut/vice (m) de matière
Mehrwertsteuer	T.V.A. (f)
melden	annoncer, signaler
Menge	quantité (f)
Mengenrabatt	remise (f)
Messe	foire (f)
Messegelände	champ (m) de foire
Mietpreis	prix/montant (m) de la location
Mindestabnahme	achat (m) minimum
Mitarbeiter/in	collègue (m/f); employé/e; assistant/e
Mitbewerber/in	concurrent/e
mitteilen	communiquer, faire savoir
Mitteilung	communication (f); message (m); courrier (m)
Modalitäten	modalités (f)
Modell	modèle (m)

modifizieren	modifier
monatlich	mensuel/le, par mois (m)
Monatsrate	mensualité (f)
Muster	échantillon (m), spécimen (m)
Musterauswahl	choix (m) d'échantillons, échantillonnage (m)
Mustersendung	envoi (m) d'échantillons

N

Nachfrage	demande (f)
Nachfrist	délai (m) supplémentaire
nachkommen (Verpflichtungen)	faire honneur (f) à, respecter
Nachlässigkeit	négligence (f)
Nachnahme (gegen …)	(contre) remboursement (m)
Nachricht	message (m); nouvelles (f pl); réponse (f)
nachsenden	faire suivre, réexpédier
Nachtransport	post-acheminement (m)
Nachweis (als …)	(pour) justification (f)
Nähe (in der …)	(à) proximité (f)
Nebenkosten	frais (m)/charges (f) accessoires/annexes
Neige (zur … gehen)	s'épuiser
nennen	indiquer, préciser
netto	net/te
Neuheit	nouveauté (f)
Niederlassung	succursale (f), agence (f)
notieren	noter, prendre note (f) de
Nutzlast	charge (f) utile

O

obengenannt	référencé/e ci-dessus, susmentionné/e
offenstehend (Rechnung)	en souffrance (f)
ordnungsgemäß	dûment
organisieren	organiser
Ort	endroit (m), place (f), lieu (m)

P

Packliste	liste (f) de colisage
Packstück	colis (m)
Paket	paquet (m), colis (m)
Panne	panne (f)
Pappkarton	boîte (f) en carton
Partie	lot (m)
Patent	brevet (m) (d'invention)
pauschal	au forfait
Pauschalpreis	prix/tarif (m) forfaitaire

267

Pauschalsatz	taux *(m)* forfaitaire
Personalabteilung	service *(m)* du personnel
Personalcomputer (PC)	ordinateur *(m)* personnel
Personalleiter/in	chef *(m)* du personnel
persönlich	personnel/le
Pflanzengesundheits-zeugnis	certificat *(m)* phytosani-taire
planen	projeter
Planung	conception *(f)*, réalisa-tion *(f)*
Police	police *(f)*
portofrei	franc de port *(m)*
Post	courrier *(m)*; poste *(f)*
Post (mit getrennter ...)	(par) courrier *(m)* (séparé)
Postanweisung	mandat-poste *(m)*, man-dat *(m)* de poste
Posten *(Waren)*	lot *(m)*
Postfach	boîte *(f)* postale
Postgirokonto	compte *(m)* courant postal
postlagernd	poste *(f)* restante
Postleitzahl	code *(m)* postal
Postnachnahme	remboursement *(m)* postal
Postpaket	paquet-poste *(m)*, colis *(m)* postal
Postscheckkonto	compte *(m)* chèque postal
Postschnellpaket	colis *(m)* postal exprès
Postskriptum	post-scriptum *(m)*
Prämie	prime *(f)*
Preis	prix *(m)*, tarif *(m)*
Preiserhöhung	augmentation *(f)* de prix, majoration *(f)* de(s) prix, (r)enchérissement *(m)*
Preisliste	tarif *(m)*, prix *(m)* courant
Preisnachlaß	réduction *(f)*
Preissenkung	baisse *(f)* de(s) prix
preiswert	bon marché, avanta-geux/-euse
Probe	échantillon *(m)*
Probeauftrag	commande *(f)* d'essai
Produkt	produit *(m)*
Proforma-Rechnung	facture *(f)* pro forma
Prokurist/in	fondé *(m)* de pouvoir
Prospekt	prospectus *(m)*
Protest erheben *(Wech-sel)*	faire dresser protêt *(m)*
Protokoll	procès-verbal *(m)*
prüfen	examiner, étudier
Prüfung	examen *(m)*

Q

Qualität	qualité *(f)*

R

Rabatt	rabais *(m)*
Raten (in ...)	(par) acomptes *(m)*

Räumlichkeiten	locaux *(m)*, bureaux *(m)*
Rechenfehler	erreur *(f)* de calcul
rechnen	calculer, compter
Rechnung	facture *(f)*
Rechnungsbetrag	montant *(m)* de la facture
Rechnungsdatum	date *(f)* de facturation
Recht	droit *(m)*
Rechtsabteilung	service *(m)* du conten-tieux
Rechtsanwalt/-anwältin	avocat/e
Rechtsform	forme *(f)* juridique
Reederei	armement *(m)*, compa-gnie *(f)* maritime
Referenzen	références *(f)*
regelmäßig	régulier/-ière
regeln	régler
registrieren	enregistrer
regulieren	prendre en charge *(f)*
Regulierung	règlement *(m)*
Reisekosten	frais *(m)* de déplacement/ du voyage
Reklamation	réclamation *(f)*
reklamieren	réclamer
Reparatur	réparation *(f)*
reservieren	réserver
Restbestände	invendus *(m)*
Restbetrag	solde *(m)*, reste *(m)*
Richtigstellung	rectification *(f)*
Risiko	risque(s) *(m)*
Rohstoff	matière *(f)* première
Rückerstattung	remboursement *(m)*
Rückgaberecht	droit *(m)* de rendre
rückgängig machen	annuler, résilier
Rücklagen	fonds *(m)*, réserves *(f)*
Rücknahme	reprise *(f)*
Rückruf	rappel *(m)*
Rückseite	verso *(m)*
Rundschreiben	circulaire *(f)*

S

Sachverständige/r	expert/e
Sack	sac *(m)*
Saldo	solde *(m)*
Sammelgut (als ...)	(en) groupage *(m)*
Sammelladung	groupage *(m)*, transport/ envoi *(m)* de groupage
Sattelzug	semi-remorque *(m)*
Schaden	préjudice *(m)*, dommage *(m)*, dégât *(m)*
Schadensberechnung	évaluation *(f)* des dégâts/ dommages
Schaden(s)ersatz	dommages-intérêts *(m pl)*
Schaden(s)ersatzforde-rung	demande *(f)* de domma-ges et intérêts
Schadensfall	avarie *(f)*, sinistre *(m)*
Schadensmeldung	déclaration *(f)* de sinistre

Schadensregulierung	prise *(f)* en charge du dommage
schätzen	évaluer, estimer
Schaufenster	vitrine *(f)*
Schaumstoff	matière *(f)* spongieuse
Schaustück	factice *(m)*
Scheck	chèque *(m)*
schicken	envoyer
Schiff	bateau *(m)*
Schiffbruch	naufrage *(m)*
Schiffsraum	capacité *(f)* de cale
Schiffstagebuch	livre *(m)* de bord
Schreiben	lettre *(f)*, courrier *(m)*, correspondance *(f)*
Schriftverkehr	correspondance *(f)*
Schulden	dettes *(f)*
Schuldner	débiteur *(m)*
Seefracht	fret *(m)* maritime
Seefrachtverkehr	transport *(m)* maritime
Seegefahren	dangers *(m)* de mer
Seekonnossement	connaissement *(m)* maritime
Seeschiff	navire *(m)*
Sekretär/in	secrétaire *(m/f)*
senden	adresser, envoyer, expédier
Sendung	envoi *(m)*, expédition *(f)*
senken	(a)baisser
sichern	assurer
Skonto	escompte *(m)*
solange der Vorrat reicht	jusqu'à épuisement *(m)* du/des stock/s
Solawechsel	billet *(m)* à ordre
Sonderanfertigung	fabrication *(f)* spéciale/hors série
Sonderfracht	fret *(m)* préférentiel
Sonderkonditionen	conditions *(f)* spéciales
Sonderpreis	prix *(m)* exceptionnel
Sondertarif	tarif *(m)* spécial
Sonderverkauf	vente *(f)* promotionnelle/publicitaire
Sorgfalt	soin *(m)*
sorgfältig	soigneusement
Sorte	sorte *(f)*, variété *(f)*
Spediteur	commissionnaire *(m)* de transport
Spediteur-Übernahmebescheinigung	attestation *(f)* de prise en charge
Spedition	maison *(f)* de commission
sperrig	encombrant/e, volumineux/-euse
spezialisiert	spécialisé/e
Spezialsatz	taux *(m)* spécial
speziell	spécial/e
stabil	résistant/e
staffeln	échelonner
Stand (Messe-…)	stand *(m)* (de foire)
Standplatz	emplacement *(m)*
Steamer	steamer *(m)*, steamship *(m)*
steigen	monter, augmenter
Stellenangebot	offre *(f)* d'emploi
Steuer	impôt *(m)*, taxe *(f)*
steuerfrei	exempt/e de taxes
stillegen	immobiliser
stornieren	annuler
Störung	perturbation *(f)*, incident *(m)*
strapazierfähig	résistant/e
Strecke	trajet *(m)*, itinéraire *(m)*, parcours *(m)*
Streitfall	litige *(m)*; cas *(m)* de contestation
Stück	pièce *(f)*, unité *(f)*
Stückgutlager	entrepôt *(m)* de messagerie
Stückpreis	prix *(m)* unitaire
stunden	proroger (l'échéance *(f)*)
Styropor	polystyrène *(m)*

T

Tarif	tarif *(m)*
Tatbestandsaufnahme	procès-verbal *(m)*
Teil	partie *(f)*
Teillieferung	livraison *(f)* partielle
Telefax	télécopie *(f)*, téléfax *(m)*
Telefongespräch	conversation *(f)* téléphonique
telefonisch	téléphonique, téléphoné/e, par téléphone *(m)*
Telefonist/in	standardiste *(m/f)*
Telefonnotiz	fiche *(f)* de téléphone, mémofiche *(f)*
Telefonzentrale	standard *(m)*, central *(m)*
Telegramm	télégramme *(m)*
Teletex	télétex *(m)*
Telex	télex *(m)*
Termin	date *(f)*; rendez-vous *(m)*
Textverarbeitungssystem	système *(m)* de traitement de texte
tilgen	rembourser, amortir
Tilgung	amortissement *(m)*
Tochterfirma	filiale *(f)*
Transitabfertigung	opérations *(f pl)* de transit
Transitpapier	titre *(m)* de transit
Transport	transport *(m)*
transportieren	transporter
Transportkosten	frais *(m)* de transport
Transportunternehmen	entreprise *(f)* de transport
Transportversicherung	assurance *(f)* transport
Tratte	traite *(f)*
Treuhandgesellschaft	société *(f)* fiduciaire

U

übereinkommen	convenir, s'arranger
überfällig	en retard (m); en souf-france (f)
Übergabe	remise (f)
übergeben	remettre
überlassen	céder
Übermittlung	transmission (f)
übernehmen	prendre en charge, se charger de
überprüfen	examiner, étudier
Überprüfung	examen (m)
überreichen	remettre
überschreiten	dépasser
übertragen	confier
überweisen	virer
Überweisung	virement (m)
Umfang	étendue (f)
umfangreich	étendu/e
umladen	transborder
Umsatz	chiffre (m) d'affaires
Umtausch	échange (m)
umziehen	déménager
Umzug	déménagement (m)
Unachtsamkeit	oubli (m), inadvertance (f)
Unannehmlichkeiten	désagréments (m), ennuis (m)
unbegrenzt	illimité/e
unberechtigt	injustifié/e, sans fonde-ment (m)
unbrauchbar	inutilisable
unentgeltlich	gratuit/e, gracieux/-euse; gratuitement, gracieu-sement, à titre gracieux
unfrei	en port (m) dû
ungedeckt (Scheck)	sans provision (f)
ungültig	plus valable
ungünstig	défavorable
unsachgemäßer Umgang	manipulation (f) mala-droite
untauglich	impropre
unterbreiten	soumettre, présenter
Unterlagen	documents (m), dossier (m)
Unternehmen	entreprise (f), établisse-ment (m)
Unterschrift	signature (f)
unterwegs	en cours de route (f)
unterworfen	soumis/e (à)
unterzeichnen	revêtir de sa signature, signer
unverbindlich	sans engagement (m)
unverkäuflich	invendable
unverlangtes Angebot	offre (f) spontanée
unverzollt	non dédouané/e
unvorhergesehen	imprévu/e, inattendu/e
unwiderruflich	irrévocable
unzureichend	insuffisant/e
unzustellbar	non délivrable
Unzustellbarkeit	non-livraison (f)
Ursprungszeugnis	certificat (m) d'origine

V

Valuta	valeur (f)
veranschlagen	tarifer; calculer
veranstalten	organiser
verantwortlich	responsable
Verantwortung tragen	assumer la responsabilité
verbindlich	ferme
Verbindlichkeiten	échéances (f), dettes (f)
verdanken	devoir (à)
verderblich	périssable
verdorben	altéré/e
vereidigt	assermenté/e
vereinbaren	fixer, convenir de
Vereinbarung	accord (m)
verfügbar	disponible
Verfügung (zur … stehen)	avoir/être/se tenir à dis-position (f)
Verfügung (zur … stellen)	mettre à disposition (f)
vergriffen	épuisé/e
Vergünstigung	avantage (m)
vergüten	rémunérer; rembourser
Verhandlung(en)	pourparlers (m pl)
Verkauf	vente (f), écoulement (m)
verkaufen	vendre, écouler
Verkäufer/in	vendeur/-euse
Verkaufsabteilung	service/département (m) commercial/des ventes
Verkaufsbedingungen	conditions (f) de vente
Verkaufsbüro	bureau (m) de vente
Verkaufsleiter/in	chef (m)/directeur/-trice des ventes
Verkaufsprogramm	programme (m) de vente
Verkaufsstelle	point (m) de vente
verkürzen	raccourcir
verladen	charger
Verlangen (auf …)	sur demande (f)
verlängern	prolonger
verlangtes Angebot	offre (f) sollicitée
verlegen (ein Geschäft …)	transférer (un magasin)
Verlust	perte (f)
Vermerk	indication (f), mention (f)
vermerken	mentionner
Vermittlung	opérateur/-trice; entremise (f), intervention (f)
verpacken	emballer, conditionner
Verpackung	emballage (m), condition-nement (m)
verpackungsfrei	franco d'emballage (m)
Verpflichtungen	engagements (m), obliga-tions (f)

verrechnen	déduire
Verrechnungsscheck	chèque *(m)* barré
Versand	expédition *(f)*, envoi *(m)*
Versandanzeige	avis *(m)* d'expédition
versandbereit	prêt/e pour l'expédition
Versanddatum	date *(f)* d'expédition
Versandkosten	frais *(m)* d'expédition
Versandnachweis	récépissé/bon *(m)* d'expédition
verschicken	envoyer, expédier
verschieben	reporter, retarder, différer
Verschiffung	embarquement *(m)*, mise *(f)* à bord
verschuldet	endetté/e
Versehen (aus …)	(par) mégarde *(f)*, inadvertance *(f)*, erreur *(f)*
versehen mit	munir de
versichern	assurer, garantir
Versicherung	assurance *(f)*
Versicherungsgesellschaft	compagnie *(f)* d'assurance
Versicherungsnachweis	attestation *(f)* d'assurance
Versicherungspolice	police *(f)* d'assurance
Versicherungsprämie	prime *(f)* d'assurance
Versicherungssatz	taux *(m)* de l'assurance
Versicherungsschutz	couverture *(f)* d'assurance
Versicherungssteuer	taxe *(f)* sur l'assurance
Versorgungsschwierigkeiten	difficultés *(f)* d'approvisionnement
verspätet	tardif/-ive
verstauen	arrimer
verstreichen (lassen)	(laisser) passer
verstrichen	écoulé/e
Vertrag(sentwurf)	(projet *(m)* de) contrat *(m)*
Vertragspartner	contractant/e, partie *(f)* contractante
vertraulich	confidentiel/le
vertreiben	distribuer
Vertreter/in	représentant/e, agent *(m)*
Vertreternetz	réseau *(m)* de représentants
Vertrieb	distribution *(f)*, placement *(m)*
Vertriebsbeauftragte/r (Allein-…)	distributeur/-trice (exclusif/-ive)
Vertriebsnetz	réseau *(m)* de distributeurs
Verwaltungsrat	conseil *(m)* d'administration
verweigern (die Annahme …)	refuser de prendre livraison *(f)*
verzichten (auf)	renoncer (à)
Verzögerung	retard *(m)*
verzollen	dédouaner
Verzollung	dédouanement *(m)*
Verzugszinsen	intérêts *(m)* de retard
Voranschlag	état *(m)* estimatif
voraus (im …)	par/d'/à l'avance
Vorauszahlung	paiement *(m)* anticipé
Vorbedingung	condition *(f)* préalable
Vorbehalt (unter …)	(sous) réserve(s) *(f)*
… vorbehalten	… réservé/e
vorbeikommen	passer
Vordruck	imprimé *(m)*, formulaire *(m)*
Vorfall	incident *(m)*
vorführen	démontrer
vorgedruckt	imprimé/e
Vorgesetzte/r	supérieur/e
vorhaben	envisager, avoir l'intention *(f)* de
Vorkehrung	mesure *(f)*
Vorlage (bei …)	à vue *(f)*
vorlegen	soumettre, présenter
vormerken	retenir, réserver, prendre note de, enregistrer
vornehmen	procéder à
vorrangig	prioritaire
Vorrat	stock(s) *(m)*, approvisionnement *(m)*, réserves *(f)*
vorrätig	en stock/magasin *(m)*
nicht mehr vorrätig	en rupture de stock *(m)*
Vorschlag	proposition *(f)*
vorschlagen	proposer
vorschriftsmäßig	réglementaire
vorsehen	prévoir
Vorsitzende/r	président/e, directeur/-trice
Vorstandsvorsitzender	président-directeur *(m)* général
(sich) vorstellen	(se) présenter
Vorteil	avantage *(m)*
Vortransport	préacheminement *(m)*
Vorwahl	indicatif *(m)*
Vorzug	commodité *(f)*; préférence *(f)*

W

Waggon	wagon *(m)*
Ware	marchandise *(f)*
Warenlager	stock *(m)* (de marchandises)
Warenprobe	échantillon *(m)*, spécimen *(m)*
Warenverkehrsbescheinigung	certificat *(m)* de circulation des marchandises
Warenvorrat	approvisionnement *(m)*
Warenwert	valeur *(f)* de la marchandise
Wasserschäden	dégâts *(m)* des eaux
Wechsel	lettre *(f)* de change, traite *(f)*
Wechselsumme	montant *(m)* de la traite
sich weigern	se refuser, s'opposer (à)
weiterbefördern	réexpédier
Weiterversand	réexpédition *(f)*

Werbeartikel	objet (m) de réclame
Werbebrief	lettre (f) de vente
Werbeprospekt	encart (m) publicitaire
Werbung	publicité (f)
Werk	usine (f)
Werkstatt	atelier (m), garage (m)
Wert(angabe)	valeur (f) (déclarée)
Widerruf	annulation (f), dédit (m)
widerrufen	révoquer, annuler
widerstandsfähig	robuste, résistant/e
Wiedereröffnung	réouverture (f)
wohlbehalten	en bon état (m)
Wohlwollen	bienveillance (f), obligeance (f)
Wunsch (auf …)	sur demande (f)
wunschgemäß	selon/conformément à votre désir (m)

Z

zahlbar	payable
zahlen	payer, régler
Zahlung	paiement (m), règlement (m)
Zahlungsanzeige	avis (m) de paiement
Zahlungsbedingungen	conditions (f) de paiement
Zahlungserinnerung	(premier) rappel (m)
Zahlungserleichterungen	facilités (f) de paiement
Zahlungsfähigkeit	solvabilité (f)
Zahlungsfrist	délai (m) de paiement
zahlungskräftig	solvable
Zahlungsmittel	moyen (m) de paiement
Zahlungsmoral	façon (f) de remplir ses engagements/obligations
Zahlungsschwierigkeiten	difficultés (f) de trésorerie
zahlungsunfähig	insolvable
Zahlungsverpflichtungen	échéances (f)
Zahlungsverzug	paiement (m) tardif
Zahlungsziel	échéance (f)
Zeichen	référence (f)
Zeitraum	période (f)
zerbrechlich	fragile

Zettel	fiche (f); bulletin (m)
Zeugnis	certificat (m)
ziehen (Wechsel)	tirer
Zollabfertigung	opérations (f pl) en douane
Zoll(behörden)	douane (f)
Zollfaktura	facture (f) douanière
Zollformalitäten	formalités (f) douanières
Zollgebühren	droits (m) de douane
Zollspediteur	transitaire/commissionnaire (m) en douane
Zufriedenheit	satisfaction (f)
zufriedenstellen	satisfaire
zugehen (lassen)	(faire) parvenir
zunehmen	augmenter
zurückerstatten	rembourser
zurückgehen	subir un ralentissement
zurücknehmen	reprendre
zurückrufen	rappeler
zurückschicken/-senden	renvoyer, retourner
zurücktreten von	résilier
zurückweisen	rejeter
zurückziehen	retirer
Zusage	promesse (f)
zusagen	promettre; répondre à
zusammenarbeiten	coopérer
sich zusammenschließen	s'associer
zusätzlich	complémentaire; supplémentaire
Zusatzvertrag	avenant (m)
Zuschlag	supplément (m)
zusenden	adresser, envoyer
Zustand	état (m)
zuständig	compétent/e
Zustimmung	accord (m)
zuverlässig	fiable
Zuverlässigkeit	fiabilité (f)
zuzüglich	majoré/e de; en sus
Zweigniederlassung/-stelle	succursale (f)
Zwischenfall	incident (m)
Zwischenverkauf vorbehalten	sauf vente (f) intermédiaire

Abkürzungen der französischen Handelssprache

a.c.	année courante (dieses Jahres)
A.N.P.E.	Agence nationale pour l'emploi (etwa: Arbeitsamt)
attn	à l'attention de (zu Händen von)
B.N.P.	Banque Nationale de Paris
B.P.	boîte postale (Postfach)
B.P.F.	bon pour francs … (gültig für … Francs)
C.A.F.	coût, assurance, fret (cif, cost, insurance and freight) (Kosten, Versicherung, Fracht)
C.C.I.	Chambre de commerce internationale (Internationale Handelskammer)
C.C.P.	compte courant postal, compte chèque postal (Postgirokonto, Postscheckkonto)
C.(E.)E.	Communauté (économique) européenne (EG, Europäische Gemeinschaft)